SABIDURÍA DIARIA

Sabiduría diaria

La lectura semanal de la Torá

a la luz de las enseñanzas del

Rebe de Lubavitch

Rabino Menachem M. Schneerson

זצוקללה״ה נבג״מ זי״ע

ADAPTADO POR

Rabino Moshé Wisnefsky

EDICIÓN EN ESPAÑOL

Rabino Eliezer Shemtov

KEHOT PUBLICATION SOCIETY

770 Eastern Parkway, Brooklyn, NY 11213

CHABAD HOUSE
PUBLICATIONS
DAILY WISDOM
SABIDURÍA DIARIA

Copyright © 2016 por
CHABAD HOUSE PUBLICATIONS
Los Angeles, CA
info@chabadhousepublications.org
www.chabadhousepublications.org

Primera edición, junio 2014
Primera reimpresión, agosto 2014
Primera edición compacta, noviembre 2014
Primera reimpresión, edición compacta, enero 2015
Segunda reimpresión, edición compacta, marzo 2015
Tercera reimpresión, julio 2015
Primera edición en francés, edición compacta, diciembre 2015
Primera edición en español, edición compacta, marzo 2016

Publicado por
KEHOT PUBLICATION SOCIETY
770 Eastern Parkway, Brooklyn, NY 11213
718-774-4000 / Fax 718-774-2718
editor@kehot.com

Pedidos:
291 Kingston Ave., Brooklyn, NY 11213
718-778-0226 / Fax 718-778-4148
www.kehot.com

Composición: Raphaël Freeman, Renana Typesetting
ISBN: 978-0-8266-0650-1

Impreso en Israel

Con infinito Agradecimiento y Alabanzas a Hashem
por sus Bendiciones y Eterna Bondad

Con orgullo y humildad dedicamos este
Tesoro de Sabiduría
a nuestros hijos

Hanoj ע״ה, Asher ע״ה, Esther ע״ה, Menajem Mendel ע״ה

y a nuestro nieto

Mijael ע״ה

Deseamos que siempre disciernan luz de oscuridad
Cada decisión sea un ascenso en Torah y mitzvot
así logren realizar su misión personal
y sobrepasar su potencial

Que D-os los bendiga dulcemente

Cada uno de ustedes
trae una alegría muy especial
a nuestras vidas

Gracias

Pa y Ma
y
¡Ba!

Michael y Vivian Perez

UN PROYECTO DE Chabad House Publications

DIRECTOR Rabino Chaim Nochum Cunin

EDITOR EN JEFE Rabino Moshé Wisnefsky

CONSULTORES RABÍNICOS
　　　　　Rabino Yosef Friedman
　　　　　Rabino Dovid Olidort
　　　　　Rabino Aaron Leib Raskin
　　　　　Rabino Eliezer Shemtov
　　　　　Rabino Asi Spiegel
　　　　　Rabino Avraham D. Vaisfiche

EDICIÓN EN ESPAÑOL Rabino Eliezer Shemtov

TRADUCCIÓN AL ESPAÑOL Sr. Marcos Jerouchalmi

CORRECCIÓN Esther Oxman

COORDINADOR Rabino Mendy Shemtov

DISEÑO DE TAPA Yossi Belkin

DISEÑO GRÁFICO Raphaël Freeman, Renana Typesetting

AGRADECIMIENTO ESPECIAL A
　　　　　Rabino Boruch Shlomo Eliyohu Cunin,
　　　　　Rabino Yehuda Krinsky; y los Rabinos Danny
　　　　　Cohen, Levi Yitzchak Cunin, Zushe Cunin,
　　　　　Michoel Goldman, Menachem Even-Israel,
　　　　　Yankel Kagan, Baruch Kaplan, Betzalel Lifshitz,
　　　　　Shalom Lipskar, Zalman Lipskar, Chaim Marcus,
　　　　　Yosef Marcus, Abi Michaan, Yitzchak Michaan,
　　　　　Moshe Pinson, Ezzy Rappoport, Moshe Shilat,
　　　　　Dov Wagner y Aryeh Wuench.

　　　　　Asher David Milstein, Yuri and Deana Pikover,
　　　　　Aaron Benezra, Tova Cunin, Matti Leshem,
　　　　　Nir Menusi, Max Slomiansky, David Suissa y el
　　　　　esforzado equipo de Kehot Publication Society.

Prólogo

CON GRATITUD A D-OS, NOS COMPLACE PRESENTAR AL PÚBLICO la presente antología de enseñanzas del Rebe de Lubavitch, Rabino Menachem M. Schneerson, de justa memoria, sobre la lectura bíblica de cada día de la semana. Al estudiar el texto apropiado para cada día, el lector puede seguir el ciclo de estudio de Torá e inspirarse en las enseñanzas del Rebe en forma diaria.

El Rebe enfatiza que el mundo tal como lo conocemos hoy se encuentra fracturado e incompleto, y que es nuestra misión corregirlo y depurarlo. Así, aceleraremos la venida del Mesías, quien dará inicio a la Redención Final. El significado interno de estos conceptos y el modo en que se encuentran enraizados en la Torá son el eje de las enseñanzas presentadas en este libro.

Sabiduría diaria fue originalmente publicado en inglés en junio de 2014, auspiciado por Yuri y Deana Pikover. Tuvo tan amplia recepción que desde entonces se ha reimpreso numerosas veces, también en el formato compacto, auspiciado por Asher David Milstein. Actualmente está siendo traducido a varios idiomas. Nos enorgullece presentar al público de habla hispana la presente traducción al español, auspiciada por Michael y Vivian Perez.

Esperamos, a través del estudio de las enseñanzas del Rebe, merecer muy pronto el cumplimiento del objetivo último, la pronta llegada de la Redención.

CHABAD HOUSE PUBLICATIONS

PURIM 5776

Índice

LEVÍTICO

NÚMEROS

Introducción

LA TRADICIÓN JUDÍA, DE MÁS DE 3000 AÑOS DE ANTIGÜEDAD, nos cuenta que D-os no solo creó el universo sino que también enseñó a Sus criaturas cómo vivir en él. Esta enseñanza divina es la Torá, el "manual del usuario" que D-os entregó al mundo.

La palabra Torá significa en hebreo 'instrucción'. En su sentido más amplio, 'Torá' se refiere tanto a la totalidad como a cada una de las enseñanzas de D-os. En sentido estricto, se refiere a las enseñanzas que D-os comunicó a la humanidad por intermedio de Moshé. Esas enseñanzas tomaron la forma de un documento escrito, (los "Cinco Libros de Moshé": Génesis, Éxodo, Levítico, Números y Deuteronomio), y su consiguiente interpretación (la denominada "Torá oral").[1]

Tras el fallecimiento de Moshé, el relato de los éxitos y fracasos del pueblo judío en el cumplimiento de las enseñanzas de la Torá en la Tierra Prometida fue incorporado a la Torá escrita, que pasó a incluir los libros Profetas[2] y Escrituras[3]. No obstante, los Cinco Libros de Moshé permanecen como la reserva principal de las enseñanzas de

---

1. La *Torá oral* finalmente fue volcada por escrito, y se preserva principalmente en el Talmud y los Midrashim. El Talmud ('aprendizaje') se compone de dos partes: la Mishná ('repetición'), que es el compendio básico de la ley y sabiduría judías tales como fueran registrados por Rabí Iehudá el Príncipe en el siglo II de la Era Común; y la Guemará ('terminación'), la cual dilucida la Mishná con la ayuda de fuentes externas a ella, no incluidas en la Mishná por Rabí Iehudá, e incluye muchas otras enseñanzas. El proceso de dilucidación de la Mishná tuvo lugar en las academias de la Tierra de Israel así como de Babilonia, y es por ello que existen dos versiones del Talmud: el Talmud de Jerusalem y el Talmud de Babilonia. El Midrash ('exégesis') es una compilación de enseñanzas derivadas de la comparación y el contraste de los pasajes de las Escrituras. Existen *midrashim* legales y *midrashim* homiléticos. El Talmud de Babilonia incluye abundante material del Midrash; por su parte, las enseñanzas midráshicas de las academias de la Tierra de Israel se hallan registradas por separado en la serie *Midrash Rabá*.
2. Compuesto por los siguientes libros: Iehoshúa, Jueces, Shmuel, Reyes, Ieshaiahu, Irmiahu, Iejezkel, Hoshéa, Ioel, Amos, Ovadia, Ioná, Mija, Najum, Javakuk, Tzefania, Jagai, Zejaria y Malaji.
3. Compuesto por los siguientes libros: Salmos, Proverbios, Job, El Cantar de los Cantares, Ruth, Lamentaciones, Eclesiastés, Esther, Daniel, Ezra-Nejemia y Crónicas.

D-os. Son libros completos en sí mismos, dado que contienen toda la materia legal y homilética necesaria para que la humanidad viva como D-os quiere. Los libros Profetas y Escrituras conforman un complemento esencial a los Cinco Libros, si bien no añaden contenido legal ni filosófico[4].

En la medida en que la Torá contiene las instrucciones de D-os relativas al modo en que debemos vivir la vida, es esencial que todos seamos versados en el texto y las enseñanzas de la misma. A este fin Moshé instituyó la práctica de leer del Rollo de la Torá en forma pública durante Shabat y las festividades por la mañana, como también los días lunes y jueves[5]. Para completar la lectura de toda la Torá en un año, esta fue dividida en 54 secciones. Como el calendario judío se compone de años de doce y también de trece meses, en ocasiones se leen dos secciones en un mismo Shabat. Moshé instituyó además que la lectura de la Torá en Shabat sea realizada entre siete personas. Para este propósito, cada una de las 54 secciones fue dividida en siete subsecciones.

Las enseñanzas del movimiento jasídico, fundado por Rabí Israel Baal Shem Tov (1698–1760), han revelado el modo en que la Torá describe la conexión entre D-os y la Creación en general y cada individuo en particular. En este espíritu, el fundador de la rama Jabad del jasidismo, Rabí Schneur Zalman de Liadí (1745–1812), aconsejaba a sus seguidores "vivir con los tiempos", con lo que quería decir que vivieran a lo largo del año con la sección de la Torá correspondiente a ese momento[6].

Así, la ley y la sabiduría de la Torá se estudian no solo como información legal e histórica, sino también por una finalidad personal, como si estuviéramos experimentando los procesos de crecimiento espiritual implícitos en ellas. De esta forma, la Torá se convierte en

---

4. Ver *Torá Or* 60a–d. Es por ello que se enseña que "si el pueblo judío nunca hubiese pecado, no habría habido necesidad de ningún otro libro además de los Cinco Libros de Moshé y el Libro de Iehoshúa" (*Nedarim* 22b).

5. *Soferim* 10:1.–2; *Meguilá* 3:6; *Baba Kama* 82a; *Meguilá* 31b; *Meguilá* 4:5; *Mishné Torá, Tefilá* 12:11; *Késef Mishné ad loc*. La costumbre de leer el comienzo de la lectura del Shabat siguiente por la mañana en la tarde del sábado anterior fue instituida por Ezra (*ibid.*).

6. *Séfer HaSijot* 5702, págs. 29–30; *Halom Iom*, 3 de Jeshván.

nuestra propia historia personal, en una crónica del desarrollo de nuestra relación con D-os. Rabí Shneur Zalman también instituyó la práctica de estudiar cada día la subsección correspondiente a la sección semanal de la Torá[7]. En este contexto, la exhortación de Rabí Shneur Zalman de "vivir con los tiempos" significa no solo vivir con la sección de la Torá de la semana sino con la subsección del día.

Además de continuar desarrollando las enseñanzas de sus predecesores, el séptimo Rebe de Lubavitch[8], Rabino Menachem Mendel Schneerson, dedicó tiempo considerable a dilucidar tanto el significado básico del texto de la Torá como sus lecciones más profundas. En sus discursos públicos, audiencias privadas y voluminosa correspondencia, extendidos a lo largo de sus 44 años de liderazgo público, el Rebe demostró de qué forma las enseñanzas de la Torá son eternamente relevantes y aplicables a cada aspecto de la vida, incluso a aquellos aspectos que recién han cobrado existencia en los tiempos modernos.

Este libro contiene una idea concisa de las enseñanzas del Rebe y sus predecesores para cada una de las siete subsecciones de las 54 secciones de la Torá, una para cada día de la semana, para el año completo de estudio de Torá. Desde luego, para saber qué idea leer en un día dado el lector necesitará saber qué sección de la Torá se está estudiando esa semana. Cualquier calendario judío, así como los numerosos recursos disponibles en Internet, pueden proveer dicha información.

De esta manera, el impacto de las ideas que presentamos en este libro logrará su mayor alcance al leer el lector cada idea el día en que corresponde ser leída, en vez de leer el libro de principio a fin o de manera aleatoria. El Rebe enfatizó ciertas lecciones claves en forma reiterada al verlas aludidas una y otra vez en la Torá; por tal razón, esas lecciones también han sido destacadas en numerosas oportunidades a lo largo del presente libro.

---

7. *Séfer HaSijot 5702*, pág. 27; *Haiom Iom*, 19 de Tevet.
8. Lubavitch es el nombre del pueblo ubicado en Bielorrusia en donde el movimiento Jabad floreció durante más de un siglo. Las diversas ramas del movimiento jasídico en general se conocen por el nombre de la localidad en la que se desarrollaron.

Hemos precedido cada sección semanal de un breve resumen de toda la sección, y cada subsección diaria, de una sinopsis del contenido de la narrativa de la Torá hasta el versículo que se expone. Para la cronología provista en esas sinopsis hemos empleado el cómputo tradicional judío del tiempo, es decir, partiendo desde la creación del mundo y siguiendo los meses del calendario judío. En el apéndice se encuentra la tabla de esos meses y su correspondencia aproximada con los meses en el calendario gregoriano.

Hemos indicado para cada idea las fuentes presentes en textos jasídicos publicados. Debemos indicar, no obstante, que en muchos casos hemos complementado las fuentes originales con material seleccionado de otras fuentes además de las enseñanzas del Rebe[9]. También, frecuentemente presentamos las enseñanzas del Rebe o sus predecesores en forma algo "digerida", es decir, tal como las enseñanzas nos han hablado a nosotros y como pensamos que deberían hablarle al lector. Siempre que uno intenta transmitir los pensamientos de otro con palabras propias corre el riesgo de distorsionarlas inadvertidamente; esperamos que esto haya sido mínimo en nuestro caso.

Nuestro objetivo de transmitir ideas de modo que sean accesibles a la más amplia gama de lectores ha excluido muchas de las ideas más profundas del Rebe, simplemente porque para hacerles justicia requerirían más espacio. Esperamos que la visión que provee esta obra inspire al lector a buscar un conocimiento mayor y más profundo de las enseñanzas potenciadoras del Rebe.

Deseamos también que esta obra inspire a sus lectores a vivir con el mensaje último de la Torá, tal como lo destaca el Rebe: llevar a cabo el imperativo mesiánico de hacer de este mundo la morada central de D-os.

EL EQUIPO EDITORIAL
DE CHABAD HOUSE PUBLICATIONS

---

9. De acuerdo con la afirmación de los sabios del Talmud según la cual "las enseñanzas de la Torá son pobres en un lugar pero ricas en otro lugar" (Ierushalmi, *Rosh Hashaná* 3:5).

GÉNESIS

Bereishit

La Creación, Adán y Eva y la prehistoria de la humanidad

Génesis 1:1–6:8

EL NOMBRE DE LA PRIMERA SECCIÓN DEL LIBRO GÉNESIS ESTÁ tomado de las primeras palabras del mismo, "En el comienzo" (*bereishit,* en hebreo), y empieza con la creación del mundo por parte de D-os. La humanidad fue creada con la capacidad de elegir entre el bien y el mal, pero los primeros humanos, Adán y Eva, hicieron mal uso de este don, lanzando a la humanidad a un camino de creciente degeneración moral. Finalmente fue necesario establecer un nuevo orden y dar al mundo un nuevo comienzo.

PRIMERA LECTURA

Génesis 1:1–2:4

La Torá comienza con el relato de cómo D-os creó el mundo en seis días.

El propósito de la Creación

בְּרֵאשִׁית בָּרָא אֱלֹקִים אֵת הַשָּׁמַיִם וְאֵת הָאָרֶץ (בראשית א:א)

En el comienzo de la creación de D-os del cielo y la tierra...

El Midrash nos enseña que D-os creó el mundo como un "dominio inferior", es decir, un ámbito inicialmente desprovisto de conciencia divina, e incluso opuesta a esta, con la intención de que la humanidad llene el mundo con conciencia divina. La herramienta que D-os dio a la humanidad para que sea capaz de lograr esta proeza es la Torá. Así, el drama de la Creación requiere de tres elementos: el mundo, la raza humana y la Torá, que respectivamente ofician de escenario, actores y guión.

D-os dio a la humanidad libre albedrío para que esta tuviera la opción de ignorarlo a Él y a sus intenciones para el mundo, y eso fue exactamente lo que hicieron las primeras generaciones. De acuerdo con Su decisión de otorgar libertad de elección, D-os se vio forzado (por así decirlo) a quitar Su revelación del mundo, ocultándose más y más tras la fachada de la naturaleza.

En respuesta a la elección de la mayoría de la humanidad de ignorarlo, D-os implementó Su "plan de contingencia": tomó a una familia que continuaba nutriendo el ideal original de conciencia divina y la convirtió en una nación, el pueblo judío, a quien confió la misión de cumplir Su propósito original para la Creación. El pueblo judío serviría tanto de inspiración y ejemplo para el resto de la humanidad como para exhortar a esta al cumplimiento de su rol en Su esquema de transformación del mundo en Su hogar. El libro Génesis es la crónica acerca de cómo se volvió necesaria la creación del pueblo judío y de cómo ocurrió.[1]

1. *Likutei Sijot*, vol. 5, pág. 1–15; vol. 10, pág. 3–6, *Iom Tov shel Rosh Hashaná 5666*, pág. 1–9.

Génesis 2:5–2:19

En el primer día, el mundo fue creado como un núcleo de materia sólida completamente sumergido en agua. La luz fue creada luego, también en el primer día, y la atmósfera en el segundo día. El tercer día, los continentes se elevaron por encima del nivel del mar. Los cuerpos celestes se fijaron en el espacio exterior en el cuarto día, las aves y los animales marinos surgieron el quinto día, los animales terrestres y los primeros humanos poblaron los continentes en el sexto día. El séptimo día, D-os "descansó" de crear. A diferencia de la forma en que Él creó a las demás criaturas, D-os creó al primer ser humano en dos etapas: comenzó haciendo un cuerpo sin vida, dentro del cual luego "insufló" el alma humana.

El alma divina

וַיִּיצֶר ה' אֱלֹקִים אֶת הָאָדָם עָפָר מִן הָאֲדָמָה

וַיִּפַּח בְּאַפָּיו נִשְׁמַת חַיִּים (בראשית ב:ז)

***D-os formó al humano del polvo de la tierra e
insufló en sus narices un alma de vida.***

Al "insuflar" el alma dentro del cuerpo, D-os indicó que esta se origina en un lugar más profundo "dentro" de Él que el resto de la Creación. Esto recalca el hecho de que nosotros somos el propósito primario de la Creación, mientras que todo lo demás es secundario.

Nuestra alma divina es una chispa de D-os. Es por ello que el alma nunca puede perder su conexión intrínseca con Él. Nuestro desafío es asegurar que esta conexión siempre se encuentre manifestada dentro de nuestro ser físico. Al igual que, cuando una persona emite un soplido, el aire puede alcanzar su destino solo si no hay obstrucciones físicas, del mismo modo, cuanto más libremos nuestras vidas de "residuos" espirituales, pensamientos, palabras o acciones dañinas o negativas, tanto más libremente podrán brillar nuestras almas divinas.[2]

---

2. *Tania*, cap. 2; *Iguéret HaTeshuvá*, caps. 4–5.

TERCERA LECTURA

Génesis 2:20–3:21

La primera pareja humana vivía en el Jardín del Edén, en donde estaba destinada a disfrutar de la Creación de D-os, incluyendo su propia sensualidad, de forma inocente, como forma de aumentar su conciencia de D-os y de Su bondad. Sin embargo, el hombre y la mujer sucumbieron a la tentación de aumentar su conciencia de sí mismos (personificada en la serpiente primordial) al comer el fruto prohibido del Árbol del Conocimiento, perdiendo así su inocencia nativa.

Modestia e inocencia

וַיִּהְיוּ שְׁנֵיהֶם עֲרוּמִּים הָאָדָם וְאִשְׁתּוֹ וְלֹא יִתְבֹּשָׁשׁוּ (בראשית ב:כה)

Los dos estaban desnudos, el hombre y su
esposa, y no sentían vergüenza.

Adán y Eva no poseían ningún sentimiento de egocentrismo antes de comer el fruto prohibido. Comían, por ejemplo, no para satisfacer ningún deseo por el gusto de la comida sino para saciar el hambre y disfrutar de las bondades que D-os les había otorgado. De manera semejante, mantenían relaciones maritales no para satisfacer ningún deseo egocéntrico de placer sensual sino para unirse el uno con el otro, disfrutar de las bondades que D-os les había dado y tener hijos.

Fue solo una vez que adquirieron el conocimiento subjetivo del bien y el mal y el sentimiento egocéntrico que lo acompaña al ingerir el fruto prohibido que se dieron cuenta de que la sensualidad podía ser buscada como placer personal. Así fue como, de entre todos sus miembros desnudos, se avergonzaron primero y ante todo de sus órganos reproductivos, e intentaron disminuir el poder de estos sobre la conciencia humana manteniéndolos cubiertos.

Es a través de la modestia en el vestir y en el comportamiento que podemos recobrar nuestra inocencia humana innata y elevar nuestros instintos sensuales a la pureza original de Adán y Eva en el Jardín del Edén.[3]

3. *Likutei Sijot*, vol. 3, pág. 893.

CUARTA LECTURA

Génesis 3:22–4:18

Si se hubieran arrepentido en forma apropiada, Adán y Eva habrían sido perdonados y se les habría permitido permanecer en el Jardín del Edén. Sin embargo, como no estuvieron a la altura de las circunstancias, fueron expulsados de él. A su primer hijo, Caín, se le presentó una oportunidad similar luego de matar a su hermano Abel, cuando D-os aceptó la ofrenda de Abel pero no la de Caín.

Aprender de los fracasos

הֲלוֹא אִם תֵּיטִיב שְׂאֵת וְגוֹ' (בראשית ד:ז)

[Dijo D-os a Caín:] "Si haces el bien, serás perdonado".

El verdadero fracaso de Caín fue no haber aprendido de la respuesta positiva de D-os a Abel, quien había ofrendado sus mejores animales. Si Caín hubiese presentado una segunda ofrenda, esta vez de lo mejor de su cosecha, D-os la habría aceptado y lo habría perdonado. Aquí D-os intentó enseñarle que, si una persona aprende de sus errores, puede comenzar de nuevo. Sin embargo, Caín se rehusó a admitir su error. Convencido de la rectitud de su acción, sintió que si Abel era eliminado, su propio punto de vista necesariamente prevalecería.

Nuestro desafío, también, es aprender de nuestros errores en vez de negarnos tercamente a admitirlos o incluso justificarlos. Al aprender de nuestros fracasos, podemos transformar cada uno de ellos en impulsos para un mayor crecimiento espiritual.[4]

4. *Likutei Sijot*, vol. 15, pág. 22.

QUINTA LECTURA

Génesis 4:19–22

A pesar de no haber corregido por completo su comportamiento, Caín sí expresó cierto grado de remordimiento por haber matado a su hermano Abel. Por tal razón, D-os pospuso el castigo de Caín por siete generaciones, con el fin de dar a sus descendientes una mayor oportunidad de arrepentirse. A pesar de ello, una vez más esta oportunidad fue desperdiciada, como lo demuestra el comportamiento de Lémej, descendiente de Caín.

Femineidad

וַיִּקַּח לוֹ לֶמֶךְ שְׁתֵּי נָשִׁים וגו' (בראשית ד:יט)

Lémej se casó con dos mujeres.

En la época de Lémej, la sociedad había degenerado moralmente hasta el punto de cosificar los hombres la belleza femenina, despersonalizando así a las mujeres. Se volvió costumbre para los hombres casarse con una mujer por su belleza y con una segunda mujer para la procreación. A la primera esposa se le suministraba un anticonceptivo para evitar que el embarazo y el parto arruinaran su apariencia. El esposo pasaba su tiempo principalmente con ella, ignorando a su segunda esposa.

Demás está decir que la cosificación de la mujer es contraria a la intención de D-os. D-os creó el mundo de forma tal que todas las relaciones implican a alguien o algo que actúa como dador y alguien o algo que actúa como receptor. Cada uno tiene que tomar en consideración al otro. Esto es posible porque no hay una separación absoluta entre las características de "dador" (masculino) y "receptor" (femenino) en la relación: los hombres tienen características femeninas y las mujeres, características masculinas. Así pues, cada uno de nosotros puede y debe apreciar cómo nuestro cónyuge nos complementa, y percibir así que tenemos que combinar nuestras fortalezas particulares para cumplir con el propósito de D-os.[5]

SEXTA LECTURA

Génesis 4:23–5:24

Además de Caín y Abel, Adán y Eva tuvieron un tercer hijo, Shet. Uno de los descendientes de Shet en la quinta generación fue Janoj, quien resistió la degeneración en la que se hundía el resto de la humanidad y vivió una vida recta.

La grandeza de las pequeñas cosas

וַיִּתְהַלֵּךְ חֲנוֹךְ אֶת אֱלֹקִים וגו' (בראשית ה:כב)

Janoj caminó con D-os.

Janoj era zapatero. Su santidad hacía que su ocupación mundana no lo distrajera del servicio a D-os. Por el contrario, se nos enseña que cada puntada que Janoj cosía producía un grado mayor de armonía en las esferas espirituales.

También nosotros, a nuestro nivel, podemos seguir los pasos de Janoj. Podemos infundir en nuestras actividades terrenales intenciones sagradas, las que influirán positivamente en los cielos.[6]

---

6. *Hitvaaduiot 5749*, vol. 1, pág. 247.

SÉPTIMA LECTURA

Génesis 5:25–6:8

A pesar del ejemplo positivo dado por Janoj, la humanidad continuó en su espiral descendente de degeneración moral. Finalmente, D-os vio que existía un solo remedio posible: dar a la humanidad un nuevo comienzo.

El poder del habla

וַיַּרְא ה' כִּי רַבָּה רָעַת הָאָדָם וְגוֹ' (בראשית ו:ה)

D-os vio cuán grande era la maldad de la humanidad.

Cuando vio cuál era el estado moral de la humanidad, D-os no expresó en forma inmediata Su decisión de destruir el mundo con un diluvio. Fue solo después de haber creado una forma para que la humanidad sobreviva (a través de Nóaj) que pronunció Su decisión. Esto obedece a que una vez que una idea desciende del pensamiento al habla, su realidad se vuelve más concreta y, por lo tanto, más difícil de revocar.

De manera semejante, debemos ser siempre conscientes del tremendo poder del habla: al articular una evaluación negativa de una persona, incluso si esta no se entera de que lo hemos hecho, habremos reforzado inconscientemente sus características negativas y vuelto más difícil para la persona librarse de ellas.

Debemos, por lo tanto, pensar dos veces antes de expresar un juicio negativo sobre una persona; en lugar de ello, siempre debemos buscar hacer comentarios positivos y constructivos sobre los demás. Esta actitud refuerza las características positivas de las personas y las eleva a mayores alturas espirituales.[7]

Nóaj

Nóaj, el Diluvio y el más allá

Génesis 6:9–11:32

LA SEGUNDA SECCIÓN DEL LIBRO GÉNESIS LLEVA EL NOMBRE DE su protagonista, Nóaj, y comienza con la historia del gran Diluvio que purificó al mundo de la depravación y la degeneración en que había caído la humanidad desde su creación. Continúa a esto el relato acerca de cómo fue dividido el mundo entre los hijos de Nóaj, la dispersión de la humanidad como consecuencia de lo ocurrido en la Torre de Babel, y el preludio al relato acerca del siguiente gran héroe de la humanidad, Abraham.

PRIMERA LECTURA

Génesis 6:9–22

Al diferenciarse de la degeneración característica de su época, Nóaj se mantenía fiel a la tradición de moralidad que había heredado de los primeros seres humanos. Fue por ello que D-os eligió a él y su familia para sobrevivir al Diluvio y volver luego a poblar al mundo.

Nunca es demasiado tarde

וַיֹּאמֶר אֱלֹקִים לְנֹחַ קֵץ כָּל בָּשָׂר בָּא לְפָנַי וּגוֹ' (בראשית ו: יג)

D-os dijo a Nóaj: "He decidido poner fin a toda carne".

D-os no ocasionó el Diluvio porque se hubiera dado cuenta repentinamente de que había cometido un error al crear el mundo. Por el contrario, las realidades pre- y pos- Diluvio fueron etapas necesarias para el desarrollo del mundo, y esas etapas se hallan reflejadas en la vida de cada individuo.

Antes del Diluvio, la realidad se hallaba limitada por las irresistibles fuerzas de la causa y el efecto. Así como cada acción positiva reforzaba la bondad de manera permanente, cada acción negativa también reforzaba el mal de manera permanente.

El Diluvio atenuó esa realidad al introducir la oportunidad del arrepentimiento. Es por ello que, al salir del Arca, lo que Nóaj vio no fue una devastación posapocalíptica sino un mundo nuevo y fresco, lleno de potencial positivo y liberado de las cadenas del pasado.

También en nuestras propias vidas podemos pensar erróneamente que estamos encerrados sin posibilidad de escape en un destino dictado por nuestra herencia, nuestra crianza o nuestros propios errores previos. Gracias al Diluvio, la verdad es precisamente lo opuesto: nunca es demasiado tarde. D-os está siempre esperando recibirnos de nuevo con los brazos abiertos para comenzar de nuevo. El arrepentimiento, como el Diluvio, nos permite transformar cualquier situación amenazadora o período turbulento de nuestra vida en medios para purificarnos, perfeccionarnos y prepararnos para continuar con más fe y fortaleza.[1]

1. *Likutei Sijot*, vol. 20, págs. 285–287.

SEGUNDA LECTURA

Génesis 7:1–16

D-os dijo a Nóaj que construyera un arca para que él, su familia y los representantes de todas las formas de vida animal pudieran sobrevivir al Diluvio.

Pausa y regeneración

וַיֹּאמֶר ה' לְנֹחַ בֹּא אַתָּה וְכָל בֵּיתְךָ אֶל הַתֵּבָה וגו' (בראשית ז:א)

D-os dijo a Nóaj: "Entra al Arca".

Metafóricamente hablando, nuestras "arcas" personales son nuestros períodos de estudio de Torá y plegaria. Así como Nóaj y su familia encontraron en el Arca protección para el Diluvio que, afuera, arrasaba el planeta, nosotros podemos "entrar" en los mundos del estudio de Torá y la plegaria para protegernos del "diluvio" de preocupaciones mundanas que amenazan ahogarnos.

Es particularmente provechoso sumergirse en la plegaria como primera actividad de la mañana. Cada mañana, cuando volvemos a enfrentar el mundo y todo lo que en él existe, pudiera parecernos que todo existe de manera autosuficiente, como si no tuviera necesidad de D-os. Las plegarias de la mañana nos ayudan a reconocer que el mundo no podría existir por sí solo, y que su propósito es convertirse en el hogar de D-os.

Comenzar así nuestro día nos ayuda a evitar de manera consciente todas aquellas actividades que no fomenten ese objetivo, cuidando en cambio de emplear cada momento como una oportunidad para llevarlo a cabo. Así preparados, nos podemos ocupar de los asuntos mundanos sin temor a que estos se conviertan en corrientes tumultuosas que nos arrastren con su ansiedad, estrés y distracciones.[2]

2. *Likutei Sijot*, vol. 1, págs. 6–8.

TERCERA LECTURA

Génesis 7:17–8:14

La lluvia duró cuarenta días, tras los cuales la Tierra permaneció bajo las aguas durante otros ciento cincuenta días; luego estas comenzaron a bajar. Sesenta días más tarde Nóaj envió un cuervo y luego una paloma para verificar si las aguas habían retrocedido por completo.

No esperar a D-os

וַיִּפְתַּח נֹחַ אֶת חַלּוֹן הַתֵּבָה אֲשֶׁר עָשָׂה וַיְשַׁלַּח אֶת הָעֹרֵב וְגוֹ' (בראשית ח:ו־ז)

Nóaj abrió la ventana que había hecho
[en el Arca] y envió al cuervo.

Como narrara la Torá, Nóaj no salió del Arca hasta que D-os no le dijo que lo hiciera. Entonces, ¿cuál era el propósito de verificar si la Tierra estaba seca enviando esas aves?

La respuesta es la siguiente: dado que D-os había confiado en él la supervivencia de la vida en la Tierra, Nóaj se sintió responsable de tomar cualquier paso natural que animara a D-os a acelerar la renovación de la vida.

El dolor del exilio es comparable con las destructivas aguas del Diluvio. Tal como el Diluvio, solo D-os puede dar término al exilio. Sin embargo, así como Nóaj, nosotros también podemos acelerar la redención anhelándola activamente y haciendo todo lo que se encuentre en nuestro poder para preparar su llegada.[3]

3. *Hitvaaduiot* 5745, vol. 4, págs. 2407–2409.

CUARTA LECTURA
Génesis 8:15–9:7

Al cabo de un año exacto del comienzo del Diluvio, la Tierra se hallaba lo suficientemente seca como para ser habitable. Pero Nóaj se sentía reacio a abandonar el Arca porque él y los animales habían vivido dentro de ella en paz y armonía. Nóaj sabía que una vez que dejaran el Arca, los animales volverían a su comportamiento agresivo natural.

Aceptar el desafío

וַיְדַבֵּר אֱלֹקִים אֶל נֹחַ לֵאמֹר צֵא מִן הַתֵּבָה וְגוֹ' (בראשית ח:טו-טז)

D-os habló a Nóaj, y dijo: "¡Sal del arca!"

Como hemos visto, "entrar al Arca" es una metáfora sobre la necesidad de sumergirnos en el estudio de la Torá y la plegaria. Sin embargo, el verdadero propósito de entrar al Arca es salir de ella. D-os nos ordena, así como ordenó a Nóaj, no permanecer en el ambiente espiritual protector del estudio de la Torá y la plegaria, sino salir de él; nos pide que entremos al mundo y lo transformemos en un hogar para D-os.[4]

QUINTA LECTURA

Génesis 9:8–17

JUEVES

A pesar de haber abandonado el Arca, Nóaj dudaba en cumplir el mandamiento de D-os de procrear y repoblar la Tierra, temiendo que sus descendientes un día fueran barridos de la Tierra por otro Diluvio. D-os juró entonces a Nóaj que no volvería a haber otro Diluvio.

Elevar lo terrenal

וַהֲקִמֹתִי אֶת בְּרִיתִי אִתְּכֶם וְלֹא יִכָּרֵת כָּל בָּשָׂר עוֹד מִמֵּי
הַמַּבּוּל וְלֹא יִהְיֶה עוֹד מַבּוּל לְשַׁחֵת הָאָרֶץ (בראשית ט:י״א)

[Dijo D-os:] "Nunca más habrá un diluvio para destruir la tierra".

Cuando la Torá refiere que D-os "destruyó la Tierra", quiere decir que Él destruyó "lo terrenal", es decir, la creencia errónea en la existencia del mundo independientemente de D-os. El Diluvio sumergió completamente al mundo en conciencia divina, fue así purificado de su degeneración moral y se volvió eternamente receptivo a aquella. Es por ello que nunca habrá necesidad de ningún otro Diluvio.

Gracias al Diluvio, hoy podemos cargar de conciencia divina incluso nuestras vidas "terrenales". Primero, debemos sumergirnos periódicamente en la divinidad a través de la plegaria y el estudio diario de Torá, la observancia semanal del Shabat y las festividades judías anuales. Luego, debemos trasladar esta percepción divina a cada faceta de nuestras vidas diarias. Nuestros esfuerzos impulsan el logro de una completa conciencia divina para el mundo entero en la Era Mesiánica.[5]

5. *Likutei Sijot*, vol. 30, págs. 21–23.

SEXTA LECTURA

Génesis 9:18–10:32

Noaj percibió que, como padre de toda futura humanidad, estaba cumpliendo el rol de Adán en el nuevo mundo pos-Diluvio. A sabiendas de esto, intentó rectificar el error de Adán y Eva de hacer mal uso del vino – el fruto del Árbol del Conocimiento – para lograr conciencia de sí mismos y buscó en cambio perderse en la alegría divina embriagándose. Sin embargo, como esa abnegación era artificial, resultó en un efecto contraproducente y Nóaj terminó exhibiéndose de modo indecente. Cuando los hijos de Nóaj vieron esto, corrieron a cubrir al padre; Jam, el menor, se afanó en cubrir su indecencia, mientras que Shem y Iáfet, los mayores, se concentraron en la tarea de restaurar su modestia.

Espejos humanos

וַיֵּלְכוּ אֲחֹרַנִּית וַיְכַסּוּ אֵת עֶרְוַת אֲבִיהֶם וְגוֹ' (בראשית ט:כג)

*[Shem y Iáfet] caminaron de espaldas y
cubrieron la desnudez de su padre.*

El Baal Shem Tov enseñó que las personas que encontramos en nuestra vida son espejos nuestros: si vemos el mal en ellos, lo que en realidad vemos es un reflejo del mal que se halla en nuestro interior. Dado que por lo general somos ciegos a nuestras propias faltas, D-os hace que nos demos cuenta de ellas viéndolas en otra persona; Él espera que comprendamos la señal y reconozcamos tener esas mismas faltas para que podamos corregirlas en nosotros mismos.

Así, dado que Shem y Iáfet no compartían la debilidad de Nóaj, no se concentraron en ella y, sí, en cambio, lo hicieron en cómo podían ayudar a su padre. Pero Jam efectivamente compartía la debilidad de su padre, y es por ello que se concentró en la vergüenza de él en vez de en cómo ayudarlo.[6]

6. *Likutei Sijot*, vol. 10, págs. 24–29.

SÉPTIMA LECTURA

Génesis 11:1–32

En lugar de obedecer la orden de D-os de dispersarse y poblar el mundo, los sobrevivientes del Diluvio se congregaron bajo el liderazgo de Nimrod, bisnieto de Jam. Nimrod los convenció de que evitarían las consecuencias de otro Diluvio construyendo una gigantesca torre, lo que les permitiría tomar precauciones para controlar la lluvia en caso de ser necesario. Para enseñar que la unidad no tiene sentido si conduce a una rebelión contra Él, D-os hizo que súbitamente cada clan se pusiera a hablar en su lengua originaria; y así fue como la humanidad se dispersó de la Torre de Babel, de acuerdo con las intenciones originales de D-os.

El propósito de la civilización

וַיֹּאמְרוּ הָבָה נִבְנֶה לָּנוּ עִיר וּמִגְדָּל וגו' (בראשית יא:ד)

**Dijeron: "Vamos, construyamos nosotros
mismos una ciudad y una torre".**

Los sobrevivientes del Diluvio hicieron caso omiso a la lección del Diluvio, que enseña que debemos confiar en D-os como fuente de todo nuestro bienestar.

Nosotros, los sobrevivientes de un "diluvio" que mató a seis millones de judíos, debemos aprender del error de los sobrevivientes del Diluvio de Nóaj. Reconstruir la infraestructura de la civilización judía es noble y admirable, pero no constituye un fin en sí mismo.

Nuestra "ciudad" y nuestra "torre" deben encarnar un propósito más profundo y espiritual, lo que significa que nuestras casas de plegaria y estudio de Torá deben ser los edificios más destacados y mejor cuidados de nuestras ciudades.

Del mismo modo, nuestra actividad profesional, vivienda, familia y vida cotidiana deben expresar el deseo de cumplir con la voluntad de D-os y no ser una mera demostración de orgullo vacuo. Los objetos rituales – mezuzot, tefilín, velas de Shabat, etc. – deben ser de la más alta calidad.[7]

7. *Likutei Sijot*, vol. 3, págs. 751–753.

Lej Lejá

El llamado de Abraham

Génesis 12:1–17:27

LA TERCERA SECCIÓN DEL LIBRO GÉNESIS COMIENZA CON LA crónica de Abraham, quien fuera elegido por D-os para fundar el pueblo judío. Esto sirvió para revertir el proceso de degeneración moral en que se hallaba encerrada la humanidad desde su expulsión del Jardín del Edén. En esta sección, cuyo nombre (*lej lejá*) está tomado de las primeras palabras de D-os a Abraham: "Ve…", Él indica a Abraham abandonar su Mesopotamia natal (hoy Irak) para asentarse en la Tierra Prometida. A lo largo de sus viajes, Abraham se enfrentará al paganismo y difundirá la conciencia de un único D-os como la fuente de toda la realidad y de la continua y total dependencia que esta realidad tiene de Él.

PRIMERA LECTURA

Génesis 12:1–13

Tras la dispersión de la humanidad a raíz de la Torre de Babel, solo un grupo de individuos selectos lograron preservar las tradiciones originarias de moralidad y monoteísmo. En respuesta a los esfuerzos de Abraham por restaurar el monoteísmo del mundo, D-os le dice que lo ha seleccionado para fundar al pueblo elegido y le ordena asentarse en la Tierra Prometida.

Alcanzar el ser verdadero

וַיֹּאמֶר ה' אֶל אַבְרָם לֶךְ לְךָ וגו' (בראשית יב:א)

D-os dijo [a Abraham]: "Ve".

A pesar de que los logros que hasta ese momento había alcanzado Abraham en la difusión de la conciencia divina habían sido extraordinarios, estos se habían visto limitados por el hecho de que hablaba únicamente desde sus convicciones y razonamientos personales.

Todo cambió cuando D-os habló a Abraham. Sus primeras palabras a él fueron literalmente "Ve, hacia ti", queriendo decir con esto: "Ve a tu ser verdadero y superior, el ser al que nunca llegarías por ti mismo." A través de estas palabras, D-os convirtió a Abraham en una persona que podría progresar más allá de sus propias capacidades.

Como hemos visto, el Diluvio introdujo en el mundo la posibilidad de corregir las acciones negativas y rehacer nuestra vida incluso después de haber cometido lo que de otra forma podrían parecer errores fatales. Con las palabras que dijera a Abraham, "Ve, hacia ti", D-os nos posibilita no solo volver a nuestro ser original sino también "regresar" a nuestro ser auténtico y fundamental, el ser que nunca supimos que existía, y descubrir así constantemente nuevas visiones – infinitamente superiores – de nuestra personalidad divina innata y nuestra conexión con D-os.[1]

1. *Likutei Sijot*, vol. 20, págs. 58–60, 301–308.

SEGUNDA LECTURA

Génesis 12:14–13:4

El primer desafío al que se enfrentó Abraham en la Tierra Prometida fue una hambruna que se desencadenó inmediatamente después de su llegada. Este hecho lo obligó a mudarse temporalmente al país vecino, Egipto.

Transformar el descenso en ascenso

וַיְהִי כְּבוֹא אַבְרָם מִצְרָיְמָה וגו' (בראשית יב:יד)

Cuando Abraham llegó a Egipto…

En lugar de proseguir con el renacimiento monoteísta en la Tierra Prometida de D-os, Abraham fue empujado hacia el bastión pagano más destacado del mundo de ese entonces. ¡Qué irónico debió haber parecido ver a este ambicioso monoteísta repentinamente reducido a buscar misericordia en un ambiente cultural que se burlaba de todos sus ideales!

Sin embargo, en un milagroso cambio de fortuna, Abraham pronto tuvo a los egipcios pidiéndole misericordia *a él*, y poco después volvió a la Tierra de Israel con mayores riquezas, gran renombre y en compañía de la princesa egipcia Hagar, quien posteriormente sería la madre de Ishmael, su primer hijo. De manera retroactiva, se hizo evidente que el aparente retroceso era en realidad una etapa más en el progreso de Abraham hacia sus objetivos.

Del mismo modo, nunca debemos sentirnos intimidados por el mundo; ni por el mundo exterior a nosotros, ni tampoco por el "mundo" de los deseos personales, temores o ideas preconcebidas presentes en nuestro interior. Una vez que respondemos al llamado de D-os, al "Ve, hacia ti", dejamos de estar imposibilitados por los límites de nuestras propias capacidades; incluso aparentes retrocesos demostrarán en última instancia ser parte integral del proceso que nos conduce hacia realizaciones superiores de nuestro propósito divino en la vida.[2]

2. *Likutei Sijot*, vol. 5, págs. 58–63.

TERCERA LECTURA

Génesis 13:5–18

En el transcurso de sus viajes por la Tierra Prometida, Abraham construyó altares a D-os en tres lugares distintos.

La escala de la conciencia divina

וַיִּבֶן שָׁם מִזְבֵּחַ לַה' (בראשית יג:יח)

Construyó un altar a D-os.

Los tres altares que construyó Abraham expresan los tres niveles a los que podemos ascender en nuestra relación con D-os. Abraham construyó su primer altar para agradecer a D-os por el cumplimiento de la promesa de sustento, hijos y una tierra en la cual vivir. Esto se corresponde con la observancia de los mandamientos de D-os, que dan vida al alma y sostienen su conexión con el cuerpo.

Abraham construyó su segundo altar para reconocer el regalo divino del arrepentimiento. Este altar expresa el modo en que profundizamos nuestra relación con D-os para poder restaurarla luego de haber pecado.

Abraham construyó el tercer altar con el solo fin de glorificar a D-os. Este altar expresa nuestra capacidad de abandonar nuestro sentido de individualidad independiente y fusionarnos con Él. Toda la realidad culminará en este nivel de conciencia divina con la llegada de la Era Mesiánica, pero la conciencia de este futuro alimenta nuestro anhelo por su advenimiento; y su llegada será tanto más próxima cuanto mayor sea nuestro anhelo por ella.[3]

3. *Likutei Sijot*, vol. 30, págs. 40–43.

CUARTA LECTURA

Génesis 14:1–20

Lot, sobrino de Abraham, había acompañado a su tío a la Tierra Prometida. Abraham había depositado grandes expectativas en Lot, y fue precisamente eso lo que provocó que Lot se separara de él, asentándose cerca del mar Muerto. Cuando, posteriormente, la Tierra de Canaán fue invadida por una coalición de naciones que capturaron a Lot, Abraham defendió a su sobrino y persiguió a los invasores. Tras derrotarlos por obra de milagro, Abraham entregó la décima parte del botín de guerra a su ancestro Shem, hijo de Nóaj y conocido en ese entonces como Malkitzédek, rey de Salem.

Diezmar para crecer espiritualmente

וַיִּתֶּן לוֹ מַעֲשֵׂר מִכֹּל (בראשית יד:כ)

Le dio un décimo de todo.

Dar el diezmo de nuestra riqueza expresa nuestra conciencia de que todo lo que poseemos en realidad pertenece a D-os y, por lo tanto, debe emplearse para fines sagrados. Por lo general acumulamos riquezas para mejorar nuestra vida y la de nuestros seres queridos; cuanto más internalizamos los valores de la Torá, tanto más se fusionan estos motivos con nuestro deseo de transformar el mundo en un lugar más colmado de divinidad.

Al dar un diezmo del botín de guerra que recibiera en forma milagrosa, Abraham demostró que no solamente la riqueza que hemos producido nosotros mismos pertenece a D-os, sino nuestra riqueza en su totalidad.

D-os promete devolvernos muchas veces lo que ofrendamos en nuestros diezmos, y de hecho nos implora que lo pongamos a prueba al respecto. Siguiendo el ejemplo de Abraham, incluso ofrendando el diezmo de la riqueza no ganada con nuestro esfuerzo, nuestras vidas demostrarán que D-os recompensa a aquellos que cumplen con Su voluntad.[4]

4. *Likutei Sijot*, vol. 5, págs. 68–76.

QUINTA LECTURA

Génesis 14:21–15-:6

Abraham temía que la milagrosa victoria en la batalla contra la coalición invasora fuera la sola recompensa que recibiría por sus méritos ganados y suplantara las otras recompensas que D-os le había prometido anteriormente: descendencia y la Tierra de Israel. Fue entonces cuando D-os reiteró sus promesas a Abraham.

Brillar como las estrellas

הַבֶּט נָא הַשָּׁמַיְמָה וּסְפֹר הַכּוֹכָבִים אִם תּוּכַל לִסְפֹּר

אֹתָם וַיֹּאמֶר לוֹ כֹּה יִהְיֶה זַרְעֶךָ (בראשית טו:ה)

[Dijo D-os a Abraham:] "Mira hacia el cielo y cuenta las estrellas, ¡si puedes contarlas! Así será tu descendencia".

Si bien el significado literal de esta frase es que el pueblo judío llegará a ser tan numeroso como las estrellas, su significado metafórico es que los judíos brillarán como las estrellas; su luz será tan brillante que incluso quienes anden en la densa oscuridad no tropezarán. Todos nosotros somos las "estrellas brillantes" de Abraham, y contamos con fortaleza moral y espiritual suficiente como para evitar que tropiecen quienes se hallan a nuestro alrededor y lograr ejercer sobre ellos una influencia positiva.[5]

---

5. *Haiom Iom*, 5 de Marjeshván.

SEXTA LECTURA

Génesis 15:7–17:6

D-os también prometió a Abraham la Tierra de Israel.

Afirmar nuestra herencia

לְזַרְעֲךָ נָתַתִּי אֶת הָאָרֶץ הַזֹּאת וגו' (בראשית טו:יח)

[D-os dijo a Abraham:] "He dado esta tierra a tus descendientes".

A partir del momento en que D-os prometiera la Tierra de Canaán a los descendientes de Abraham, toda esta se pasó a ser – y así permanece hasta hoy – herencia de todo judío, y no está sujeta a negociación o tratado alguno. La sola promesa de D-os a Abraham es lo que constituye nuestra conexión con nuestra tierra. Cuando logremos expresar esta verdad con confianza y sin pedir disculpas por ello, la comunidad de las naciones reconocerá su verdad. En cambio, basar nuestras demandas sobre la Tierra Prometida en tratados, victorias militares o intrigas diplomáticas socavará el respeto de las demás naciones por nuestra herencia. Al afirmar nuestra conexión inviolable con la Tierra de Israel aceleramos la Redención Mesiánica, momento en que D-os nos otorgará su completa posesión de manera pacífica.[6]

SÉPTIMA LECTURA
Génesis 17:7–27

A pesar de la promesa de D-os, Abraham y su esposa Sará aún no habían tenido hijos. Entonces, Sará pidió a Hagar, su sirvienta egipcia, que tuviera un hijo con Abraham, con la esperanza de, por este mérito, ella también llegar a concebir. Hagar quedó encinta rápidamente. Concluyendo de esto que sus méritos espirituales eran mayores que los de su ama, Hagar se burló de Sará, quien entonces pidió a Abraham que la echara del hogar. Hagar dio luz al primer hijo de Abraham, Ishmael. Trece años después, D-os dijo a Abraham que había llegado el momento de tener un hijo con Sará, y que en preparación para esto debía circuncidarse.

Circuncidar la negatividad

בְּעֶצֶם הַיּוֹם הַזֶּה נִמּוֹל אַבְרָהָם וּגו' (בראשית יז:כו)

En ese día, Abraham fue circuncidado.

Espiritualmente hablando, la circuncisión es la eliminación del "prepucio del corazón", la capa de apatía y arrogancia que obstruye nuestra verdadera conexión con D-os. Para circuncidarnos espiritualmente debemos librarnos de nuestro apego a la autoindulgencia. En general, no es tan difícil renunciar a gratificaciones materiales comunes y corrientes. Es más duro separarse de apegos más sutiles, cuyos efectos negativos sobre nosotros pueden no ser tan evidentes. Es por ello que D-os se ha comprometido a completar por nosotros el proceso de circuncisión espiritual. Este último aspecto de la circuncisión se manifestará en su sentido más acabado solo en la Era Mesiánica.

La circuncisión es el único mandamiento sellado en nuestra carne física. A través de este, todo judío se encuentra conectado física e irrevocablemente a D-os, por lo que posee el poder de trascender los impulsos materiales y manifestar así nuestra verdadera naturaleza divina.[7]

---

7. *Torá Or* 13a–b; *Iguéret HaKódesh* 4 (*Tania*, 105b–106a)

Vaierá

El fundador de la fe

Génesis 18:1–22:24

LA CUARTA SECCIÓN DEL LIBRO GÉNESIS CONTINÚA LA CRÓNICA de Abraham. El nombre de esta sección (*vaierá*, 'Él se apareció'), su primera palabra, describe la revelación de D-os a Abraham posterior a su circuncisión. Sigue a esta revelación la visita de tres ángeles, quienes informan a Abraham el inminente nacimiento de su hijo Itzjak. Luego vemos a Abraham discutir con D-os acerca de la destrucción de Sodoma y Gomorra, migrar a Filistea, expulsar de su hogar a Hagar e Ishmael tras el nacimiento de Itzjak y, por último, ser puesto a prueba por Di-s a través de la orden de sacrificar a su hijo.

PRIMERA LECTURA

Génesis 18:1–14

En el tercer día de la convalescencia de Abraham posterior a su circuncisión, D-os se aparece ante él visitándolo en su lecho de enfermo.

Transparencia espiritual

וַיֵּרָא אֵלָיו ה' וְגו' (בראשית יח:א)

D-os se apareció a [Abraham].

La autorrevelación de D-os a Abraham ocurrió aquí en un plano fundamentalmente superior a Sus apariciones previas ante él. Al circuncidarse en respuesta a la orden de D-os, Abraham se convirtió en el primer ser humano que entregó por completo su individualidad a Él. A partir de ese momento, Abraham podía experimentar a D-os de manera directa, sin la interposición de su ego. Así fue como la circuncisión de Abraham despejó el camino para la Entrega de la Torá, e hizo que esta autotransparencia se convirtiera en el sello distintivo de la existencia judía.

Esto significa que, al aceptar la Torá de D-os y comprometernos a vivir de acuerdo con Su visión para nosotros, podemos eliminar todas las barreras que se interponen entre Él y nosotros. A su vez, esto permite a D-os revelarse en nuestras vidas en formas más y más tangibles.[1]

1. *Likutei Sijot*, vol. 10, págs. 49–54.

SEGUNDA LECTURA

Génesis 18:15–33

La bondad y la hospitalidad que practicaba Abraham en Hebrón contrastaba fuertemente con la maldad y la falta de hospitalidad de los habitantes de las ciudades vecinas, Sodoma y Gomorra. Al cabo de la visita de los tres ángeles, D-os informó a Abraham que estaba por eliminar esas ciudades, pero Abraham rezó a Él en su favor.

Trascendernos

וַיִּגַּשׁ אַבְרָהָם וַיֹּאמַר הַאַף תִּסְפֶּה צַדִּיק עִם רָשָׁע (בראשית יח:כג)

[Abraham] se adelantó y dijo [a D-os:]
"¡¿Destruirás al justo con el malvado?!"

Cuando Abraham vio que los ángeles se hallaban de camino hacia Sodoma con el fin de destruirla, comprendió que debía contradecir su propio carácter, naturalmente bondadoso, y expresarse sin rodeos. Tenía que argumentar con vehemencia y exigir a D-os la anulación de Su decreto.

Del ejemplo de Abraham aprendemos que no debemos vacilar cuando se nos presenta la oportunidad de salvar a otra persona, tanto sea en el plano físico como en el espiritual. Debemos hacer de inmediato todo lo que esté en nuestro poder para acudir en ayuda de la persona, aun si esto significa actuar en directa contraposición con nuestras inclinaciones naturales.[2]

---

2. *Likutei Sijot*, vol. 10, págs. 58, 59.

TERCERA LECTURA

Génesis 19:1–20

MARTES

A pesar de las súplicas de Abraham, la maldad de Sodoma y sus ciudades vecinas era demasiado extendida como para ser pasada por alto. Los ángeles llegaron a la casa de Lot para rescatarlo de la inminente destrucción.

Piedad descarriada

כִּי מַשְׁחִתִים אֲנַחְנוּ אֶת הַמָּקוֹם הַזֶּה כִּי גָדְלָה צַעֲקָתָם

אֶת פְּנֵי ה' וַיְשַׁלְּחֵנוּ ה' לְשַׁחֲתָהּ (בראשית יט:יג)

[Dijeron los ángeles:] "... porque estamos a punto de destruir este lugar, porque el clamor ante D-os se ha incrementado, y D-os nos ha enviado para destruirla".

La maldad de Sodoma y sus ciudades vecinas era una reacción errónea y exagerada al Diluvio de Nóaj. La generación del Diluvio había sido eliminada de la Tierra principalmente debido a que se practicaba y excusaba el robo, la toma forzosa e injusta de la propiedad de una persona por otra. Los residentes de Sodoma, conscientes de esto, declararon que el derecho a la propiedad era total y absoluto e ilegalizaron la caridad y la hospitalidad, a las que consideraban usos injustos de las posesiones de otra persona.

En su celo, los habitantes de de Sodoma no se percataron de que ese extremo opuesto era tan destructivo como absolver el robo. Por lo tanto, dado que el mundo no puede cumplir con su propósito de ser el verdadero hogar de D-os si los seres humanos no nos llevamos bien entre nosotros, Sodoma y sus ciudades vecinas tuvieron que ser destruidas, al igual que la generación del Diluvio. Sin embargo, dado que sus intenciones, aunque desviadas, surgían del deseo de hacer lo correcto, se nos dice que esas ciudades serán restauradas en la Era Mesiánica.[3]

Podemos aprender de esto que nuestro desafío es encontrar el equilibrio apropiado en vez de vivir una vida signada por extremos.[4]

3. Ezekiel, 16:53.
4. *Likutei Sijot*, vol. 35, pág. 74.

CUARTA LECTURA

Génesis 19:21–21:4

El ángel enviado a destruir Sodoma dijo a Lot que *él* estaba a punto de destruir la ciudad, como si tuviera el poder de hacerlo por sí mismo.

Palabras que importan

מַהֵר הִמָּלֵט שָׁמָּה כִּי לֹא אוּכַל לַעֲשׂוֹת דָּבָר

עַד בֹּאֲךָ שָׁמָּה וגו' (בראשית יט:כב)

[Dijo el ángel a Lot:] "¡Apresúrate! Escapa [a la ciudad cercana], porque no puedo hacer nada hasta que llegues allí".

Los ángeles no poseen una identidad intrínseca; son simplemente personificaciones de misiones de D-os. Por lo tanto, cuando anteriormente los ángeles declararon "Vamos a destruir la ciudad", quisieron decir que D-os destruiría la ciudad por intermedio de ellos, dado que no se perciben a sí mismos como separados de D-os.

Sin embargo, Lot entendió que sus palabras significaban que ellos tenían poderes independientes de D-os. Es por ello que los ángeles profirieron las palabras "no puedo hacer nada hasta...", ya que se vieron obligados a establecer claramente que su poder era dado por D-os.

Cuando hablamos con los demás, también debemos tomar en cuenta cómo van a interpretar nuestras palabras, y asegurarnos de que no se malinterpreten nuestras intenciones.[5]

QUINTA LECTURA

Génesis 21:5–21

Abraham se mudó de Hebrón a Filistea. Cuando llegó a los cien años de edad y su esposa Sará a los noventa, nació el hijo de ambos, Itzjak. Mientras tanto, Ishmael, hijo de Hagar, no se mostraba receptivo a la educación moral que recibía de Abraham. Para evitar influencias negativas sobre Itzjak, Sará insistió en que Abraham expulsara del hogar a Hagar e Ishmael. Abraham se sentía reticente a hacerlo, pero D-os validó el juicio de Sará.

Poder femenino

וַיֹּאמֶר אֱלֹהִים אֶל אַבְרָהָם . . . כֹּל אֲשֶׁר תֹּאמַר

אֵלֶיךָ שָׂרָה שְׁמַע בְּקֹלָהּ וְגוֹ' (בראשית כא:יב)

Dijo D-os a Abraham: "…En todo lo que
Sará te diga, escucha su voz".

Cuanto más en sintonía se encuentra un profeta con los asuntos del mundo, mayor es su grado de profecía. Dado que Abraham estaba algo desapegado de los asuntos mundanos, no podía percibir la negatividad presente en Ishmael. Sará, en cambio, estaba más involucrada en las cuestiones materiales, por lo que fue rápidamente capaz de percibir el mal en Ishmael. Su visión profética era, por lo tanto, superior a la de Abraham.

Asimismo, se nos enseña que en la Era Mesiánica el aspecto femenino de la Creación se elevará por encima del masculino. El refinamiento espiritual de Abraham y Sará era tan elevado que les permitía experimentar un anticipo de la Era Mesiánica. Es también por esta razón que la visión profética de Sará era superior a la de Abraham.

Hoy en día, a medida que nos acercamos a la Era Mesiánica, todos podemos dar la bienvenida al florecimiento del poder femenino en el mundo, reconociendo que la experiencia más intensa de la vida física de las mujeres les otorga una visión espiritual de un nivel superior al que les es dado a los hombres.[6]

6. *Likutei Sijot*, vol. 1, pág. 31.

SEXTA LECTURA

Génesis 21:22–34

Tras el nacimiento de Itzjak, Abraham selló un pacto con el rey filisteo local y abrió una posada en Beersheba, donde instruía a los viajeros acerca del monoteísmo.

Ser una influencia positiva

וַיִּטַּע אֶשֶׁל בִּבְאֵר שָׁבַע וַיִּקְרָא שָׁם בְּשֵׁם ה' אֵל עוֹלָם (בראשית כא:לג)

[Abraham] plantó un huerto [y abrió una posada]
en Beersheba. Allí proclamó el nombre de D-os.

La posada de Abraham fue la primera institución pública dedicada a la difusión de la fe en el monoteísmo y el comportamiento ético derivado de esta creencia. Con el establecimiento de una institución pública que desafiaba los dogmas consagrados del mundo, Abraham promovió la conciencia del monoteísmo incluso en personas que nunca habían visitado su posada. A medida que se extendía su renombre, la posada de Abraham ejercía una influencia cada vez más amplia y profunda.

De la misma manera, en la actualidad la existencia misma de sinagogas e instituciones de estudio de Torá ejerce una influencia sumamente positiva sobre una ciudad por la sola virtud de su presencia, más allá del valor intrínseco de las labores de estudio y plegaria que tienen lugar puertas adentro.[7]

---

7. *Séfer HaMaamarim 5686*, pág 82.

SHABAT

SÉPTIMA LECTURA

Génesis 22:1–22–24

El mayor desafío para Abraham tuvo lugar treinta y siete años después del nacimiento de Itzjak: D-os le ordenó sacrificar a su hijo.

Pruebas

וַיֹּאמֶר קַח נָא אֶת בִּנְךָ אֶת יְחִידְךָ אֲשֶׁר אָהַבְתָּ אֶת יִצְחָק וְלֶךְ לְךָ אֶל אֶרֶץ הַמֹּרִיָּה וְהַעֲלֵהוּ שָׁם לְעֹלָה עַל אַחַד הֶהָרִים אֲשֶׁר אֹמַר אֵלֶיךָ (בראשית כב:ב)

[D-os] dijo [a Abraham:] "Por favor, toma a tu hijo, tu único, al que amas, Itzjak, y ve a la tierra de Moriá. Una vez allí, asciéndelo para ser ofrendado sobre uno de los montes que Yo te diré".

El aspecto principal de esta prueba no era el autosacrificio que implicaba sino el desafío en el que ponía a la fe implícita de Abraham en D-os: D-os había prometido a Abraham que Itzjak sería el que perpetuaría su legado; ahora D-os le estaba ordenando sacrificar al propio Itzjak, en aparente contradicción con Su misma palabra. Pero Abraham llevó a cabo el mandamiento de D-os sin cuestionamientos.

D-os nos pone a prueba para que se revelen los poderes que se hallan ocultos en nuestra alma. De hecho, la vida en general es una prueba de este tipo. Antes de descender a este mundo, el alma se relacionaba con D-os dentro de los límites de la razón; el alma nunca experimentaba un amor por Él que trascendiera la razón. Pero una vez que el alma está encajonada en un cuerpo físico, el cual por naturaleza se opone a la espiritualidad, debe reunir sus fuerzas más profundas para permanecer fiel a D-os a pesar de los desafíos y tribulaciones de la vida. Lograda esta fuerza, el alma llega a entender y apreciar a D-os de una manera mucho más profunda e íntima que la que podría haber experimentado antes de descender a este mundo.[8]

---

8. *Séfer HaMaamarim*, 5700, pág. 37.

Jaiei Sará

El entierro de Sará y el matrimonio entre Itzjak y Rivká

Génesis 23:1–25:18

EL NOMBRE DE LA QUINTA SECCIÓN DE GÉNESIS ES TOMADO DE sus primeras palabras, "La vida de Sará" (*Jaiei Sará,* en hebreo), y comienza con la muerte y el entierro de Sará. Luego vemos a Eliezer, sirviente de Abraham, comprometer en matrimonio a Rivká, sobrina nieta de Abraham, para el hijo de este, Itzjak. Este relato continúa con el matrimonio entre Itzjak y Rivká y las últimas etapas de la vida de Abraham: su nuevo casamiento con Hagar, su muerte, el alejamiento de su hijo Ishmael de la familia y su misión divina.

PRIMERA LECTURA

Génesis 23:1–16

Cuando Sará recibió la noticia de que Itzjak había estado a punto de ser sacrificado, el impacto que le provocaron la eventual pérdida de su hijo y el conjunto alivio por su salvación fue demasiado para ella, y falleció. Abraham compró la cueva de Majpelá y el campo circundante a los hititas locales para enterrarla en Hebrón.

Destino judío

תְּנוּ לִי אֲחֻזַּת קֶבֶר עִמָּכֶם וְגוֹ' (בראשית כג:ד)

[Dijo Abraham a los hititas:] "Permitidme [comprar] un lugar de entierro entre vosotros".

La cueva de Majpelá es el sitio donde se encuentran enterrados Adán y Eva, los primeros seres humanos; como tal, originalmente pertenecía a toda la humanidad. Al adquirirla, Abraham expresó la intención de D-os de que la misión originalmente dada a la humanidad como un todo fuera asignada al pueblo judío. Al aceptar esta tarea, el pueblo judío pasó a distinguirse de manera fundamental del resto de la humanidad y asumir el rol de guía espiritual. Es nuestro desafío reconocer ese destino también hoy.[1]

1. *Likutei Sijot*, vol. 15, págs. 145–154; vol. 5, págs. 338–344; *Séfer HaSijot* 5748, vol. 1, págs. 85–89.

SEGUNDA LECTURA

Génesis 23:17–24:9

Tras enterrar a Sará, Abraham envió a Eliezer – su sirviente – a visitar a la familia de su hermano, que vivía en Aram, para que eligiera una esposa apropiada para Itzjak.

Las esposas distanciadas de D-os

כִּי אֶל אַרְצִי וְאֶל מוֹלַדְתִּי תֵּלֵךְ וְלָקַחְתָּ אִשָּׁה לִבְנִי לְיִצְחָק (בראשית כד:ד)

[Dijo Abraham a Eliezer:] "Debes ir a mi tierra, a mi familia, y tomar una esposa para mi hijo Itzjak".

Los profetas describen frecuentemente la relación entre D-os y el pueblo judío como la relación entre esposo y esposa. En este sentido, a todos se nos confía una misión comparable a la que Abraham diera a Eliezer, salir a encontrar esas almas que se han alejado y traerlas de nuevo a D-os, su "esposo".[2]

---

2. *Likutei Sijot*, vol. 25, págs. 104–105.

MARTES

TERCERA LECTURA
Génesis 24:10–26

Eliezer y su caravana partieron hacia Aram. Arribaron a un pozo de agua ubicado en las afueras de Haran, la ciudad en donde vivía Najor – el hermano de Abraham – en el momento en que las mujeres de la ciudad extraían agua de aquel. Eliezer rezó a D-os para que lo guiara hacia la pareja apropiada para Itzjak haciendo que ella respondiera con generosidad a su pedido de extraer agua para él y su comitiva.

Benevolencia

וְהָיָה הַנַּעֲרָ אֲשֶׁר אֹמַר אֵלֶיהָ הַטִּי נָא כַדֵּךְ וְאֶשְׁתֶּה וְאָמְרָה
שְׁתֵה וְגַם גְּמַלֶּיךָ אַשְׁקֶה אֹתָהּ הֹכַחְתָּ לְעַבְדְּךָ לְיִצְחָק
וּבָהּ אֵדַע כִּי עָשִׂיתָ חֶסֶד עִם אֲדֹנִי (בראשית כד:יד)

[Eliezer rezó:] "Que la muchacha a la que diga 'Por favor, inclina tu balde para que pueda beber' y ella responda "Bebe, y también daré agua a tus camellos' sea la que Tú has designado para tu siervo Itzjak".

Dado que a D-os nada le falta, la generosidad es la forma principal en que se relaciona con el mundo. Por el mismo motivo, es la generosidad lo que caracteriza a las personas que se sienten estrechamente conectadas con D-os. En cambio, la característica saliente del mal es el egoísmo. No importa cuánto tenga una mala persona: siempre se sentirá insatisfecha, y por ello solo buscará tomar, nunca dar.

Es por esta razón que Eliezer buscó para Itzjak una mujer que demostrara generosidad. Al ir Rivká más allá del cumplimiento del pedido específico de Eliezer y ofrecerle también agua para sus camellos, este entendió que ella era una persona piadosa y, por lo tanto, una pareja apropiada para el hijo de Abraham.

Cuando demostramos bondad hacia los demás, nosotros también somos "correspondidos" con las parejas más valiosas, sean estas almas gemelas, amigos, socios de negocios o propuestas y proyectos de vida.[3]

3. *Sidur im Daj*, 92b.

CUARTA LECTURA

Génesis 24:27–52

La muchacha que dio agua a Eliezer y su caravana era Rivká, sobrina nieta de Abraham. Después de haber prometido a Rivká para Itzjak, Eliezer se encontró con la familia de esta y les contó los detalles de su misión.

D-os no escatima en nada

וַתֵּלֶד שָׂרָה אֵשֶׁת אֲדֹנִי בֵן לַאדֹנִי אַחֲרֵי זִקְנָתָהּ
וַיִּתֶּן לוֹ אֶת כָּל אֲשֶׁר לוֹ (בראשית כד:לו)

[Dijo Eliezer a la familia de Rivká:] "Sará, la esposa de mi amo, dio a luz un hijo de mi amo después de haber envejecido, y él cedió [a su hijo Itzjak] todas sus posesiones".

Abraham estaba dispuesto a ceder toda su fortuna con tal de asegurar que Itzjak se casara con Rivká. Del mismo modo, D-os está dispuesto a dar "toda Su abundancia" para ayudar a cada uno de nosotros a cumplir nuestra misión de llevar a cabo el "matrimonio" entre las dimensiones físicas y las dimensiones espirituales de la realidad, y transformar así el mundo en un hogar para D-os a través de nuestras buenas acciones.[4]

QUINTA LECTURA

Génesis 24:53–67

Eliezer volvió con Rivká a Canaán para encontrarse con Itzjak. Tras casarse con él, Rivká pasó a asumir el lugar de Sará como matriarca de la familia.

Iluminar el mundo

וַיְבִאֶהָ יִצְחָק הָאֹהֱלָה שָׂרָה אִמּוֹ וְגוֹ' (בראשית כד:סז)

Itzjak llevó a Rivká a la tienda de su madre Sará.

Tras el fallecimiento de Sará, en observancia de los mandamientos de la Torá Abraham pasó a encender las velas de Shabat, pero estas no permanecían encendidas toda la semana, como sí sucedía cuando era Sará quien lo hacía. Sin embargo, a partir de que Rivká comenzó a encender las velas de Shabat, estas continuaban milagrosamente encendidas toda la semana.

Esto demuestra la capacidad única de las mujeres y niñas judías, hijas todas de Sará y Rivká, para infundir espiritualidad en el hogar, iluminándolo con la santidad del Shabat a lo largo de toda la semana. Si bien la luz que arrojan sus velas puede ser visible físicamente durante un tiempo limitado, su luz espiritual continúa iluminando a lo largo de toda la semana.[5]

SEXTA LECTURA

Génesis 25:1–11

A poco de desposar Itzjak a Rivká, Abraham volvió a casarse con Hagar y tuvo con ella seis hijos más. A la edad de 175 años, Abraham falleció.

La recompensa de la disciplina

וַיִּקְבְּרוּ אֹתוֹ יִצְחָק וְיִשְׁמָעֵאל בָּנָיו אֶל מְעָרַת הַמַּכְפֵּלָה וְגוֹ' (בראשית כה:ט)

Los hijos [de Abraham,] Itzjak e Ishmael, lo enterraron en la Cueva de Majpelá.

Itzjak es mencionado en primer término; esto indica que, a pesar de ser el hijo mayor, Ishmael permitió que Itzjak encabezara el funeral. De esta forma Ishmael demostró su verdadero arrepentimiento: su principal pecado había sido reclamar la herencia de Itzjak, reclamo que no podía plantear sino después del fallecimiento de Abraham; llegado ese momento, decidió no plantearlo.

Sará es merecedora del mérito por la mejora en el carácter de Ishmael. Su insistencia en dirigir apropiadamente a Ishmael finalmente condujo a este al arrepentimiento, al punto de reconocer la verdad de la primacía de Itzjak. Siguiendo el ejemplo de Sará, nosotros tampoco debemos rendirnos y evitar corregir o asistir a quienes verdaderamente necesitan nuestra ayuda en el desafío continuo de la superación personal.[6]

---

6. *Likutei Sijot*, vol. 15, págs. 149–150.

SÉPTIMA LECTURA

Génesis 25:12–18

Tras relatar la muerte de Abraham, la Torá enumera a los descendientes de Ishmael y continúa en la sección siguiente con la crónica de Itzjak.

Amor verdadero

עַל פְּנֵי כָל אֶחָיו נָפָל (בראשית כה:יח)

*[Ishmael] vivió en el área [establecida
por] todos sus descendientes.*

En sentido literal, el texto hebreo original dice: "Él *cayó* en el área…". Ishmael era la versión "caída" de Abraham. Abraham personificaba el amor santo: el amor por D-os y la bondad hacia los demás. Ishmael personificaba el amor en su versión "caída": el deseo obsesivo por lo físico y lo sensual.

En nuestras propias vidas, es nuestra tarea transformar nuestro amor y pasión por las cosas materiales – el amor caído de Ishmael – en amor santo por D-os.[7]

---

7. *Séfer HaMaamarim 5648*, pág. 196.

Toledot

Itzjak, Iaacov y Esav

Génesis 25:19 -28:9

LA SEXTA SECCIÓN DEL GÉNESIS DESCRIBE LA HISTORIA (*toledot*, en hebreo) de Itzjak y sus hijos, Iaacov el justo y Esav el malvado. Comienza relatando el nacimiento de ambos, que vaticina el futuro conflicto. Esav, el hijo mayor, vende su primogenitura a Iaacov. La narrativa sigue a Itzjak en Filistea, dedicado al curioso proyecto de excavar pozos. Luego vemos casarse a Esav. Poco después, Rivká toma la iniciativa de engañar a Itzjak para que dé sus bendiciones – y con ello, el futuro liderazgo del pueblo judío – a Iaacov en vez de a su primogénito de hecho, Esav. Luego de percatarse de que Rivká estaba en lo correcto, Itzjak envía a Iaacov a Aram para que se case con la hija de uno de sus parientes.

PRIMERA LECTURA

Génesis 25:19–26:5

Durante sus primeros veinte años de matrimonio, Itzjak y Rivká no tuvieron hijos. Cuando sus plegarias fueron finalmente concedidas, Rivká concibió y sufrió intensos dolores durante el embarazo. D-os le informó que estaba embarazada de mellizos, quienes serían opuestos no solo física sino también moralmente, y que el éxito de cada uno en el camino en la vida sería a expensas del otro.

Doble identidad

וַיֹּאמֶר ה' לָהּ שְׁנֵי גִיִים בְּבִטְנֵךְ וּשְׁנֵי לְאֻמִּים מִמֵּעַיִךְ

יִפָּרֵדוּ וּלְאֹם מִלְאֹם יֶאֱמָץ וְגוֹ' (בראשית כה:כג)

Dijo D-os a ella: "Hay dos naciones en tu vientre; dos poderes saldrán de ti. La mano superior pasará de un poder al otro".

En sentido metafórico, Iaacov y Esav representan las dos almas (y sus instintos opuestos) que existen dentro de cada uno de nosotros. Todos poseemos un Iaacov interno, es decir, un alma divina con instintos divinos, y también un Esav interno, es decir, un alma animal con instintos egoístas. Cuando nuestra alma divina se afirma, debilita las tendencias materialistas del alma animal.

El alma divina se sobrepone al alma animal de la misma forma en que la luz se sobrepone a la oscuridad. La luz no tiene que esforzarse activamente para disipar la oscuridad; en presencia de aquella, esta simplemente deja de existir. Del mismo modo, en cuanto damos lugar a que brillen la santidad y la bondad de nuestras almas divinas gracias al estudio de la Torá y el cumplimiento de los mandamientos, el egoísmo del alma animal desaparece.[1]

---

1. *Séfer HaMaamarim 5691*, pág. 328.

SEGUNDA LECTURA

Génesis 26:6–12

Cuando Rivká dio a luz, el primer mellizo en salir de su vientre fue Esav, a pesar de que, de hecho, Iaacov había sido concebido primero. Ya de jóvenes Esav se veía atraído por los estímulos sensuales, mientras que Iaacov sentía pasión por absorber la sabiduría y las tradiciones transmitidas por Abraham e Itzjak. Al comprender que él mismo sería el representante más fiel de los ideales familiares, Iaacov ofreció a Esav cambiar el derecho de liderazgo por una comida caliente, lo cual este aceptó rápidamente. Posteriormente Canaán fue afectada por una hambruna, por lo que Itzjak mudó a su familia a Filistea; allí Rivká estuvo a punto de ser secuestrada por el rey local. La rectitud de Itzjak fue evidente para todos cuando vieron que el producto de su cosecha resultaba milagrosamente fuera de proporción con la cantidad plantada.

El propósito de la riqueza

וַיִּזְרַע יִצְחָק בָּאָרֶץ הַהִוא וַיִּמְצָא בַּשָּׁנָה הַהִוא

מֵאָה שְׁעָרִים וַיְבָרֲכֵהוּ ה' (בראשית כו:יב)

Itzjak plantó grano en esa región ese año. Cosechó
cien veces más, porque D-os lo había bendecido.

De la lectura atenta de la narrativa de la Torá resulta evidente el hecho de que los patriarcas eran astutos empresarios. Sin embargo, también es evidente que se ocupaban de los asuntos materiales con el único objetivo de cumplir con la voluntad de D-os. En este caso, el verdadero objetivo de Itzjak al sembrar grano era estar en condiciones de dar caridad a los pobres, que la Torá estipula que solo se puede dar con la producción propia. Tal como sucede con nuestros patriarcas, cuando nuestra ocupación en la búsqueda del sustento tiene idénticos motivos nos bendice el más abrumador de los éxitos.[2]

---

2. *Mishné Torá*, Maaser, 2:2. *Likutei Sijot*, vol. 5, pág. 74, basado en *Pirkei de Rabi Eliézer*, 33.

TERCERA LECTURA

Génesis 26:13-22

El rey de Filistea, temeroso de la creciente influencia económica de Itzjak, le pidió que abandonara el lugar. Itzjak se asentó en un terreno cercano y comenzó el proyecto de su vida: excavar pozos para proveer fuentes de agua a los nuevos pueblos y aldeas.

Descubrir potenciales ocultos

וַיַּחְפְּרוּ עַבְדֵי יִצְחָק בַּנָּחַל וַיִּמְצְאוּ שָׁם בְּאֵר מַיִם חַיִּים (בראשית כו:יט)

Los sirvientes de Itzjak cavaron en el valle y encontraron allí una fuente de agua fresca.

A pesar de que la excavación de pozos ciertamente servía para desarrollar la civilización en el sitio en el que se realizara, más importante era el hecho de que esta actividad ejemplificaba el mensaje de Itzjak al mundo. A diferencia de llenar un pozo con agua traída de otro lugar, excavar un pozo implica revelar una fuente de agua ya existente, oculta bajo las capas del terreno. De esta forma, mientras que el mensaje de Abraham al mundo había sido: "Permítanme revivirlos con las refrescantes aguas de la conciencia divina", el mensaje de Itzjak era: "Ahora que han sido revividos, busquen su fuente interna de agua. Quiten toda la tierra que entorpece sus vidas, y revelarán dentro de ustedes un manantial de percepción divina. Esta conciencia saciará su sed espiritual durante toda la vida".

Las excavaciones de Itzjak nos enseñan que nuestros instantes de entendimiento o inspiración deben ser seguidos por momentos de superación personal para que se produzcan cambios duraderos.[3]

---

3. *Torá Or* 17c; *Likutei Sijot*, vol. 1, págs. 27-29, vol. 5, págs. 71, 72, vol. 15, págs. 194, 195, vol. 25, págs. 123-130.

CUARTA LECTURA

Génesis 26:23–29

Itzjak finalmente se asentó en Beersheva. El rey de los filisteos pidió a Itzjak sellar con él una alianza en reconocimiento de que Itzjak había recibido la bendición del éxito y el favor divinos.

La recompensa de la perseverancia

וַיֹּאמְרוּ רָאוֹ רָאִינוּ כִּי הָיָה ה' עִמָּךְ וַנֹּאמֶר תְּהִי נָא אָלָה

בֵּינוֹתֵינוּ בֵּינֵינוּ וּבֵינֶךָ וְנִכְרְתָה בְרִית עִמָּךְ (בראשית כו:כח)

[El rey de Filistea y su comitiva] dijo [a Itzjak:] "Hemos visto que D-os ha estado contigo, por lo que dijimos: Que haya ahora un juramento solemne entre nosotros, y hagamos un pacto contigo".

Los filisteos primero se apoderaron de los pozos que había excavado Itzjak, pero luego terminaron buscándolo con insistencia para hacer las paces con él. De manera análoga, nuestros esfuerzos o tareas espirituales, incluso los mejores intencionados, pueden a veces volverse en contra nuestra y acabar por fortalecer las fuerzas que se oponen a la santidad. Sin embargo, aprendemos de Itzjak a no desalentarnos frente a esos inesperados contratiempos. Por el contrario, debemos redoblar nuestros esfuerzos, que sin duda alguna luego se verán coronados de éxito.[4]

---

4. *Likutei Sijot*, vol. 1, págs. 29–31.

QUINTA LECTURA
Génesis 26:30–27:27

Cuando cumplió cuarenta años, Esav desposó a dos mujeres cananeas. Tiempo después, Itzjak, en ese entonces ya ciego, sintió que había llegado el momento de pasar oficialmente el manto del liderazgo, por lo que encomendó a Esav prepararse para recibir sus bendiciones.

Aptitudes para el liderazgo

וַעֲשֵׂה ... בַּעֲבוּר תְּבָרֶכְךָ נַפְשִׁי בְּטֶרֶם אָמוּת (בראשית כז:ד)

[Dijo Itzjak a Esav:] *"Prepara... de modo que
mi alma te bendiga antes de morir".*

Itzjak quería nombrar a Esav como su sucesor porque reconocía en él un gran potencial para convertirse en un valiente guerrero de D-os y dedicarse a combatir el mal. A pesar de que había visto a Esav sucumbir a tentaciones frente a las que él no hubiera flaqueado, Itzjak sintió que su bendición lo haría abrazar la causa del bien y la rectitud. Con su poder superior, su destreza y su habilidad, Esav sería entonces capaz de lograr los propósitos de D-os en la tierra mucho mejor de lo que podría hacerlo Iaacov.

Rivká percibió que Itzjak se hallaba equivocado. Ciertamente, Iaacov no era un guerrero astuto y audaz como sí lo era Esav. Sin embargo, la aguda percepción que había desarrollado dedicándose al estudio de la Torá le proveería la astucia necesaria para sobreponerse al mal cuando lo tuviese que enfrentar. Más aún: la devoción de Iaacov por la Torá le daba un impulso mucho más fuerte para hacer del mundo un hogar para D-os que el que Esav podría tener alguna vez.

Aprendemos de la sabiduría de Rivká que la posesión de habilidades y poder no nos transforma de por sí en líderes confiables. Podemos desarrollar mejor nuestras cualidades de liderazgo estudiando la Torá con devoción, y debemos buscar a los líderes entre los estudiosos de Torá.[5]

SEXTA LECTURA
Génesis 27:28–28:4

Inmediatamente Rivká disfrazó a Iaacov como Esav e hizo que se hiciera pasar por él ante Itzjak para que este le diera las bendiciones. Cuando más tarde regresó Esav para recibir las bendiciones, Itzjak se percató de lo que había ocurrido y reconoció el hecho de que Iaacov era la elección más apropiada.

El uso del engaño

וַיֹּאמֶר בָּא אָחִיךָ בְּמִרְמָה וַיִּקַּח בִּרְכָתֶךָ (בראשית כז:לה)

[Itzjak dijo a Esav:] "Tu hermano vino con astucia y tomó tu bendición".

Las bendiciones que Itzjak otorgó a Iaacov tenían por finalidad la prosperidad material. El hecho de que Iaacov obtuviera esas bendiciones a través de la astucia nos enseña cómo debemos ocuparnos de nuestras propias actividades materiales. Cuando comemos o cuando hacemos negocios, por ejemplo, podemos parecer estar sirviendo a nuestras propias necesidades físicas, tal como el materialista Esav. Pero detrás de esta apariencia en realidad debemos pensar como Iaacov y hacer que nuestros verdaderos propósitos sean espirituales: debemos comer con el fin de adquirir la fortaleza necesaria para realizar buenas acciones, estudiar la Torá y cumplir los mandamientos. Debemos ganar nuestro sustento para contar con los medios financieros para hacer todas esas cosas, y así sucesivamente. Este es el tipo de "duplicidad" que debemos emplear en nuestra interacción con el mundo material.[6]

---

6. *Likutei Sijot*, vol. 3, pág. 796.

SÉPTIMA LECTURA

Génesis 28:5–9

Esav odió a Iaacov por recibir las bendiciones de Itzjak en lugar suyo y decidió matarlo tan pronto como este muriera. Percibiendo esto en forma profética, Rivká convenció a Itzjak de enviar a Iaacov a Aram para que encontrara una esposa. Cuando Esav vio que sus padres desaprobaban las mujeres cananeas, se casó con una de las hijas de su tío Ishmael.

Mostrar respeto respetuosamente

וַיֵּלֶךְ עֵשָׂו אֶל יִשְׁמָעֵאל וַיִּקַּח אֶת מָחֲלַת בַּת יִשְׁמָעֵאל
בֶּן אַבְרָהָם ... לוֹ לְאִשָּׁה (בראשית כח:ט)

***Esav fue a lo de Ishmael y se casó con Majalat,
hija de Ishmael, hijo de Abraham.***

El respeto de Esav por su padre era legendario. Esperaba a su padre vestido con prendas especiales. Tomó la decisión de matar a Iaacov y se abstuvo de hacerlo a pesar de su inmensa furia para no causar dolor a su padre. Cuando escuchó que sus esposas cananeas disgustaban a sus padres, no demoró en casarse con su prima.

Sin embargo, la reverencia de Esav por su padre no le impidió dirigirse a él en forma irrespetuosa, diciéndole "Padre mío, levántate". En cambio, su hermano Iaacov cortésmente le pidió "Por favor, levántate". De manera similar, Esav se refirió más tarde a la futura muerte de su padre en duros términos, diciendo "Los días de duelo por mi padre pronto estarán aquí."

Podemos aprender del burdo comportamiento de Esav que una faceta esencial de hacer lo correcto es hacerlo de una manera amable y considerada. Por ejemplo, las palabras que decimos no solo deben ser significativas y estar libres de cualquier tipo de conversación prohibida (falsedad, chisme, calumnia, etc.); también deben ser refinadas y delicadas, tal como fueran las de Iaacov.[7]

---

7. *Séfer HaMaamarim* 5697, pág. 232.

Vaietzé

Iaacov en Aram

Génesis 28:10–32:3

LA SÉPTIMA SECCIÓN DE GÉNESIS TRATA SOBRE LA CRÓNICA DEL tercer patriarca, Iaacov. Esta se inicia cuando él sale (*vaietzé*, 'y salió') de Canaán para encontrar una esposa entre sus parientes afincados en Aram. Desposa allí a cuatro mujeres, engendra una numerosa familia y acumula asimismo una considerable fortuna con la ayuda de D-os. Pasados veinte años, Iaacov huye de Aram de manera subrepticia, ya que temía que su posesivo suegro Labán intentara evitar su partida. Aún así, Labán lo alcanza; luego ambos hacen las paces.

PRIMERA LECTURA
Génesis 28:10–22

De camino hacia Aram, Iaacov pasó la noche en el monte Moriá (conocido hoy como monte del Templo, situado en Jerusalem). Tuvo allí un sueño: una visión de ángeles que subían y bajaban por una escalera que alcanzaba el cielo. Al despertar, comprendió la santidad intrínseca del lugar y prometió que si D-os lo protegía, satisfacía sus necesidades durante su estadía en Aram, y le permitía regresar indemne física y espiritualmente, él consagraría el monte Moriá como el sitio del futuro Templo.

Alimentar y vestir el alma

וַיִּדַּר יַעֲקֹב נֶדֶר לֵאמֹר אִם יִהְיֶה אֱלֹקִים עִמָּדִי וּשְׁמָרַנִי
בַּדֶּרֶךְ הַזֶּה אֲשֶׁר אָנֹכִי הוֹלֵךְ וְנָתַן לִי לֶחֶם לֶאֱכֹל וּבֶגֶד לִלְבֹּשׁ
וְשַׁבְתִּי בְשָׁלוֹם אֶל בֵּית אָבִי וגו' (בראשית כח:כ-כא)

Iaacov prometió: "Si D-os está conmigo y me protege en este viaje que estoy haciendo, y me provee de pan para comer y ropa para vestir, y me hace regresar a la casa de mi padre en paz".

El pan y la ropa se refieren alegóricamente al estudio de la Torá y el cumplimiento de los mandamientos respectivamente. Cuando estudiamos Torá, la sabiduría de D-os se vuelve parte nuestra, así como la comida que ingerimos se vuelve parte de nosotros. Cuando cumplimos con un mandamiento, nos abriga el sentimiento de una inspiración externa y trascendente, así como una prenda de vestir nos abriga y da calor.

En este contexto, "regresar a la casa de mi padre en paz" alude a nuestro retorno al plano de la santidad tras habernos aventurado temporariamente por el mundo con el fin de depurarlo y elevar su santidad.[1]

---

1. *Séfer HaMaamarim Melukat*, vol. 2, págs. 162–163.

SEGUNDA LECTURA

Génesis 29:1–17

Confiado de la protección de D-os, Iaacov partió para Aram.

La fuente la de confianza y la alegría

וַיִּשָּׂא יַעֲקֹב רַגְלָיו וַיֵּלֶךְ אַרְצָה בְנֵי קֶדֶם (בראשית כט:א)

**Ligero de pies, Iaacov partió hacia la tierra
de los hombres que vivían al oriente.**

A pesar de que Iaacov se hallaba en vías de entrar a un ambiente espiritualmente peligroso, su alegría por cumplir con su misión divina y su confianza en la protección de D-os permeaban todo su ser, hasta sus propios pies[2]. Siguiendo el ejemplo de Iaacov, podemos adoptar esta misma actitud alegre y confiada cuando día a día salimos a enfrentar las numerosas actividades mundanas de la vida, a pesar de que estas puedan no parecer muy espirituales. La clave es asegurarnos de antemano de que, como Iaacov, nos encontramos apropiadamente alimentados (por el estudio de Torá), vestidos (por el cumplimiento de los mandamientos) y centrados en nuestro objetivo (de hacer del mundo un hogar para D-os).[3]

2. *Hitvaaduiot 5745*, vol. 5, pág. 3100.
3. *Sijot Kódesh 5731*, vol. 1, pág. 178; *Hitvaaduiot 5719*, vol. 1, págs. 233–234.

TERCERA LECTURA

Génesis 29:18–30:13

Al llegar a Aram, Iaacov encontró en el pozo de agua ubicado en las afueras de la ciudad a la hija de Labán, Rajel, quien se hallaba pastoreando los rebaños de su padre. Rajel presentó a Iaacov a su padre, quien lo puso a cargo de sus rebaños. Iaacov pidió a Labán casarse con Rajel a cambio de trabajar siete años para él. Labán aceptó, pero a último momento engañó a Iaacov para casarlo con Lea, su hija mayor y hermana de Rajel. Más tarde Labán permitirá a Iaacov casarse también con Rajel, bajo la condición de trabajar para él otros siete años. Lea dio a luz sucesivamente a cuatro hijos, mientras que Rajel no engendró ninguno.

El uso apropiado de la envidia

וַתֵּרֶא רָחֵל כִּי לֹא יָלְדָה לְיַעֲקֹב וַתְּקַנֵּא רָחֵל בַּאֲחֹתָהּ וְגוֹ׳ (בראשית ל:א)

Rajel vio que no daba hijos a Iaacov; Rajel
tuvo envidia de su hermana [Lea].

La envidia mezquina y destructiva nace del temor de que los éxitos de la otra persona opaquen nuestro propio valor. En cambio, Rajel atribuyó la fertilidad de Lea a una recompensa por su rectitud, y por ello sentía envidia de las buenas acciones de su hermana. Ese tipo de envidia es constructiva, dado que nos estimula a mejorar nuestras acciones. De manera semejante, nuestros sabios establecieron que la envidia que pueda existir entre los estudiosos de Torá aumenta la sabiduría. La envidia puede ser una fuerza positiva en nuestra vida si aprendemos a emplearla en forma correcta.[4]

---

4. *Bava Batra,* 21a. *Hitvaaduiot 5745,* vol. 2, pág. 870, citando *Or HaTorá, Bereshit,* vol. 1, 218a y ss.

CUARTA LECTURA

Génesis 30:14–27

Tal como anteriormente hiciera Sará, Rajel decidió que su sirvienta Bilha (que también era su media hermana) se casara con su esposo, esperando con este mérito ser ella también bendecida con hijos. Luego de que Bilha diera a luz dos niños, y abrigando la misma esperanza que Rajel, Leah hizo que su sirvienta Zilpa (también media hermana de Lea y Rajel) se casara con Iaacov, ya que había perdido la fertilidad. Zilpa engendró dos hijos; tras esto, Lea recuperó su fertilidad y engendró dos hijos y una hija más. Recién entonces Rajel pudo concebir y dio a luz a su primer hijo, a quien dio el nombre de Iosef (José).

Traer de vuelta a casa al distanciado

וַתִּקְרָא אֶת שְׁמוֹ יוֹסֵף לֵאמֹר יֹסֵף ה' לִי בֵּן אַחֵר (בראשית ל:כד)

*[Rajel] lo llamó Iosef ["que Él agregue" en hebreo],
diciendo: "Que D-os agregue otro hijo para mí".*

La plegaria de Rajel resume la misión espiritual de Iosef en la vida: convertir a "otro", es decir, a un aparente extraño, en un "hijo". Esta misión se expresa de tres maneras. Primero, haciendo que el mundo material, que parece estar separado de D-os, reconozca y celebre su fuente divina. Segundo, a través del arrepentimiento personal, a través del cual dejamos de ser "otros" extraños y nos convertimos en "hijos" que pertenecen a Él. Tercero, acercándonos a aquellos que parecen apartados de D-os, revelándoles que son hijos queridos de Él y que, en tanto tales, lo natural es vivir la vida de acuerdo con Su plan.[5]

No debemos sentirnos fuera de lugar ni incapaces de efectuar dichas transformaciones, ya que contamos con ayuda. Rajel dijo "Que D-os agregue para mí otro hijo"; nosotros solo somos instrumentos de D-os, y en realidad es Él quien recibe cariñosamente de vuelta a casa a Sus hijos distanciados.[6]

---

5. *Hitvaaduiot 5743*, vol. 2, pág. 783.
6. *Hitvaaduiot 5745*, vol. 2, pág. 1112.

QUINTA LECTURA

Génesis 30:28–31:16

Luego de haber servido fielmente a Labán durante catorce años, Iaacov trabajó seis años más para desarrollar su fortuna personal.

La verdadera riqueza

וַיִּפְרֹץ הָאִישׁ מְאֹד מְאֹד וגו' (בראשית ל:מג)

El hombre se volvió muy próspero.

Además de su riqueza material, Iaacov también obtuvo verdadera riqueza espiritual: logró criar a todos sus hijos de tal manera que siguieron el recto camino de Abraham e Itzjak, y no engendró ningún hijo malvado (del tipo de Esav o Ishmael, nacidos de sus antepasados Abraham e Itzjak).

Iaacov logró esto porque sintetizó el enfoque inspiracional de Abraham y el enfoque de autodisciplina de Itzjak. Al relacionarse con D-os en la más pura sinceridad, Iaacov trascendió las diferencias entre los enfoques opuestos de sus antepasados, y fue capaz de relacionarse igual de bien con cada una de las diferentes personalidades de sus hijos. Fue también debido a esta pura sinceridad que pudo ganar la partida al artero y confabulador Labán.

El ejemplo de Iaacov nos enseña que, a pesar de que la lógica y la razón tienen su lugar, el fundamento de nuestra relación con D-os es la pura sinceridad. Esta sinceridad nos permite, pues, relacionarnos de manera efectiva con los demás sin importar cuán diferentes puedan ser ellos de nosotros.[7]

JUEVES

SEXTA LECTURA

Génesis 31:17–42

Iaacov huyó en secreto de Aram con su familia y sus rebaños, temiendo que su posesivo suegro se lo impidiera. Efectivamente, Labán corrió a perseguirlo y, cuando lo alcanzó, lo acusó de llevarse secretamente a sus hijas y nietos, sin permitirle despedirse de ellos en forma apropiada.

Añorar el hogar

וְעַתָּה הָלֹךְ הָלַכְתָּ כִּי נִכְסֹף נִכְסַפְתָּה לְבֵית אָבִיךָ וְגוֹ' (בראשית לא:ל)

[Dijo Labán a Iaacov:] "Te has ido ahora porque todo el tiempo añorabas la casa de tu padre".

La estancia de Iaacov en las tierras de Labán predijo nuestra propia estancia en el exilio. Así como Iaacov se encontraba lejos de su hogar físico e inmerso en un ambiente opuesto a la espiritualidad, nuestro exilio comprende tanto una diáspora física como – más importante aún – la oscuridad espiritual del mundo no redimido. Y así como Iaacov nunca se sintió cómodo en su lugar en el exilio y constantemente anhelaba volver a la casa de su padre, así también debemos nosotros anhelar constantemente el regreso a la "casa" de nuestro Padre. Más allá de cuán exitosos seamos en cumplir con nuestra misión divina en el exilio, nunca debemos sentirnos "en casa" mientras estemos en él.

Si pensamos cuán largo ha sido el exilio, podemos sentir – erróneamente – que nuestro anhelo no ha dado fruto alguno. Sin embargo, la verdad es que cuanto más comprendemos qué significa nuestro exilio espiritual, tanto más se intensifica nuestro anhelo por la Redención Mesiánica, y este anhelo a su vez acerca el momento de la Redención.[8]

8. *Hitvaaduiot 5746*, vol. 1, págs. 655, 656, 664, 665.

SHABAT

SÉPTIMA LECTURA

Génesis 31:43–32:3

Cuando Iaacov recriminó a Labán haberlo maltratado a él y a su familia, Labán cedió en su enojo y ambos sellaron un pacto. Iaacov erigió un montículo de piedra como monumento del acuerdo; y ambos se comprometieron a atravesarlo solo para hacer negocios, no para propósitos hostiles.

El respeto por los límites

אִם אָנִי לֹא אֶעֱבֹר אֵלֶיךָ אֶת הַגַּל הַזֶּה וְאִם אַתָּה לֹא תַעֲבֹר אֵלַי

אֶת הַגַּל הַזֶּה וְאֶת הַמַּצֵּבָה הַזֹּאת לְרָעָה (בראשית לא:נב)

*[Dijo Labán a Iaacov:] "No pasaré este montículo hacia ti y
tú no pasarás este montículo y este monumento hacia mí".*

A diferencia de una pared sólida, un montículo es un conjunto de piedras inconexas, lo que da a entender que la separación entre Labán y Iaacov no sería absoluta.[9] En sentido espiritual, esto significa que Iaacov no erigía una barrera impenetrable entre él y el territorio de Labán. Iaacov continuaría ingresando al territorio de Labán para el "negocio" de aprovechar las chispas de santidad que allí se encontraran, manteniéndose siempre apartado de las negativas influencias de la filosofía de vida de Labán.

De manera semejante, el "montículo" conceptual que erijamos para distinguir entre nosotros y el mundo terrenal a nuestro alrededor debe dejarse semipermeable. A pesar de que es preciso atravesar este montículo para realizar nuestro "negocio", consistente en santificar el mundo material, al mismo tiempo debemos permanecer inmunes a sus aspectos negativos.[10]

9. *Likutei Sijot*, vol. 5, pág. 129.
10. *Likutei Sijot*, vol. 3, pág. 764.

Vaishlaj

Iaacov en Canaán

Génesis 32:4–36:43

LA OCTAVA SECCIÓN DEL LIBRO GÉNESIS RELATA LOS DESAFÍOS del patriarca Iaacov al regresar a la Tierra de Israel una vez concluida su estancia en Aram. Comienza en el momento en que escucha que su resentido hermano Esav se dirige hacia él dispuesto a enfrentarlo. Iaacov envía (*vaishlaj*, 'él envió') un comité diplomático para recibir a Esav. Una vez neutralizada la amenaza de este, Iaacov tiene que hacer frente al secuestro y violación de su hija Dina a manos del príncipe local. Tras esto, fallece su esposa Rajel mientras está dando a luz. La narrativa da fin a la historia del padre de Iaacov, Itzjak, y su hermano Esav, y prepara la continuación en la próxima sección, dedicada a la historia de Iaacov.

PRIMERA LECTURA

Génesis 32:4–13

Iaacov envió mensajeros a Esav para informarle que estaba de regreso hacia Canaán y quería hacer las paces con él. Los mensajeros retornaron con la noticia de que Esav se preparaba para dirigirse a su encuentro con un batallón de guerreros. Ante esto, Iaacov acometió una triple réplica: envió a Esav un generoso regalo para intentar aplacarlo, rezó a D-os y se preparó para la guerra por si fuera necesaria.

Una plegaria desinteresada

קָטֹנְתִּי מִכֹּל הַחֲסָדִים וּמִכָּל הָאֱמֶת אֲשֶׁר

עָשִׂיתָ אֶת עַבְדֶּךָ וְגוֹ' (בראשית לב:יא)

[Iaacov comenzó su plegaria:] "Ya no soy más merecedor debido a todos los actos de bondad y fidelidad que Tú has hecho por mí, tu servidor".

A pesar de que Iaacov ciertamente era consciente de sus muchos méritos, también sabía ponerse por encima de la natural miopía humana y percibir cuán infinitamente endeudados estamos todos para con D-os. Con humildad, Iaacov asumió que sus méritos eran insuficientes para merecer Su protección. Es por ello que pidió a D-os que lo salvara a él así como a su familia, no en razón de sus propios méritos – a pesar de que realmente era merecedor – sino por Su pura bondad.

Siguiendo el ejemplo de Iaacov, siempre que pedimos algo a D-os también debemos apelar únicamente a Su bondad y compasión. Si pedimos asistencia basados en nuestros méritos (y sin duda todos poseemos muchos), la respuesta de D-os se verá limitada por el alcance de nuestro merecimiento. En cambio, cuando humildemente dejamos de lado nuestros méritos y demostramos así que, como Iaacov, también nosotros nos hemos elevado por encima de nuestra natural miopía, D-os responde con bendiciones que trascienden el orden natural.[1]

1. *Likutei Sijot*, vol. 15; págs. 277–280.

SEGUNDA LECTURA

Génesis 32:14–30

Esa noche, el ángel guardián de Esav luchó contra Iaacov; Iaacov prevaleció en la lucha, a pesar de que el ángel había logrado descoyuntarle el muslo. Iaacov exigió del ángel su bendición; entonces, el ángel le informó que D-os le daría el nombre adicional de Israel, que significa "aquel que ha luchado con D-os [y ha prevalecido]".

Elevar el mundo material

וַיֹּאמֶר לֹא יַעֲקֹב יֵאָמֵר עוֹד שִׁמְךָ כִּי אִם יִשְׂרָאֵל וגו' (בראשית לב:כט)

[Dijo el ángel a Iaacov:] "Tu nombre no será más Iaacov, sino Israel".

El nombre "Israel" no sustituyó el nombre original de Iaacov sino que lo complementó. Expresó un nuevo estado, más elevado, que ahora pasaba a ser suyo. Mientras que "Iaacov" tuvo que luchar con Esav para asegurarse las bendiciones de Itzjak, esas bendiciones eran ahora otorgadas abiertamente a "Israel" por el ángel guardián de Esav.

Los dos nombres de Iaacov representan las dos formas en las cuales interactuamos con el mundo. A veces el mundo material o nuestras propias tendencias materialistas se interponen con nuestra conciencia divina o misión en la vida; como "Iaacov", debemos luchar entonces para revelar la divinidad subyacente al mundo material. En otros momentos, el mundo puede emplearse como un medio para aumentar la conciencia divina o cumplir con nuestra misión divina; en tales ocasiones, como "Israel", nuestro desafío es emplear esas oportunidades tanto para llevar al mundo a un estado superior de conciencia divina como para promover nuestro propio crecimiento espiritual.[2]

TERCERA LECTURA

Génesis 32:31–33:5

Cuando Esav se acercó a Iaacov, este le presentó a su familia y luego se presentó él mismo ante él. Esav se conmovió por el regalo de Iaacov y sus demostraciones de sentimiento de hermandad, y lo besó.

La rectificación de Esav

וַיִּשְׁתַּחוּ אַרְצָה שֶׁבַע פְּעָמִים עַד גִּשְׁתּוֹ עַד אָחִיו (בראשית לג:ג)

*[Iaacov] se postró siete veces a medida
que se acercaba a su hermano.*

Iaacov reconoció aquellas cualidades en Esav que eran superiores a las propias, y entendió que para poder llevar el mundo hacia su destino final era necesario combinar las fortalezas de Esav con las suyas. Comprendió a la vez que él (y no Esav) era quien debería supervisar esa síntesis para que funcionara. Gracias a su fiel devoción al estudio de la Torá, Iaacov poseía amplitud de visión y conocimiento de la voluntad de D-os, necesarios ambos para poder controlar la fuerza bruta y salvaje de Esav. Iaacov abrigaba la esperanza impresionar a Esav al punto de someterlo a su liderazgo apaciguándolo con un cuantioso regalo, reconociendo sus fortalezas superiores e informándole que había sido capaz de criar una familia justa, superar al astuto Labán y acumular una importante fortuna.

Cuando se hizo evidente que Esav no estaba dispuesto a cooperar, Iaacov comprendió que el control de las fuerzas de su hermano implicaría un largo y dificultoso proceso. La unión de la fuerza superior de Esav con la sabiduría de Iaacov es la característica definitoria del futuro Mesiánico y, por lo tanto, la clave para su inicio. De hecho, nuestra eterna devoción a la Torá y sus mandamientos desde la época de Iaacov ha logrado en gran medida depurar el poder de Esav, y por ello nos encontramos ahora en el umbral de la Redención Mesiánica final.[3]

---

3. *Torá Or*, págs. 24–26; *Séfer HaSijot 5748*, vol. 1, págs. 138–144; *Hitvaaduiot 5743*, vol. 1, págs. 571–572.

CUARTA LECTURA

Génesis 33:6–20

Esav ofreció escoltar a Iaacov y su familia a Canaán, pero Iaacov rechazó el favor y prometió visitar a Esav en su hogar, ubicado en el monte Seir.

Mantener el enfoque

יַעֲבָר נָא אֲדֹנִי לִפְנֵי עַבְדּוֹ ... עַד אֲשֶׁר אָבֹא אֶל אֲדֹנִי שֵׂעִירָה (בראשית לג:יד)

[Dijo Iaacov a Esav:] "Que mi amo por favor vaya delante [de mí], su siervo ... [y espere allí] hasta que alcance, a mi amo, en Seir".

Iaacov se refiere aquí a la futura transformación de Esav en la Era Mesiánica, "hasta que alcance a mi amo (Esav) en Seir". La perspectiva de Iaacov sobre Esav nos enseña cómo neutralizar la hostilidad potencial de los "Esavs" que encontramos a lo largo de nuestro exilio.

Si caemos presos de las comodidades externas del exilio, es decir, nos sentimos subordinados al poder de Esav, nuestra actitud se convierte en una profecía autocumplida y efectivamente el exilio nos comienza a gobernar. Para neutralizar el poder de Esav debemos ver el propósito interno del exilio, oculto tras su fachada; el propósito es permitirnos preparar al mundo para la Era Mesiánica. En esa era, "Esav" habrá sido sometido y transformado. Si vemos la larga aventura de nuestro exilio como un viaje hacia Seir y nos concentramos en nuestro objetivo final, "Esav" se vuelve inofensivo, incluso mientras continuemos en exilio.[4]

---

4. *Likutei Sijot*, vol. 20, pág. 164.

QUINTA LECTURA

Génesis 34:1–35:11

Iaacov y su familia prosiguieron hacia la ciudad de Shejem. Dina, hija de Iaacov, salió a conocer a las mujeres locales, pero terminó siendo secuestrada y violada por el hijo del rey de Shejem, quien ofreció pagar cualquier dote que pidiera Iaacov a fin de casarse con ella y sugirió además unir su clan al de Iaacov. Shimón y Leví, hijos de Iaacov, respondieron que para ello los habitantes de Shejem primero debían circuncidarse, pedido que estos aceptaron de inmediato. Aprovechando la convalecencia de la circuncisión, Shimón y Leví asaltaron la ciudad, mataron a todos los hombres y rescataron a Dina.

Exposición modesta

וַתֵּצֵא דִינָה . . . לִרְאוֹת בִּבְנוֹת הָאָרֶץ (בראשית לד:א)

Dina salió a observar las muchachas de la región.

La intención de Dina era convencer a las mujeres de Shejem de que adoptaran el recto camino de la familia de Iaacov. Sus esfuerzos aparentemente no fueron coronados por el éxito, pero tampoco fueron totalmente en vano. A pesar de que el pedido a los residentes de Shejem de circuncidarse era en parte una artimaña para debilitarlos, la aceptación de este pedido indica que hasta cierto grado los habitantes de Shejem estaban de acuerdo en depurarse espiritualmente. De alguna manera, su circuncisión depuró a toda la sociedad, incluyendo a las mujeres. Por lo demás, muchas de estas mujeres fueron tomadas cautivas junto con sus niños y se convirtieron en sirvientes de la casa de Iaacov, donde absorbieron los valores y la moral de este.

El comportamiento de Dina nos enseña que las mujeres que se hallan bendecidas con talentos únicos que permiten influir sobre los demás deben utilizar dichos talentos no solamente para construir sus hogares y familias; también deben emplearlos para atraer los corazones de otras mujeres hacia la Torá y sus caminos de bondad y generosidad.[5]

5. *Likutei Sijot*, vol. 35, págs. 154, 155. Ver *Séfer HaSijot 5751*, vol. 1, pág. 83 y ss.

SEXTA LECTURA
Génesis 35:12–36:19

Cumpliendo con su promesa, Iaacov regresó al lugar donde había soñado con la escalera que ascendía al cielo y construyó allí un altar. Fue entonces que D-os le dio el nombre adicional de Israel, tal como le había informado el ángel. El clan de Iaacov continuó viaje hacia el sur; cuando se hallan próximos a Bethlehem, Rajel entra en trabajo de parto y muere al dar a luz a su segundo hijo, a quien Iaacov llama Biniamín.

El poder del altruismo

וַתָּמָת רָחֵל וַתִּקָּבֵר בְּדֶרֶךְ אֶפְרָתָה הִוא בֵּית לָחֶם (בראשית לה:יט)

Rajel murió y fue enterrada en el camino que conduce a Efrat. Efrat es también conocido como Bethlehem.

Los sabios nos enseñan que Rajel eligió ser enterrada en Bethlehem y no en Hebrón con los demás patriarcas y matriarcas porque previó que el pueblo judío pasaría por Bethlehem muchos siglos después, en el camino al destierro de la Tierra de Israel posterior a la destrucción del primer Templo. Cuando tuvo lugar dicha destrucción, los patriarcas intentaron aplacar a D-os sin éxito. Rajel argumentó entonces que, así como ella no había estado celosa de su hermana Leah cuando se convirtió en esposa de Iaacov, D-os tampoco debería estar "celoso" de los ídolos que habían adorado los judíos. D-os aceptó su argumento y proclamó: "Debido a ti, Rajel, regresaré al pueblo judío a su tierra."

La capacidad de sacrificio personal y la devoción de Rajel lograron la promesa de D-os de redimirnos a pesar de nuestras faltas y deficiencias.[6]

---

6. *Rashi* y *Radak* sobre Jeremías 31:14, basado en *Eijá Rabá, Petijta* 24. *Hitvaaduiot* 5711, vol. 2, pág. 59–61; *Likutei Sijot*, vol. 30, pág. 238.

SÉPTIMA LECTURA

Génesis 36:20–43

Iaacov finalmente se reúne con Itzjak, su padre, en Hebrón. La Torá registra a continuación la muerte de Itzjak y luego detalla los nombres de los descendientes de Esav. Tras la muerte de este, como sus descendientes no lograban establecer una monarquía estable, debieron pedir el auxilio de reyes extranjeros para garantizar el mantenimiento del orden entre los clanes.

El drama cósmico de la libertad de elección

וְאֵלֶּה הַמְּלָכִים אֲשֶׁר מָלְכוּ בְּאֶרֶץ אֱדוֹם (בראשית לו:לא)

Estos son los reyes que reinaron en Edom.

La historia de estos reyes alude a la creación y el subsiguiente colapso del mundo espiritual del "caos" (*tohu*), que precediera al mundo espiritual de la "rectificación" (*tikun*). Nuestro universo físico deriva del mundo de la "rectificación" pero contiene elementos residuales del mundo del "caos".

El mundo del "caos" llevaba ese nombre porque las energías que se hallaban en su interior eran demasiado egoístas como para cooperar entre sí, así como un niño inmaduro no puede reconciliar emociones en conflicto. Y así como la inmadurez del niño debe ser quebrada por la crisis de la adolescencia para poder pasar a la madurez propia de la vida adulta, así también el mundo del "caos" tuvo que fracturarse para que el mundo de la "rectificación" pudiera crearse a partir de sus ruinas.

El egoísmo se encuentra, así, incrustado en nuestro mundo como un remanente de ese mundo destruido. Resulta necesario porque, para que exista libertad de elección, debe haber disponible un elemento de egocentrismo como alternativa al altruismo y la bondad.

La tarea de Iaacov y sus descendientes es elevar a las chispas caídas del mundo del "caos" por medio de la santificación del mundo material.[7]

---

7. *Likutei Sijot* (Arizal), *Maamarei Admur HaZakén 5568*, vol. 1, pág. 1 y ss, *et al.*

Vaiéshev

Iosef en Egipto

Génesis 37:1–40:23

LA NOVENA SECCIÓN DEL LIBRO GÉNESIS COMIENZA CON LA crónica de Iosef, hijo de Iaacov. Iosef comparte sus sueños a sus hermanos; en ellos se ve a sí mismo como el futuro líder de la familia. Esto convence a los hermanos de que Iosef representa una amenaza para la misión divina de la familia y deciden eliminarlo. Iosef es vendido a Egipto como esclavo, donde primero asciende a un cargo de responsabilidad en casa de su amo y luego es apresado en razón de acusaciones falsas. Interrumpiendo esta narrativa aparece el relato sobre uno de los hijos de Iaacov, Iehudá, quien es excluido por su familia y luego engañado para engendrar hijos con su nuera, la viuda Tamar.

PRIMERA LECTURA

Génesis 37:1–11

Tras llegar a salvo a Hebrón, Iaacov asumió el manto del liderazgo. Iosef compartió dos sueños con su familia: en uno, las gavillas de sus hermanos se inclinaban hacia la suya; en el segundo, el sol, la luna y once estrellas se inclinaban ante él. Los hermanos de Iosef tomaron estos sueños como una descarada muestra de arrogancia y como la evidencia de que Iosef en realidad era el heredero espiritual del egoísta Esav más que el heredero de Iaacov. Este, sin embargo, aprobó los sueños de Iosef, dado que él mismo ya lo había visto como su sucesor.

La necesidad de mentores espirituales

וַיֹּאמֶר אֲלֵיהֶם שִׁמְעוּ נָא הַחֲלוֹם הַזֶּה אֲשֶׁר חָלָמְתִּי (בראשית לז:ו)

[Iosef] dijo [a sus hermanos:] "Por favor,
escuchad este sueño que tuve".

Los dos sueños de Iosef parecen transmitir una misma idea. La razón de su aparente repetición es que simbolizan dos etapas distintas en la relación de cada generación con sus líderes.

Las gavillas de trigo están formadas por espigas individuales, las cuales crecen separadamente una de otra, cada una en su propio canal. Unirlas en gavillas simboliza nuestra primera tarea en la vida: reunir todos nuestros talentos y capacidades para unificarlos en la tarea de la santidad. Una vez que nos hemos convertido en una "gavilla", necesitamos buscar la guía y la inspiración de un "Iosef", un líder espiritual.

A medida que maduramos espiritualmente, vamos alcanzando niveles superiores: al elevarnos por encima de la conciencia mundana recuperamos la conciencia celestial original del alma y brillamos como una "estrella". Pero aun en este nivel no debemos confiar en los logros que obtengamos por obra de la inspiración, porque esto puede llevarnos al estancamiento y la complacencia. Por el contrario, debemos continuar dirigiéndonos a nuestro "Iosef", es decir, a nuestro mentor espiritual, en busca de más ideas e inspiración.[1]

---

1. *Likutei Sijot*, vol. 3, págs. 805–810. Ver también *Hitvaaduiot 5744*, vol. 2, pág. 715; *Likutei Sijot*, vol. 15, pág. 345, subnota *.

SEGUNDA LECTURA

Génesis 37:12–22

Mientras pastoreaban sus rebaños, los hermanos de Iosef tramaron la mejor forma de eliminar a su hermano y, con ello, la amenaza que creían que este presentaba. Iaacov envió a Iosef tras ellos.

Confiar en la Providencia divina

וּבְטֶרֶם יִקְרַב אֲלֵיהֶם וַיִּתְנַכְּלוּ אֹתוֹ וְגוֹ' (בראשית לז:יח)

Antes que [Iosef] llegara [a sus hermanos,]
ellos conspiraron contra él.

A pesar de que no lo pretendieron ni lo previeron, las acciones de los hermanos de Iosef condujeron al final ascenso de este al poder y a la supervivencia de toda la familia de Iaacov. La experiencia de Iosef demuestra vívidamente que, más allá de que nos demos o no cuenta de ello, todo lo que nos sucede está orquestado por D-os para nuestro beneficio.

Por lo tanto, es tonto e improductivo enojarse con aquellos que parecen hacernos daño. A pesar de que realmente son culpables de sus acciones, no nos pueden hacer nada que D-os no permita. Por el contrario, debemos aprender de Iosef, quien pagó con bondad la maldad de sus hermanos y continuó amándolos a pesar del odio que sentían por él.[2]

---

2. Ver *Tania*, final de capítulo 12. *Likutei Sijot*, vol. 20, págs. 187–191.

TERCERA LECTURA
Génesis 37:23-36

Shimón y Leví sugirieron matar sin más a su hermano Iosef, pero el hermano mayor, Reuvén, sugirió arrojarlo a un pozo y dejar su destino librado a la Providencia divina. El pozo que eligieron estaba seco y lleno de serpientes y escorpiones.

Evitar la negatividad

וְהַבּוֹר רֵק אֵין בּוֹ מָיִם (בראשית לז:כד)

El pozo estaba vacío de agua.

De manera alegórica, el pozo representa la mente humana y el agua, la Torá. Así, este incidente nos dice que la forma más segura de mantener nuestra mente libre de "serpientes y escorpiones" (o bien, nociones negativas y destructivas) es asegurarnos de que esta siempre se encuentre llena de contenido relacionado con la Torá, porque "la Torá de D-os es perfecta, restaura el alma".[3]

3. Salmos, 19:8. *Likutei Sijot*, vol. 15, págs. 324–325, basado en *Bereshit Rabá*, 84:16 y *Tzavaat HaRibash* (ed. Kehot) 76.

CUARTA LECTURA

Génesis 38:1–30

Iehudá convenció a sus hermanos de vender a Iosef como esclavo. Entonces ellos enviaron a Iaacov la túnica de Iosef manchada con sangre de cabra. Creyéndolo muerto, Iaacov hizo duelo por su hijo desconsoladamente. Los hermanos se distanciaron de Iehudá por no haber insistido en devolver Iosef a Iaacov. Iehudá abandonó Hebrón, se casó y tuvo tres hijos. Casó a su hijo mayor con Tamar, quien estaba ansiosa por tener descendientes de él. El hijo mayor muere, y entonces Iehudá casa con ella a su segundo hijo; cuando el segundo hijo también muere, Iehudá temió casar con ella a su tercer hijo. Tamar se disfraza luego de prostituta para engañar a Iehudá y tener hijos con él.

El propósito del mal

וַיִּקְרָא שְׁמוֹ פָּרֶץ (בראשית לח:כט)

[Iehudá] lo nombró [al primogénito de Tamar] Péretz.

El Mesías desciende de Iehudá a través de Péretz, el hijo que engendró con Tamar. Para entender por qué fue necesario que el Mesías entrara al mundo de esta forma aparentemente escandalosa, debemos recordar que D-os solo creó el mal para que haya libertad de elección. Para que exista libertad de elección, las fuerzas del mal y las fuerzas del bien tienen que estar perfectamente balanceadas.

Cuando la línea mesiánica se disponía a entrar al mundo, las fuerzas del mal "argumentaron" que la balanza se estaría inclinando en contra de ellas. Es por ello que la unión que habría de engendrar al ancestro del Mesías debía ocurrir de una forma que las fuerzas del mal considerasen benéfica para ellas. Así como, en una estrategia militar, un ejército a veces simula retirarse para guiar al enemigo a una posición vulnerable, aquí también las fuerzas de santidad concedieron una aparente victoria a las fuerzas del mal en la forma de este acto aparentemente pecaminoso con el objetivo de lograr la victoria final.[4]

---

4. *Dérej Mitzvoteja* 32a, 32b; *Or HaTorá, Bereshit*, vol. 6, 1096b, 1097a.

QUINTA LECTURA

Génesis 39:1–6

Entretanto, Iosef fue vendido como esclavo al egipcio Potifar, jefe de los carniceros del faraón. Al reconocer la inteligencia, la integridad, la piedad y el porte real de Iosef, Potifar lo designó como encargado de los asuntos de su casa.

Cuidar nuestra belleza interior

וַיְהִי יוֹסֵף יְפֵה תֹאַר וִיפֵה מַרְאֶה (בראשית לט:ו)

Iosef era hermoso en forma y complexión.

La belleza física de Iosef era un reflejo de su belleza espiritual interior, que se traducía en su firme dedicación a los ideales de la Torá. En virtud de su propia perfección espiritual, Iosef era capaz de cumplir con su misión divina: acercar a los otros a D-os.

Tal como Iosef, todos somos llamados a traer a los demás más cerca de D-os. Para tener el éxito que tuvo Iosef debemos, como él, intentar ser espiritualmente "hermosos en forma y complexión."

Esto no significa que hayamos de esperar hasta alcanzar la perfección espiritual para acercarnos a los demás; la perfección es relativa y, comparándonos con aquellos que saben menos que nosotros, somos lo suficientemente "hermosos" como para brindarles inspiración. Sin embargo, también debemos recordar que si somos negligentes con nuestro propio crecimiento espiritual, otros tomarán nota de ello, y por consiguiente se verán menos inclinados a tomar en serio nuestras palabras.[5]

SEXTA LECTURA

Génesis 39:7–23

La esposa de Potifar supo por medio de la astrología que estaba destinada a ser ancestra de descendientes de Iosef. Ignorando que esto sucedería a través de su hija, buscó seducirlo.

Enfrentar las tentaciones

וְאֵיךְ אֶעֱשֶׂה הָרָעָה הַגְּדֹלָה הַזֹּאת וְחָטָאתִי לֵאלֹקִים (בראשית לט:ט)

[Dijo Iosef a la esposa de Potifar:] "¿Cómo voy a cometer esta gran maldad y pecar contra D-os?".

En tanto esclavo, Iosef obviamente se hallaba a merced de la esposa de su amo. La esposa de Potifar intimidó a Iosef con todo tipo de amenazas, incluyendo la muerte, si él no accedía a sus encantos.[6] Iosef vio entonces frente a él la imagen del rostro de su padre, Iaacov, lo que lo hizo comprender que estaba obligado a resistir las tentaciones. El rostro de Iaacov le recordó a Iosef que nuestros pecados individuales no son un mero asunto personal para los que puedan existir justificaciones exculpatorias, sino que afectan la balanza moral de toda la realidad.

Cuando nos enfrentamos a una tentación, atrae pensar que nadie se va a enterar, que podemos justificarla "técnicamente", que sucumbir a ella es apenas un retroceso temporario y que después nos podemos arrepentir, y así sucesivamente. En dichos momentos, nosotros también debemos "visualizar la imagen de Iaacov", es decir, recordar que nuestras acciones no son meras acciones aisladas de individuos en momentos y lugares también aislados. Nuestras acciones tienen ramificaciones cósmicas; pueden dañar o curar el mundo entero.[7]

---

6. Ver *Talmud, Iomá* 35b; *Bemidbar Rabá*, 14:18.
7. *Hitvaaduiot 5721*, vol. 1, págs. 262–265.

SÉPTIMA LECTURA

Génesis 40:1–23

Frustrada por su fracaso en seducirlo, la esposa de Potifar calumnió a Iosef y su esposo lo envió a prisión. Aquí también Iosef ascendió rápidamente a un cargo de responsabilidad. Poco después de su encarcelamiento, el jefe de los coperos y el jefe de los panaderos del faraón cayeron en prisión. En la mañana posterior a su encierro, ambos dijeron haber tenido unos sueños perturbadores. Iosef notó ansiedad en ellos y se ofreció a ayudarlos. Ellos le contaron sus sueños, que Iosef interpretó correctamente: afirmó que en tres días el copero sería repuesto en su cargo y el panadero, ejecutado. Iosef pidió al copero que, cuando fuera liberado, intercediera por él ante el faraón, pero el copero se olvidó de él.

El poder de la acción

וַיִּשְׁאַל אֶת סְרִיסֵי פַרְעֹה . . . לֵאמֹר מַדּוּעַ פְּנֵיכֶם רָעִים הַיּוֹם (בראשית מ:ז)

[Iosef] preguntó a los sirvientes del faraón: "¿Por qué sus rostros están tan abatidos hoy?".

Iosef había sufrido terribles humillaciones. Hubiera sido lógico que permaneciera sumido en su propio dolor, hostil al mundo. Pero Iosef no se amargó, sino que permaneció sensible a los demás y a su misión divina en la vida. No solo percibió la angustia en los sirvientes del faraón sino que se acercó a ayudarlos. Para Iosef, el hecho de que D-os lo hubiera llevado a percatarse de la necesidad de una persona indicaba que era su deber ayudar.

Como resultado de esta única y aparentemente pequeña buena acción, Iosef se convirtió en virrey de Egipto, y fue capaz de salvar de la hambruna al mundo civilizado. Una vez más, vemos aquí los inimaginables resultados – por su largo alcance – que pueden provenir de una pequeña buena acción.[8]

---

8. *Mishné Torá, Teshuvá*, 3:4; *Sijot Kódesh 5734*, vol. 1, págs. 208–213.

Miketz

Iosef, virrey

Génesis 41:1–44:17

LA DÉCIMA SECCIÓN DEL LIBRO GÉNESIS CONTINÚA CON LA crónica de Iosef. Comienza dos años después (*miketz,* 'al fin de') del momento en que Iosef pidiera al copero del faraón que intercediera en su favor. Esta vez es el faraón quien sueña, dos veces, y busca a un intérprete calificado. Iosef interpreta los sueños del faraón en forma convincente; explica que se refieren a siete próximos años de abundancia seguidos por siete años de hambruna, y que había que aprovisionarse con tiempo en respuesta a esto. El faraón decide designar a Iosef virrey de Egipto.

El comienzo de la hambruna conduce a los hermanos de Iosef a Egipto para comprar alimento, que Iosef había almacenado durante los años de abundancia. Al ver a sus hermanos, Iosef idea una forma de determinar si ellos han abandonado su antiguo odio hacia él y están dispuestos a unírsele para hacer avanzar a la familia en su misión divina.

PRIMERA LECTURA

Génesis 41:1–14

En su primer sueño, el faraón ve salir del río Nilo siete vacas robustas, seguidas por siete vacas flacas que terminan devorándolas. En su segundo sueño, ve siete espigas saludables siendo devoradas por siete espigas raquíticas.

El precio de un almuerzo gratuito

וַיִּיקַץ פַּרְעֹה וְהִנֵּה חֲלוֹם (בראשית מא:ז)

El faraón despertó y se dio cuenta que [lo que había visto] era un sueño.

El contenido de los sueños del faraón difería profundamente de los de Iosef. El faraón soñó con animales y cereales, no con trabajo. Los sueños de Iosef, en cambio, comenzaban con una imagen de trabajo (los hermanos juntando gavillas en el campo).

Esto refleja la diferencia entre cómo D-os provee sustento a las personas santas y a las malvadas. D-os da sustento a las personas santas en forma directa, con la recompensa merecida por su honesta labor de alinearse con Su voluntad. En cambio, las personas malvadas se resisten a la idea de la autodisciplina y el trabajo, y por ello D-os les provee sustento solo porque debe hacerlo para garantizar su existencia. Por otra parte, el sustento recibido sin esfuerzo es una bondad deficiente, dado que la naturaleza humana es tal que no aprecia de modo sincero algo ganado sin esfuerzo.

Del mismo modo, en caso de que nos veamos tentados a pensar que podemos lograr algo sin trabajar duramente, debemos comprender que dichas nociones surgen de nuestro lado no santo. Por lo demás, todo aquello que recibamos "gratuitamente" está fallado o próximo a hacerlo.[1]

1. *Likutei Sijot*, vol. 3, págs. 805–810, 820–822.

SEGUNDA LECTURA

Génesis 41:15–38

A pesar de que era evidente que los sueños del faraón algo decían sobre la economía de Egipto, ninguno de sus consejeros podía explicar cómo las espigas y las vacas robustas podían coexistir con las raquíticas. En ese momento, el copero del faraón recordó que Iosef había interpretado su sueño en prisión de manera correcta y mencionó esto a su amo, quien mandó a llamarlo. Iosef interpretó la existencia simultánea de los años robustos y los raquíticos en el sentido de que se debía almacenar granos durante los años de abundancia para contar con ello durante los años de hambruna.

La hipocresía es un sueño

וַיֹּאמֶר פַּרְעֹה אֶל יוֹסֵף חֲלוֹם חָלָמְתִּי וּפֹתֵר אֵין אֹתוֹ וְגוֹ' (בראשית מא:טו)

***Dijo el faraón a Iosef: "Tuve un sueño, pero no
hay nadie que pueda interpretarlo".***

Los sueños de Iosef y el faraón llevaron al exilio del pueblo judío en Egipto. El exilio fue causado por los sueños porque el exilio mismo es como un sueño. En los sueños pueden coexistir situaciones conflictivas y contradictorias. De forma análoga, nuestro comportamiento en el exilio parece hipócrita: el altruismo y el egoísmo coexisten casi simultáneamente.

Podemos pensar que no estamos siendo honestos con nosotros mismos. Considerando todas nuestras faltas, podemos sentir que nuestra conexión con D-os no es real, y que nuestros esfuerzos por avanzar espiritualmente son, en definitiva, inútiles.

La conexión entre el exilio y los sueños nos enseña que, a pesar de que nuestras acciones a veces puedan parecer hipócritas, no debemos ceder al desaliento. Debemos intentar vivir en la forma más consistente posible y no rendirnos ante errores momentáneos. Los efectos de nuestras faltas duran solo hasta que reparamos su daño a través del arrepentimiento. Los efectos de nuestra buenas acciones, en cambio, duran para siempre.[2]

2. *Likutei Sijot*, vol. 1, págs. 85–87.

TERCERA LECTURA

Génesis 41:39–52

El faraón quedó tan impresionado con la hábil interpretación de sus sueños por parte de Iosef que lo designó virrey de Egipto con el fin de permitirle implementar su plan. Tras ser nombrado virrey, Potifar – el anterior amo de Iosef – le dio a su hija en matrimonio. Durante los siete años de abundancia, Iosef tuvo dos hijos: Menashé y Efraim.

Recordar para progresar

וַיִּקְרָא יוֹסֵף אֶת שֵׁם הַבְּכוֹר מְנַשֶּׁה . . . וְאֵת שֵׁם

הַשֵּׁנִי קָרָא אֶפְרָיִם (בראשית מא:נא-נב)

Iosef llamó a su primer hijo Menashé...
llamó a su segundo hijo Efraim.

La vida en el exilio requiere el empleo de dos enfoques hacia el mundo que en apariencia son contradictorios: por un lado, debemos estar constantemente en guardia contra las influencias dañinas; por el otro, debemos involucrarnos con el mundo exterior para influirlo de manera positiva.

Es claro que la influencia sobre nuestro entorno es un logro de mayor envergadura que la mera preservación de nuestros valores. No obstante, debemos primero cuidar la preservación de los valores, porque si olvidamos nuestras raíces nada tendremos con que contribuir al mundo.

Los dos hijos de Iosef, nacidos y criados en Egipto, personifican estos dos aspectos de la vida en el exilio. Iosef llamó a su primer hijo Menashé ("[el exilio] causa que uno olvide") para no olvidar a su familia y su herencia. Iosef llamó a su segundo hijo Efraim ("será fructífero") para enfatizar que nuestro propósito en el mundo es influir positivamente en él.[3]

---

3. *Likutei Sijot*, vol. 15, pág. 432 ss. Ver más adelante, 44:14, y anteriormente, 38:28.

CUARTA LECTURA

Génesis 41:53–42:18

A pesar de que, tal como instruyera Iosef, los egipcios almacenaron granos durante los siete años de abundancia, apenas comenzaron los siete años de hambruna vieron que los granos acopiados estaban todos podridos, excepto los que había almacenado el propio Iosef. Así fue como el pueblo de Egipto se encontró dependiente de él por su alimento. Iosef aceptó proveerles grano a condición de que se circuncidaran previamente.

Depurar el mundo

וַיֹּאמֶר פַּרְעֹה לְכָל מִצְרַיִם לְכוּ אֶל יוֹסֵף אֲשֶׁר

יֹאמַר לָכֶם תַּעֲשׂוּ (בראשית מא:נה)

**El faraón dijo a todo Egipto: "Vayan a
Iosef y hagan lo que él les diga".**

La sociedad egipcia se hallaba inmersa en la búsqueda del egoísta placer carnal, placer que se ve reducido por obra de la circuncisión. Al hacer que los egipcios se circuncidaran, Iosef redujo su obsesión por los placeres carnales. El faraón mismo les ordenó que cumplieran con la condición de Iosef, lo que implica que hasta el símbolo viviente de la corrupción egipcia estaba dispuesto a depurarse, al menos en parte.

Seguimos el ejemplo de Iosef cuando nos mantenemos espiritualmente incontaminados ante el ambiente materialista en que vivimos, y además tratamos de depurarlo. Cuando fortalecemos nuestro propio compromiso con el judaísmo, influimos en el prójimo para que fortalezca el suyo. Además, influimos en la comunidad más amplia de los no judíos para que cumplan con las leyes de la Torá aplicables a ellos (las leyes "noájidas"). Es así, en definitiva, como transformaremos el mundo entero en el hogar de D-os.[4]

---

4. *Likutei Sijot*, vol. 10, pág. 141.

QUINTA LECTURA

Génesis 42:19–43:15

Iaacov envió a Egipto para comprar granos a todos sus hijos excepto a Biniamín. Iosef reconoció a sus hermanos, pero ellos no lo reconocieron a él. Iosef ideó un plan para ver si ellos se hallaban preparados para aceptarlo como el sucesor de Iaacov: los amenazó con no recibirlos la vez siguiente sin Biniamín. Una vez que este llegara a Egipto, Iosef inventaría una excusa para retenerlo. Si los hermanos estaban dispuestos a pelear por Biniamín, esto significaría que habrían superado sus celos por los hijos de Rajel. Iaacov se sentía reacio a enviar a Biniamín, pero sus otros hijos lo convencieron de que no existía otra opción. Iaacov aceptó, pero primero rezó por su éxito.

Milagros naturales

וְאֵל שַׁדַּי יִתֵּן לָכֶם רַחֲמִים לִפְנֵי הָאִישׁ (בראשית מב:יד)

[Después de haber preparado un regalo para enviar al virrey, Iaacov rezó:] "Que D-os Todopoderoso haga que el hombre sea misericordioso con vosotros".

Los hijos de Iaacov asumieron que, dado que el virrey retenía a su hermano debido a que sospechaba que eran ladrones o espías, bastaría con un regalo para despejar sus dudas.

Sin embargo, de las palabras de Iaacov a sus hijos surge que aun cuando parece perfectamente natural llegar a un resultado favorable, nunca debemos asumir que podemos llegar a él sin asistencia divina. Siempre debemos rezar, no como medida secundaria sino como medida primaria.

A pesar de que debemos crear canales naturales para facilitar las bendiciones de D-os, debemos comprender que D-os se encuentra más allá de la naturaleza y controla todos los aspectos de nuestras vidas. Una vez que logramos la plena comprensión de esta realidad, percibimos que los acontecimientos "naturales" de nuestras vidas son todos, de hecho, milagros investidos en la naturaleza.[5]

5. *Likutei Sijot*, vol. 25, págs. 227–234.

SEXTA LECTURA

Génesis 43:16–29

Iosef se dirigía a sus hermanos en duros términos, pero en ocasiones también los trataba de manera bondadosa, preparándolos poco a poco para el momento en que les revelaría su identidad. Así, cuando regresaron todos junto con Biniamín, dispuso un banquete para ellos.

Hospitalidad vs. austeridad

וַיֹּאמֶר לַאֲשֶׁר עַל בֵּיתוֹ . . . וּטְבֹחַ טֶבַח וְהָכֵן כִּי אִתִּי
יֹאכְלוּ הָאֲנָשִׁים בַּצָּהֳרָיִם (בראשית מג:טז)

***[Iosef] dijo al mayor de su casa: "Faena animales y
prepáralos, porque estos hombres cenarán conmigo".***

La hospitalidad requiere que los anfitriones intenten satisfacer todas las necesidades de sus invitados de la mejor manera posible. Incluso si no están seguros de que vayan a comer todo lo que se les ha preparado, se debe disponer la mesa en forma abundante.

Del mismo modo, a pesar de que la frugalidad es un valor que encontramos presente en la Torá, esto es algo que debemos imponernos a nosotros mismos, no a los demás. Si queremos socorrer a una familia pobre, por ejemplo, no debemos proveer solo para las necesidades mínimas, sino lo suficiente para permitirle un nivel de vida digno.[6]

---

6. *Sijot Kódesh* 5728, vol. 1, pág. 322.

SÉPTIMA LECTURA

Génesis 43:30–44:17

Al finalizar el banquete, Iosef despidió a sus hermanos, pero a escondidas ordenó a un sirviente ocultar su copa de plata en el bolso de Biniamín. Iosef envió luego a sus sirvientes a perseguir a sus hermanos y "descubrir" la copa. Al plantar a Biniamín una evidencia falsa, Iosef creaba una situación a través de la cual sus hermanos podían expiarse por haberlo vendido como esclavo en su momento. Si arriesgaban sus vidas para salvar a Biniamín, sería como si estuvieran actuando de igual modo para salvar a Iosef; así, estarían "deshaciendo" su crimen contra Iosef al hacer exactamente lo opuesto. Los hermanos regresaron a Iosef, quien les informó que todos salvo Biniamín quedaban libres de regresar a su hogar.

Regalo de amor

וְאֶת גְּבִיעִי גְּבִיעַ הַכֶּסֶף תָּשִׂים בְּפִי אַמְתַּחַת הַקָּטֹן וְגוֹ' (בראשית מד:ב)

[Iosef dijo] "Pon mi copa, la copa de plata, en la boca de la saca del menor [Biniamín]".

Iosef sabía que el pueblo judío permanecería largo tiempo en exilio, y que en Egipto no estarían todos en iguales condiciones para lograr el desarrollo de un elevado nivel de conciencia divina. En vista de esto, buscó una forma de protegerlos de la depravación egipcia para asegurar que finalmente abandonaran Egipto y recibieran la Torá. Iosef se percató de que lo que necesitaban era un amor por D-os lo suficientemente poderoso como para sobreponerse al materialismo prevalente en Egipto. La copa de plata de Iosef alude a ese amor, porque la palabra hebrea para 'plata' (*késef*) está relacionada con la palabra para 'anhelo' (*kisuf*). Iosef sabía además que las personas que aún no eran del todo justas no podían encender ese amor por sí solas, y por ello les implantó ese amor "implantándolo" dentro de Biniamín.[7]

---

7. *Likutei Torá*, 3:90bc; *Maamarei Admur HaEmtzaí, Bereshit*, pág. 291 y ss.; *Or HaTorá, Bereshit*, vol. 2, 341a y ss.; *ibid.* vol. 6, 1103b y ss.

Vaigash

Iosef y Iaacov, reunidos

Génesis 44:18–47:27

EN LA ONCEAVA SECCIÓN DEL LIBRO GÉNESIS LLEGAMOS AL clímax dramático de la historia de Iosef. Iehudá se acerca (*vaigash*, 'y él se aproximó') a Iosef en defensa de Biniamín. La voluntad de Iehudá por salvar a Biniamín convence a Iosef de que sus hermanos se han arrepentido y han superado su envidia pasada, por lo que pone fin a su actuación y les revela su verdadera identidad. Inmediatamente después Iosef envía a todos sus hermanos a traer a su padre Iaacov a Egipto, donde se asentará la familia para sobrevivir a la hambruna. Irónicamente, la hambruna concluye apenas llega Iaacov a Egipto, pero la familia permanecerá allí en cumplimiento del plan de D-os, tal como originalmente Él lo prometiera a Abraham.

PRIMERA LECTURA

Génesis 44:18–30

Al escuchar que Iosef pretendía retener a Biniamín como esclavo, Iehudá dio un paso al frente para discutir con Iosef. Si bien le habló respetuosamente, aclaró a Iosef que no toleraría esa injusticia para con su hermano como tampoco para con su padre Iaacov, quien no sobreviviría a la pérdida del único hijo restante de su esposa Rajel.

En modo de crisis

וַיִּגַּשׁ אֵלָיו יְהוּדָה וגו' (בראשית מד:יח)

Iehudá se acercó [a Iosef].

Iehudá no tuvo reparos en hablar con Iosef en severos términos; es más, inició su apelación en duros tonos. Él sabía que cuando está en juego la vida de una persona no debemos ser diplomáticos; nuestros interlocutores tienen que sentir que no nos estamos ocupando de esa persona por otros motivos, como pudieran ser intereses políticos o financieros. Cuando queda claro que la causa por la que luchamos llega al núcleo de nuestro ser, esta generará una respuesta honrosa y compasiva.

Los "Biniamines" de hoy, nuestros niños, están amenazados por un tipo diferente de "Egipto": la asimilación. Para salvar a estos Biniamines no podemos esperar hasta que alguien nombre un comité que inicie una larga investigación y luego delibere sobre qué se puede hacer, cuánto costará, etc. Cuando son vidas las que están en juego, debemos hacer lo que sea para salvarlas de manera inmediata.

Los esfuerzos de Iehudá probaron ser inesperadamente fructíferos: su supuesto enemigo resultó ser su mayor aliado, y el faraón mismo terminó proveyendo los mayores recursos posibles para asegurar la continuidad íntegra de la tradición judía. Así será también cuando sigamos el ejemplo de Iehudá y nos esforcemos altruista y vigorosamente por el bien de nuestros niños.[1]

---

1. *Likutei Sijot,* vol. 20, págs. 216–217.

SEGUNDA LECTURA

Génesis 44:31–45:7

La muestra de sacrificio de Iehudá por Biniamín convenció a Iosef de que sus hermanos se habían arrepentido verdaderamente de su anterior animosidad hacia él, y por ello les reveló su verdadera identidad. Los hermanos, lógicamente, se sintieron temerosos de que quisiera vengarse de ellos, pero Iosef les aseguró que veía todo el episodio como Providencia divina y que no los consideraba responsables.

Trascender y transformar

וַיִּשְׁלָחֵנִי אֱלֹקִים לִפְנֵיכֶם לָשׂוּם לָכֶם שְׁאֵרִית בָּאָרֶץ וגו' (בראשית מה:ז)

[Dijo Iosef a sus hermanos:] "D-os me envió por delante de vosotros para asegurar que sobreviváis en [esta] tierra".

El que Iosef mantuviera su santidad estando en el exilio fue un hecho impresionante, pero su logro principal fue haber aumentado la santidad en el mundo al instruir a los egipcios sobre D-os. El ejemplo de Iosef nos da fuerza para seguir sus pasos, manteniéndonos primero inmunes a la negatividad del exilio y, luego, transformándolo en santidad.[2]

---

2. Ver *Mishné Torá, Melajim*, fin del cap. 8. *Likutei Sijot*, vol. 30, págs. 224–228.

TERCERA LECTURA

Génesis 45:8–27

Iosef encomendó entonces a sus hermanos regresar a la Tierra de Israel y traer a Egipto a su padre Iaacov. Dispuso que la familia se estableciera en la próspera provincia de Goshen, que se encontraba apartada de la negativa influencia espiritual de los idólatras egipcios.

Destino manifiesto

שָׂמַנִי אֱלֹקִים לְאָדוֹן לְכָל מִצְרָיִם רְדָה אֵלַי אַל תַּעֲמֹד (בראשית מה:ט)

[Iosef dijo a sus hermanos que dijeran a su padre:] "D-os me ha puesto como amo de todo Egipto. Desciende a mí, no te detengas".

El propósito primario del exilio egipcio era hacer que el pueblo judío elevara los destellos de santidad que se hallaban atrapados en Egipto. Como Egipto era la superpotencia económica de esa época, las riquezas de todo el mundo civilizado se encontraban vinculadas a ese reino. Por lo tanto, cuando más adelante el pueblo judío partirá de Egipto llevando consigo sus riquezas, no estará elevando únicamente las riquezas de esa tierra sino las de todas las naciones del mundo. Es por esto que Iosef dijo a su padre que era el amo de Egipto; con esto le decía: "ahora que me he vuelto gobernante sobre Egipto y he acumulado las riquezas del mundo, el exilio en Egipto puede comenzar, dado que el cumplimiento de su propósito se ha vuelto posible."

Del mismo modo, el propósito de nuestro exilio actual es elevar el mundo físico, revelando así su divinidad inherente.[3]

---

3. *Likutei Sijot*, vol. 3, págs. 823 y ss.

CUARTA LECTURA

Génesis 45:28–46:7

Iaacov se alborozó al escuchar que Iosef vivía aún y se había mantenido fiel a sus ideales. Si bien esperaba ansiosamente reunirse con con su hijo, lamentaba tener que abandonar la tierra prometida a sus antepasados. D-os entonces se apareció ante él y le aseguró que su familia, aun mientras estuviera en Egipto, se convertiría en una nación.

Lamento saludable

אַל תִּירָא מֵרְדָה מִצְרַיְמָה כִּי לְגוֹי גָּדוֹל אֲשִׂימְךָ שָׁם (בראשית מו:ג)

[Dijo D-os a Iaacov:] "No temas descender a Egipto, porque es allí donde te convertiré en una gran nación".

D-os no intentaba calmar el pesar de Iaacov por tener que abandonar la Tierra Prometida, porque un judío *debe* lamentar no vivir en la Tierra de Israel. Por el contrario, lo que estaba diciendo a Iaacov es que su pesar por tener que partir al exilio era clave para no ser intimidado por este, y por lo tanto, clave también para sobreponerse a él.

D-os nos ha llevado al exilio a la vez que nos ha dado a todos la fuerza que necesitamos para sobreponernos a sus desafíos. Mientras dure, el exilio será el escenario óptimo para nuestro crecimiento y desarrollo, tanto individual como colectivo. Sin embargo, aquí acecha un gran peligro. Cuando nos damos cuenta de que no tenemos motivos para sentirnos intimidados por el exilio y nos beneficiamos mucho con él, podemos caer en la trampa del acostumbramiento. A consecuencia de esto, nos podemos volver vulnerables a sus efectos negativos, y de más está decir que ya no podremos elevarlo apropiadamente.

Por lo tanto, como Iaacov, siempre debemos cultivar el pesar por no encontrarnos en nuestro ambiente apropiado: la Tierra de Israel en la Redención Mesiánica. En la medida en que recordemos quiénes somos en realidad y la vida que debemos llevar, no debemos temer al exilio porque nos sobrepondremos a él.[4]

---

4. *Likutei Sijot*, vol. 30, págs. 234, 235.

QUINTA LECTURA

Génesis 46:8–27

A continuación, la Torá detalla y enumera los miembros de la familia de Iaacov, sus hijos y nietos, señalando el hecho de que eran setenta personas en total. La septuagésima y más joven en este censo era la hija de Leví, Iojéved, a quien encontraremos más tarde como madre de Moshé.

El poder femenino

כָּל הַנֶּפֶשׁ לְבֵית יַעֲקֹב הַבָּאָה מִצְרַיְמָה שִׁבְעִים (בראשית מו:כו)

**Todas las almas de la casa de Iaacov que
vinieron a Egipto eran setenta.**

Al descender al exilio egipcio, el pueblo judío comenzó el proceso de elevación y transformación de las setenta naciones del mundo. El nacimiento de Iojéved, ocurrido momentos antes de que entrara a Egipto la familia de Iaacov, elevó su número a setenta, lo que le permitió dar inicio a la misión de depurar las setenta naciones.

El proceso de transformación del mundo consta de dos partes: primero debemos curarlo de su oposición a la santidad, y luego debemos transformarlo en santidad. La primera parte del proceso corresponde al enfoque "masculino" asertivo, mientras que la segunda corresponde al enfoque "femenino" nutritivo.

Es por ello que los mandamientos confiados a la mujer (asegurar que la familia sea alimentada de acuerdo con las leyes de la Torá, asegurar la seguridad y calidez espiritual del hogar – ejemplificadas por el encendido de las velas de Shabat – y santificar la vida marital) son todos modos de transformar los aspectos mundanos de la vida humana común en expresiones de santidad.[5]

SEXTA LECTURA

Génesis 46:28–47:10

Anticipándose a su llegada a Egipto, Iaacov encomendó a Iehudá preparar una *Ieshivá*, un lugar donde él y sus descendientes pudieran dedicarse de manera constante al estudio de la Torá.

Atención sin distracciones al crecimiento espiritual

וְאֶת יְהוּדָה שָׁלַח לְפָנָיו אֶל יוֹסֵף לְהוֹרֹת לְפָנָיו גֹּשְׁנָה וגו' (בראשית מו:כח)

[Iaacov] envió a Iehudá delante de él, a lo de Iosef,
para organizar los preparativos en Goshen.

Iaacov envió a Iehudá a fundar una escuela en vez de pedir a Iosef que lo hiciera porque reconoció que una academia de Torá debía ser dirigida por una persona que estuviera apartada por completo de las cuestiones mundanas y totalmente inmersa en el estudio de la Torá. Dado que la misión divina de Iosef requería que se encargara de las cuestiones cotidianas de Egipto, él no podía dirigir también la escuela de Torá de Iaacov a pesar de su indiscutida rectitud.

De la misma forma, a aquellos que desean adoptar la vocación de estudiantes o maestros de Torá se les debe no solo permitir sino sobre todo exigir su completa separación de los asuntos mundanos, para que tengan capacidad de concentrarse en educar a nuestros hijos sin distracción alguna.[6]

---

6. *Likutei Sijot*, vol. 3, págs. 827–830. Ver *Eruvin*, 65a.

SÉPTIMA LECTURA

Génesis 47:11–27

Iosef presentó a su padre Iaacov al faraón en cuanto aquel hubo llegado a Egipto. Iaacov bendijo al faraón para que el río Nilo desbordara por obra de milagro cuando se acercara a sus orillas. A resultas de esa bendición, los siete años de hambruna previstos finalizaron luego de apenas dos años. Como prometiera, Iosef asentó a su familia en la provincia de Goshen.

Perdón

וַיְכַלְכֵּל יוֹסֵף אֶת אָבִיו וְאֶת אֶחָיו וְאֵת כָּל בֵּית
אָבִיו לֶחֶם לְפִי הַטָּף (בראשית מז:יב)

Iosef proveyó para su padre y sus hermanos
y toda la familia de su padre.

Iosef nos enseñó a pagar el mal con el bien, así como hizo con sus hermanos manteniéndolos por el resto de sus vidas. Tuvo la capacidad de perdonar a sus hermanos no solo porque era un maestro del autocontrol, sino principalmente porque entendió la naturaleza de la maldad humana. Como hemos visto, la malvada acción de sus hermanos de venderlo como esclavo sirvió al plan de D-os de convertir a Iosef en virrey de Egipto. Iosef se concentró en el resultado positivo del acto de sus hermanos en vez de en su esencia negativa.

Del mismo modo, pedimos a D-os que nos trate tal como Iosef trató a sus hermanos, vea nuestras faltas como en última instancia orientadas hacia el bien y responda a ellas con bondad. Para "inspirar" a D-os a ver nuestras faltas de esta forma, primero debemos hacer lo mismo: utilizar nuestras malas acciones como motivación para el mejoramiento personal. La falta que alimenta esta transformación se convierte así en un mérito, ya que sirve de manera retroactiva a un propósito positivo.

Ayuda entrenarse en ver las ofensas de los demás como potenciales méritos.[7]

Vaiejí

El fin de la era patriarcal

Génesis 47:28–50:26

LA DOCEAVA Y ÚLTIMA SECCIÓN DEL LIBRO GÉNESIS RELATA EL último período en la vida de Iaacov y la sucesión de su hijo Iosef. Iaacov vivió (*vaiejí*, 'y él vivió') en Egipto los diecisiete últimos años de su vida. Además de dedicarse a la educación moral de sus descendientes en forma continua, Iaacov organizó a su familia en tribus con el fin de prepararla para su destino espiritual, y luego otorgó a cada tribu características espirituales únicas. Tras su muerte, los hijos de Iaacov enterraron a su padre en la parcela de sepultura familiar, ubicada en Hebrón. La sección culmina con la posterior muerte de Iosef y su recordatorio de la promesa que hiciera D-os de llevar a la familia de Iaacov de regreso a la Tierra Prometida.

PRIMERA LECTURA

Génesis 47:18–48:9

Los últimos años de Iaacov, en Egipto y con toda su familia reunida, fueron los mejores de su vida.

Alegría verdadera

וַיְחִי יַעֲקֹב בְּאֶרֶץ מִצְרַיִם שְׁבַע עֶשְׂרֵה שָׁנָה וְגוֹ' (בראשית מז:כח)

Iaacov vivió diecisiete años en Egipto.

A pesar de la alegría de Iaacov al ver a su familia reunida y fiel a sus tradiciones, es difícil imaginar cómo los años pasados en el ambiente idólatra de Egipto pudieron haber sido los mejores de su vida. La respuesta a este misterio es que, como se mencionó anteriormente, Iaacov había enviado a Iehudá a establecer en Egipto una academia para el estudio de la Torá. Así, Iaacov aseguró para él y sus descendientes mantenerse inmunes a las influencias negativas de la corrupta sociedad egipcia.

Más aún: al resistir las tentaciones de Egipto, los descendientes de Iaacov crecieron de una forma que solo es posible cuando nos enfrentamos con desafíos. Es por esto que fueron sus *mejores* años los que pasó en Egipto, porque allí pudo ver que sus hijos habían interiorizado por completo su instrucción y guía moral. Ahora sabía que la misión divina que comenzara con su abuelo Abraham continuaría a través de ellos.

Del mismo modo, muchas veces nos encontramos en "Egipto", en lugares de oscuridad espiritual. Tal como Iaacov y su familia, es a través del estudio de la Torá como nos mantenemos a salvo de la oscuridad de "Egipto" e incluso allí revelamos divinidad.[1]

1. *Likutei Sijot*, vol. 10, págs. 160–166.

SEGUNDA LECTURA

Génesis 48:10–16

Sintiéndose próximo a morir, Iaacov envió a llamar a Iosef y lo instruyó para que no lo enterrara en Egipto, porque temía que los egipcios convirtieran su tumba en objeto de idolatría al haber sido gracias a su bendición que finalizaron los años de hambruna. En cambio, pidió a Iosef ser enterrado en la parcela de sepultura familiar, en Hebrón. Tiempo después, Iaacov cayó enfermo. Iosef tomó a sus dos hijos, Menashé y Efraim, y los llevó con Iaacov para que recibieran su última bendición. Iaacov sorprendió a Iosef al informarle que había designado a los dos hijos de Iosef como cabezas de dos tribus independientes y en condición de igualdad con las de los propios hijos de Iaacov.

La recompensa de la lealtad

וַיֹּאמֶר ... אֶל יוֹסֵף רְאֹה פָנֶיךָ לֹא פִלָּלְתִּי וְהִנֵּה הֶרְאָה
אֹתִי אֱלֹקִים גַּם אֶת זַרְעֶךָ (בראשית מח:יא)

[Iaacov] dijo a Iosef: "Ni pensaba ver tu rostro y resulta que D-os también me hizo ver a tus hijos".

Iaacov insinuó el motivo por el que consideraba a Efraim y Menashé como sus propios hijos al referirse a ellos como "tus dos hijos que te nacieron en Egipto antes de que yo viniera a ti". A pesar de haber nacido y sido criados en Egipto previamente a la llegada de Iaacov, Efraim y Menashé crecieron leales a los ideales de su abuelo. Es por ello que Iaacov los consideraba tan leales a él y a sus ideales como lo eran sus propios hijos.[2]

TERCERA LECTURA

Génesis 48:17–22

Iaacov sorprendió aún más a Iosef al dar a Efraim precedencia sobre Menashé a pesar de que este era el mayor de sus dos hijos.

Inmunización vs. influencia

וְאוּלָם אָחִיו הַקָּטֹן יִגְדַּל מִמֶּנּוּ וְגוֹ' (בראשית מח:יט)

[*Dijo Iaacov a Iosef:*] *"Pero su hermano menor será mayor que él".*

Como hemos visto, Menashé representa la obligación de protegernos de las influencias negativas de lo que nos rodea. Efraim, en cambio, representa la obligación de influir en nuestro entorno y de redimirnos del exilio, a nosotros y también al mundo. Dado que antes de influir sobre el mundo debemos asegurarnos de estar protegidos de sus tentaciones, Iosef dio a su primer hijo el nombre de Menashé, y deseó también darle precedencia cuando recibiera las bendiciones de Iaacov.

Sin embargo, al otorgar su bendición, Iaacov se enfocó en el *propósito* de nuestro descenso al exilio, que no es la mera supervivencia del espíritu sino el crecimiento espiritual que resulta de nuestro enfrentamiento exitoso con aquel. Es por eso que Iaacov le dio precedencia a Efraim.

Lo mismo se aplica a nuestro exilio: a pesar de que – así como Menashé es el primogénito – asegurar nuestra identidad judía es el primer paso, nuestro propósito principal es ser un Efraim, es decir, influir en forma positiva sobre el mundo que nos rodea.[3]

---

3. *Likutei Sijot*, vol. 15, págs. 432–434, vol. 5, págs. 459 y ss. Ver *Rashi* en 25:26, arriba. Ver *Likutei Sijot*, vol. 20, págs. 241–242.

CUARTA LECTURA

Génesis 49:1–18

Iaacov reunió luego al resto de sus hijos y bendijo a cada uno de acuerdo con su contribución única a la misión divina global del pueblo judío. Estos énfasis individuales pasarán a ser más adelante las características definitorias de las doce tribus descendientes de ellos. En su bendición a Iehudá, Iaacov dice que el territorio asignado a este en la Tierra de Israel será tan apropiado para el cultivo de la vid que podría lavar sus ropas en vino.

La dimensión interna de la Torá

כִּבֵּס בַּיַּיִן לְבֻשׁוֹ וגו' (בראשית מט:יא)

Lavará sus ropas en vino.

Cada vez que cumplimos un mandamiento, creamos una "vestimenta" espiritual para nuestras almas. Esas vestimentas, no obstante, deben estar "lavadas en vino"; esto es, el cumplimiento de los mandamientos debe estar impregnado de alegría.

La forma de lograr esta alegría es estudiando las dimensiones internas de la Torá a través de las enseñanzas del misticismo judío (kabalá y jasidismo), porque esta dimensión de la Torá nos inspira a amar a D-os y apegarnos a Él a través de la observancia de Sus mandamientos. Es por ello que este aspecto de la Torá es llamado "el vino de la Torá".[4]

4. *Séfer HaMaamarim* 5699, págs. 58–59; ver *Torá Or* 46c–d.

QUINTA LECTURA

Génesis 49:19–26

En su bendición a Naftalí, Iaacov afirmó que en su parcela en la Tierra Prometida los frutos de la tierra madurarían velozmente, y comparó esta rapidez a la del ciervo.

Huida y devoción

נַפְתָּלִי אַיָּלָה שְׁלֻחָה וְגו' (בראשית מט:כא)

Naftalí es una cierva mensajera.

En sus bendiciones, Iaacov compara algunas de las tribus a animales salvajes (por ejemplo, la tribu de Iehudá, a un león; la de Biniamín, a un lobo) y otras, a animales domésticos (por ejemplo, la tribu de Isajar, a un burro; o la de Iosef, a un toro). Las tribus comparadas a animales salvajes se caracterizan por un apasionado amor a D-os y por el deseo de abandonar la existencia material para apegarse a Él. Las tribus comparadas a animales domésticos, que tienen por naturaleza la aceptación obediente del trabajo que les es asignado, se caracterizan por la sumisión a la tarea de revelar divinidad dentro de la existencia material.

Iaacov concluye bendiciendo todas las tribus con las características únicas de cada tribu individual. Por esto, a pesar de que cada una de las tribus preserva su énfasis particular en la misión divina del pueblo judío, también puede y debe incorporar los caminos de las demás tribus dentro de sí misma. Es así como todos encarnamos esas dos formas de relacionarnos con el mundo, tanto el anhelo por trascenderlo como la labor de perfeccionarlo.[5]

SEXTA LECTURA
Génesis 49:27–50:20

Iaacov concluyó las bendiciones a sus hijos ungiendo a todos ellos con todas las características especiales de cada uno.

Unidad en comunidad

וַיְבָרֶךְ אוֹתָם אִישׁ אֲשֶׁר כְּבִרְכָתוֹ בֵּרַךְ אֹתָם וגו' (בראשית מט:כח)

[Iaacov] les dio todas las bendiciones que
dio a cada uno individualmente.

A pesar de que cada persona tiene su rol único en la misión divina de hacer de este mundo un hogar para D-os, todos también nos involucramos de alguna manera en los roles que desempeñan los demás. Existen tres formas crecientemente efectivas de hacerlo:

- Concentrarnos en nuestras tareas personales. Dado que estamos trabajando en pos de un mismo objetivo, todos compartimos los resultados de nuestros logros individuales.
- Invitarnos y alentarnos unos a otros a participar ocasionalmente en la actividad personal en la que nos especializamos.
- Ocuparnos periódicamente en tareas distintas a las que son nuestro fuerte, y hacerlo de manera tan acabada como cuando nos ocupamos de nuestras tareas personales.

Participar en los esfuerzos de cada uno fomenta la unidad judía y nos vuelve merecedores de las bendiciones de D-os, que especialmente incluyen la mayor de todas las bendiciones: la Redención Mesiánica.[6]

6. *Likutei Sijot*, vol. 25, págs., 287–291.

SÉPTIMA LECTURA

Génesis 50:21–26

Iaacov concluye las bendiciones a su familia y muere. Iosef conduce a sus hermanos a Canaán para enterrar a su padre en Hebrón. Posteriormente regresan a Egipto, donde Iosef continúa haciéndose cargo de la manutención de su familia. Próximo a morir, Iosef recuerda a la familia la promesa que hiciera D-os de hacer volver a sus descendientes a la Tierra de Israel.

No estamos solos

וַיָּמָת יוֹסֵף . . . וַיִּישֶׂם בָּאָרוֹן בְּמִצְרָיִם (בראשית נ:כו)

Iosef murió y fue puesto en un ataúd en Egipto.

A lo largo de sus vidas, nuestros patriarcas y matriarcas se aferraron a D-os y a Su plan para la Creación, y es por ello que no se veían afectados por el ocultamiento de la divinidad en el mundo. En lo que a nosotros respecta, a pesar de que nuestra conciencia divina es muy inferior, algo hemos heredado de la capacidad que ellos tenían de elevarse por encima de las limitaciones de este mundo. Esto es lo que nos ha permitido cumplir con la misión divina descrita en el siguiente libro de la Torá, Éxodo. En ese libro veremos al pueblo judío recibir la Torá y comenzar la construcción de una morada para D-os en este mundo.

Para dotarnos de esta inspiración, también nuestros ancestros tuvieron que vivir en un estado semejante al exilio. Esto sucedió cuando Iaacov y su familia descendieron a Egipto. A pesar de no haber sido nunca esclavizados, ellos se encontraban en "exilio", apartados de la Tierra Santa. Al mantener dominio espiritual sobre Egipto, Iaacov y sus hijos nos han brindado la fuerza necesaria para sobreponernos a la oscuridad espiritual de nuestro propio exilio.

Tras la crónica de Iaacov en Egipto, la Torá nos proporciona la inspiración que nos sostendrá hasta el final de nuestro exilio: "Iosef fue puesto en un ataúd en Egipto". No estamos solos en el exilio; Iosef está junto a nosotros.[7]

---

7. *Likutei Sijot*, vol. 25, págs. 474 y ss.; vol. 30, págs. 249 y ss.

ÉXODO

Shemot

La esclavitud

Éxodo 1:1–6:1

LA PRIMERA SECCIÓN DEL LIBRO ÉXODO COMIENZA DETAllando los nombres (*shemot,* en hebreo) de los hijos de Iaacov; luego relata el incremento en el número de sus descendientes hasta convertirse en una nación y su esclavitud en Egipto. Las condiciones de la esclavitud fueron empeorando y los judíos clamaron a D-os por ayuda. D-os encomienda entonces a Moshé la misión de liberar al pueblo judío para recibir la Torá. D-os informa a los judíos que el propósito de su redención es que puedan asumir su rol como líderes morales de la humanidad y dirigir al mundo hacia su objetivo divino: convertirse en la verdadera morada de D-os.

PRIMERA LECTURA

Éxodo 1:1–17

La promesa que hiciera D-os de convertir a la familia de Iaacov en una gran nación dentro de Egipto se cumplió rápidamente. En menos de un siglo, el número de judíos aumentó de tal modo que el faraón temió que pudieran llegar a tomar control del reino. Para evitarlo, comenzó a reclutar a los judíos para trabajar en sus obras arquitectónicas. Desafortunadamente, salvo los miembros de la tribu de Leví, los judíos habían comenzado a descuidar su herencia moral, actitud que los volvió receptivos al llamado del faraón y a la lealtad patriótica a Egipto. Como consecuencia de ello, el faraón finalmente logró esclavizar por completo a los judíos, exceptuando a los levitas.

Identidad judía

וְאֵלֶּה שְׁמוֹת בְּנֵי יִשְׂרָאֵל הַבָּאִים מִצְרָיְמָה (שמות א:א)

Estos son los nombres de los hijos de Israel que llegaron a Egipto.

El exilio físico de los judíos era la esclavitud forzada; su exilio espiritual, la esclavitud psicológica a la cultura del país en que vivían. A pesar de que muchos judíos se asimilaron debido a su exilio, otros, por obra de la fe en su destino, lucharon por mantener su identidad judía, rehusando abandonar su lengua y sus nombres judíos.

Fue recién tras revelar su identidad interior en respuesta al desafío del exilio que el pueblo judío se halló en condiciones de recibir la Torá. El propósito de la Torá es enseñarnos cómo traer conciencia divina a los aspectos más mundanos de la vida, incluso a aquellos que inicialmente se oponen a la divinidad. En el exilio, el pueblo judío aprendió cómo sobreponerse a esas fuerzas.

Lo mismo se aplica a nuestro exilio actual: el arraigo tenaz a nuestras tradiciones (incluso a aquellas que pudieran no parecer importantes) acelerará nuestra redención. Los desafíos que superamos nos purifican y preparan para las sublimes revelaciones divinas que acompañarán la inminente Redención final.[1]

1. *Torá Or* 49a y ss. *Or HaTorá, Shemot*, pág. 11. *Séfer HaMaamarim* 5737, pág. 118. *Likutei Sijot*, vol. 3, págs. 843–848; vol. 16, págs. 34–37; vol. 26, págs. 301–305.

Éxodo 1:18–2:10

Treinta años de trabajos forzados no lograron quebrantar el espíritu judío ni disminuir su fertilidad. Fue debido a esto que el faraón intensificó la esclavitud de los judíos, obligándolos a realizar tareas sin sentido. Tras cinco años de sometimiento a estas desmoralizantes labores, de la unión entre Amram, nieto de Leví (hijo de Iaacov), y Iojéved, hija de Leví, nació Moshé. Los astrólogos del faraón vieron que acababa de nacer el futuro redentor de los judíos, por lo que el faraón intentó evitar la Redención decretando la muerte de todo varón recién nacido.

Ahogarse en Egipto

וַיְצַו פַּרְעֹה לְכָל־עַמּוֹ לֵאמֹר כָּל־הַבֵּן הַיִּלּוֹד הַיְאֹרָה
תַּשְׁלִיכֻהוּ וְכָל־הַבַּת תְּחַיּוּן (שמות א:כב)

Ordenó el faraón ordenó a todo su pueblo: "Debéis arrojar al Nilo a todo varón que nazca, pero debéis dejar a toda niña vivir".

Con la orden a su pueblo de "dejar a toda niña vivir", el faraón pretendía que las niñas judías fueran criadas como egipcias. Así, decretó la muerte física de los varones y la muerte espiritual de las mujeres. El decreto que exigía arrojar a los varones al Nilo también alude al hecho de sumergir a los judíos en la cultura egipcia, ya que los egipcios adoraban el Nilo como fuente de sustento y cultura.

Egipto es el prototipo de todos los exilios. En todo exilio, la cultura dominante nos urge a educar a nuestros hijos a su manera, prometiendo que ese es el camino para lograr el éxito material y social. Tal como en Egipto, resistir la seducción de dichas promesas y asegurar que nuestros hijos se eduquen de modo tal de apreciar los valores de la Torá es lo que garantizará su felicidad material, social y espiritual, así como una vida libre de las cadenas del exilio.[2]

2. *Likutei Sijot*, vol. 1, pág. 111.

TERCERA LECTURA

Éxodo 2:11–25

Iojéved, madre de Moshé, puso a su hijo en un cesto y secretamente lo colocó en el río Nilo. El cesto fue descubierto por Bitia, hija del faraón, quien lo tomó en adopción. Bitia contrató a Iojéved como nodriza de Moshé, y así él creció en el seno de su propia familia. Iojéved mantuvo a Moshé consigo hasta cerca de sus doce años, por lo que ingresó a la casa del faraón a partir de esa edad. El faraón sabía que Moshé era judío pero esperaba que, al educarlo como egipcio, su inteligencia y talentos excepcionales pudieran ser de utilidad para su gobierno. Moshé tenía dieciocho años cuando vio a un capataz egipcio golpear a un judío despiadadamente; enfurecido, mató al capataz. Tal como temió Moshé, el hecho llegó a oídos del faraón, quien lo sentenció a muerte.

En D-os confiamos

וַיִּשְׁמַע פַּרְעֹה אֶת הַדָּבָר הַזֶּה . . . (שמות ב:טו)

El faraón escuchó sobre el incidente.

Moshé debería haber confiado en la protección de D-os, y fue por no hacerlo que la perdió. A consecuencia de ello, el faraón supo del episodio y buscó matarlo. Si Moshé hubiera confiado plenamente en D-os no habría sentido miedo ni manifestado temor, y nada de esto habría ocurrido.

Del mismo modo, cuando nos enfrentamos con obstáculos para cumplir con nuestra misión divina, debemos comprender que podemos ganar la intervención favorable de D-os si confiamos en que Él nos va a ayudar. Confiar en la ayuda de D-os no implica dejar de adoptar todo paso natural que resulte necesario para evitar dificultades o resolver nuestros problemas; solamente significa que debemos confiar en que D-os coronará de éxito nuestros esfuerzos.

Nuestros sabios nos enseñan que fue en mérito a su confianza en D-os que los judíos fueron liberados de Egipto. Asimismo, nuestra confianza en D-os nos redimirá del presente exilio.[3]

3. *Likutei Sijot*, vol. 36, págs. 1–6, basado en *Jovot HaLevavot, Shaar HaBitajón* 2, 3; *Ikarim* 4:46; *Kad HaKémaj*, s.v. Bitajón, etc.

CUARTA LECTURA

Éxodo 3:1–15

Moshé huyó de Egipto y finalmente llegó a Midián. A sus setenta y siete años de edad se casó con Tzipora, hija de Jetro – el caudillo local – , y comenzó a pastorear los rebaños de su suegro. Jetro había renunciado a la idolatría, y por ello había sido condenado por su pueblo al ostracismo. Entretanto, en Egipto, la esclavitud de los judíos se intensificaba más y más, por lo que D-os se apareció ante Moshé en el monte Sinaí hablándole desde un arbusto que ardía pero milagrosamente no se consumía.

Mostrar a D-os que Él nos importa

וַיֹּאמֶר מֹשֶׁה אָסֻרָה נָּא וְאֶרְאֶה אֶת הַמַּרְאֶה הַגָּדֹל הַזֶּה (שמות ג:ג)

[Cuando vio el arbusto ardiendo] Moshé dijo: "Me acercaré para ver esta gran visión".

Cuando Moshé dijo estas palabras estaba expresando la aspiración que es el fundamento de toda relación con D-os. Esta aspiración es lo que nos hace humanos, es decir, seres que luchan por elevarse por sobre la existencia animal en busca de profundidad intelectual y autoperfeccionamiento espiritual.

Esta ambición nos permite concentrar nuestro intelecto en la meditación solitaria y ascender en la escala de la conciencia divina. No importa el nivel de conciencia que logremos: siempre aspiramos a seguir nuestro ascenso. La fuerza de esta aspiración libera todo nuestro potencial humano, lo que fortalece nuestro intelecto, nuestras emociones y nuestros sentidos. Constantemente recibimos la bendición de nuevas ideas y nuevo entendimiento, todo lo cual nos lleva a la vez a una relación más profunda con D-os.

Es por ello que, tal como refiere el siguiente versículo, fue solo luego de que "D-os viera que (Moshé) se apartó para ver" que "Él lo llamó desde el arbusto".[4]

---

4. *Likutei Diburim* 138b–139a.

QUINTA LECTURA

Éxodo 3:16–4:17

D-os dijo a Moshé que ahora redimiría al pueblo judío para darle la Torá y llevarlo a la Tierra de Israel. Moshé preguntó cómo podría explicar el silencio de D-os a lo largo del siglo de esclavitud judía. D-os respondió que, ciertamente, Él había compartido el dolor del pueblo a lo largo del exilio, pero que este había tenido un propósito y que Su misericordia había operado en todo momento, incluso cuando se hallaba oculta. A continuación, D-os pidió a Moshé que informara al pueblo que había llegado la hora de su redención, y aseguró que ellos le habrían de creer, a pesar de las quejas por el trato de D-os para con ellos.

La promesa de la Redención

פָּקֹד פָּקַדְתִּי אֶתְכֶם וְאֶת הֶעָשׂוּי לָכֶם בְּמִצְרָיִם (שמות ג:טז)

[Dijo D-os a Moshé que dijera al pueblo:] "En efecto, he recordado a vosotros y a lo que os están haciendo en Egipto".

A pesar de que los judíos habían caído en un estado espiritual peligrosamente bajo y llegado incluso a servir ídolos, D-os no dijo a Moshé que los criticara o les advirtiera que si no se enmendaban el exilio continuaría. D-os, en cambio, lo instruyó para que les recordara el mérito de sus antepasados y anunciara que, en virtud de ese mérito y en el de su sufrimiento, ellos habrían de ser redimidos. No fue sino mucho después, cuando contó con una alternativa para ellos – un mandamiento que cumplir – que Moshé ordenó a los judíos dejar de adorar ídolos.

Del mismo modo, la forma más efectiva de atraer los corazones de nuestros prójimos para que se acerquen a D-os es mostrarles primero la belleza de su herencia y estimularlos con la promesa de la Redención.[5]

5. *Séfer HaSijot* 5751, vol. 1, págs. 250, 252.

SEXTA LECTURA

Éxodo 4:18–31

Moshé insistió en que los judíos no creerían que D-os lo había enviado, por lo que D-os le dio el poder de realizar algunos milagros, lo que probaría que se hallaba en misión divina. Finalmente Moshé argumentó que su impedimento del habla no le permitiría ser un líder efectivo. A esto D-os respondió que su hermano mayor, Aharón, era un orador talentoso y hablaría en su lugar. D-os le informó también que el faraón se rehusaría a liberar a los judíos, y que solo lo haría después de sufrir plagas milagrosas. A este fin D-os instó a Moshé a tomar su bastón, por medio del cual realizaría esos milagros.

El bastón de D-os

וַיִּקַּח מֹשֶׁה אֶת מַטֵּה הָאֱלֹקִים בְּיָדוֹ (שמות ד:כ)

Moshé tomó el bastón de D-os en su mano.

A pesar de que, como veremos, Moshé dio al faraón los honores debidos a un rey y habló con él en forma respetuosa, no hizo concesiones en sus demandas relativas a las necesidades espirituales y físicas del pueblo. Habló con "el bastón de D-os en su mano", es decir, con autoridad y determinación.

La lección aquí para nosotros es que siempre que nos enfrentemos con un "rey egipcio", es decir, con alguien que busque imponer sobre nosotros (ya sea de buen grado o por la fuerza) elementos de un estilo de vida que vaya en contra de nuestros valores y principios, debemos reconocer el peligro inherente en sucumbir a dicha presión. Al final, este faraón nos planteará ahogarnos (a nosotros mismos o a nuestros hijos) en la cultura materialista. Frente a esto, debemos insistir respetuosa pero firmemente en vivir de acuerdo con los valores de la Torá.[6]

---

6. *Likutei Sijot*, vol. 16, págs. 11–12.

SÉPTIMA LECTURA

Éxodo 5:1–6:1

Moshé abandonó Jetro y partió para Egipto. Como había predicho D-os, cuando Moshé exigió al faraón la liberación de los judíos, siquiera por tres días, este se rehusó. En contrapartida, ordenó que se les dejara de proveer paja para hacer ladrillos, y se les exigió producir la misma cuota diaria de ladrillos juntando también la paja necesaria para ello. Los judíos se quejaron ante Moshé, quien registró el sufrimiento y preguntó a D-os por qué lo había enviado a dicha misión si ese era el resultado.

Cuestionar los caminos de D-os

וַיָּשָׁב מֹשֶׁה אֶל ה' וַיֹּאמַר אֲדֹנָי לָמָה הֲרֵעֹתָה לָעָם הַזֶּה (שמות ה:כב)

Moshé regresó a D-os y dijo, "D-os ¿por qué has maltratado a este pueblo?".

En el fondo, Moshé no estaba cuestionando la justicia de D-os sino solo buscando comprenderla. Moshé y el pueblo judío habían heredado su fe en D-os de los patriarcas y matriarcas. Esa fe realmente era muy fuerte, pero para ser redimidos de Egipto y recibir la Torá no bastaba con que su relación con D-os se fundara en la herencia de los ancestros: tenían que apropiarse de la fe ellos mismos. Solo cuando uno internaliza esa fe y se apropia de ella es que esta puede pasar a permear todo el ser.

Irónicamente, la forma en la que transformamos la fe heredada en una posesión nuestra es a través del cuestionamiento, no por tener dudas o por el mero hecho de cuestionar, sino por buscar comprenderla de manera verdadera.

Fue por ello que, en respuesta al deseo de Moshé de entender Sus caminos, D-os le dijo que el propósito del exilio era posibilitar el alcance por parte del pueblo de un nivel de conciencia divina aún más elevado que el que podrían alcanzar apoyándose únicamente en la herencia recibida de los patriarcas.[7]

7. *Likutei Sijot*, vol. 16, pág. 51.

Vaerá

Las siete primeras plagas

Éxodo 6:2–9:35

EN LA SEGUNDA SECCIÓN DEL LIBRO ÉXODO, D-OS DA INICIO AL proceso que conducirá a la liberación de los judíos de la esclavitud egipcia. En primer lugar, D-os informa a Moshé que es crucial que tanto él como el pueblo judío demuestren la misma fe en D-os que manifestaran los patriarcas cuando Él se apareció (*vaerá,* en hebreo) ante ellos. Luego, tras unos preparativos adicionales, D-os comienza a castigar a los egipcios con plagas.

PRIMERA LECTURA

Éxodo 6:2–13

Al final de la sección anterior encontramos a Moshé perturbado por la aparente contradicción entre su fe en la bondad de D-os y el evidente maltrato de Él hacia el pueblo judío. D-os dijo entonces a Moshé: "Debes aprender de los patriarcas y matriarcas. Ellos creyeron en mí sin cuestionamientos, a pesar de que les hice promesas que en vida de ellos no cumplí."

"Ver" a D-os

וַיְדַבֵּר אֱלֹקִים אֶל־מֹשֶׁה וַיֹּאמֶר אֵלָיו אֲנִי ה'. וָאֵרָא

אֶל אַבְרָהָם אֶל יִצְחָק וְאֶל יַעֲקֹב (שמות ו:ב־ג)

Habló D-os a Moshé y le dijo: "Yo soy D-os. Me
aparecí ante Abraham, Itzjak y Iaacov".

Cuando nos parece que algo está mal en la forma en que D-os dirige el mundo, D-os *quiere* que lo cuestionemos. No obstante, al mismo tiempo debemos continuar creyendo de manera absoluta en la realidad de Él y Su bondad.

¿De dónde podemos obtener el poder para creer en D-os en forma tan completa que virtualmente podamos verlo hasta en los más oscuros momentos del exilio? D-os responde a esta pregunta diciendo: "Me aparecí a Abraham, Itzjak y Iaacov." Los patriarcas y matriarcas poseían una fe inamovible, y nosotros la heredamos de ellos. Si la nutrimos apropiadamente, nosotros también "veremos" a D-os incluso en los casos en que Su bondad no sea fácilmente perceptible.

Esta fe nos permite vivir los últimos momentos de nuestro exilio anhelando su fin (¡y exigiéndolo!) mientras maximizamos el uso de los momentos que restan. Es en virtud de esto que aceleraremos la Redención Mesiánica.[1]

SEGUNDA LECTURA

Éxodo 6:14–28

A continuación, la Torá repasa el linaje de Moshé y Aharón, dado que el mismo fue un factor que contribuyó en gran medida a la aceptación de ambos como líderes por parte del pueblo judío.

Moshé y Aharón

הוּא אַהֲרֹן וּמֹשֶׁה (שמות ו:כו)

Estos son Aharón y Moshé.

Moshé fue el transmisor de la Torá, que recibiera de D-os. El aspecto "Moshé" de nuestras vidas es, por lo tanto, el estudio de la Torá de D-os y el cumplimiento de Sus mandamientos. Aharón fue el primer sumo sacerdote. El aspecto "Aharón" de nuestras vidas es, por ende, la plegaria, porque esta llega hasta D-os, tal como lo hacían los sacrificios que se ofrendaban por medio de los sacerdotes.

La Torá unas veces menciona a Moshé antes que a Aharón y otras, a Aharón antes que a Moshé. Esto nos enseña que a veces necesitamos primero estudiar Torá o cumplir con algún mandamiento para poder relacionarnos apropiadamente con D-os en la plegaria. En otras ocasiones, podemos necesitar conectarnos con D-os a través de la plegaria antes de estudiar Torá o cumplir con sus mandamientos, para poder estudiar o actuar con dedicación desinteresada.[2]

2. *Likutei Torá* 3:88c.

TERCERA LECTURA

Éxodo 6:29–7:7

Luego D-os dio instrucciones específicas a Moshé y Aharón sobre el modo de hablar al faraón.

Cómo hablar al faraón

וַיֹּאמֶר ה' אֶל מֹשֶׁה רְאֵה נְתַתִּיךָ אֱלֹקִים לְפַרְעֹה וְגוֹ' (שמות ז:א)

**Djo D-os a Moshé: "¡Mira! Te he puesto
como amo sobre el faraón".**

El propósito de las palabras respetuosas pero enérgicas dirigidas al faraón era desarticular las fuerzas del mal en el momento de su mayor fuerza.

Del mismo modo, en nuestra vida hay veces en que nuestro "faraón" interior, es decir, nuestros instintos animales, parecen prevalecer. En dichos momentos, la mejor forma de sobreponernos a esos instintos es canalizar nuestro "Moshé" interno y enfurecernos con ellos, insultarlos y humillarlos.

Lo mismo vale para nuestra misión de oponernos a la negatividad en el mundo en general. Por supuesto, siempre debemos transmitir el mensaje de D-os en forma placentera y pacífica, así como D-os ordenara a Moshé dirigirse al faraón en forma respetuosa. No obstante, al mismo tiempo debemos enfrentar nuestros "faraones" sin temor y con fortaleza. Si nos mantenemos fieles al mensaje de D-os, podremos desbaratar el poder de la oscuridad y ayudar a traer al mundo la luz redentora de D-os.[3]

CUARTA LECTURA

Éxodo 7:8–8:6

Tal como los instruyera D-os, Moshé y Aharón se presentaron ante el faraón y su corte para exigir la liberación de los judíos en estado de esclavitud. El faraón les pidió pruebas de que realmente eran enviados de D-os. Siguiendo Sus indicaciones, Moshé pidió a Aharón que arrojara al suelo su bastón, el cual al punto se convirtió en serpiente. Pero al faraón esta maravilla no lo impresionó, dado que sus magos también eran capaces de hacer lo mismo. Entonces D-os hizo que Moshé transformara en sangre las aguas del río Nilo, siendo esta la primera de las diez plagas.

Calor y entusiasmo

הִנֵּה אָנֹכִי מַכֶּה בַּמַּטֶּה אֲשֶׁר בְּיָדִי עַל הַמַּיִם
אֲשֶׁר בַּיְאֹר וְנֶהֶפְכוּ לְדָם (שמות ז:יז)

[Indicó D-os a Moshé que dijera al faraón:] "Ahora voy a golpear el agua en el río con el bastón que está en mi mano, y se convertirá en sangre".

La primera de la diez plagas fue la transformación de las frías aguas del río en sangre caliente, lo que significó la transformación de la fría indiferencia hacia la divinidad en un cálido entusiasmo por ella. Era necesario que esta fuera la primera de las diez plagas, porque la indiferencia habría evitado que los egipcios se vieran afectados por ninguna otra demostración del poder de D-os y de Su intervención en la vida.

Una lección similar se aplica a quienquiera intente dejar la esclavitud de su "Egipto" interior, la tiranía de los instintos materiales y deseos del cuerpo, aún no depurados. Nuestro primer paso en este proceso es reemplazar toda frialdad e indiferencia por las cosas judías y sagradas por un cálido y apasionado entusiasmo por D-os, Su Torá y Sus mandamientos.[4]

---

4. *Likutei Sijot*, vol. 1, pág. 121.

QUINTA LECTURA

Éxodo 8:7–18

La plaga de la sangre fue seguida por plagas de sapos y piojos.

El propósito de la cultura

וַיֹּאמֶר ה' אֶל מֹשֶׁה אֱמֹר אֶל אַהֲרֹן נְטֵה אֶת מַטְּךָ וְהַךְ
אֶת עֲפַר הָאָרֶץ וְהָיָה לְכִנָּם וגו' (שמות ח:יב)

**Indicó D-os a Moshé que dijera a Aharón: "Eleva tu bastón y
golpea el polvo de la tierra, y esta se convertirá en piojos".**

El piojo es un parásito; vive de los animales y las personas sin contribuir a nada en sus vidas. Es, por lo tanto, una metáfora del mal, dado
que este se desarrolla absorbiendo la fuerza vital de la santidad en
vez de por sus propios méritos.

Así como un piojo se adhiere a una persona únicamente si esta
descuida su higiene, así también el mal solo prolifera cuando permitimos que decaiga nuestra conciencia y cometemos faltas o sentimos
apatía hacia la santidad. Estas actitudes nos hacen vulnerables a las
seducciones del materialismo.

Al infestar a los egipcios de piojos, D-os les estaba mostrando
que su indiferencia a la divinidad los había convertido en "parásitos".
Todos sus logros en literatura, arte, arquitectura, ciencia y demás
habían servido únicamente para inflamar sus egos y mejorar sus vidas
materiales. Así, estaban restando vitalidad a las fuerzas de santidad
en el mundo en vez de ayudarlas a prosperar.[5]

5. *Or HaTorá, Bereshit*, págs. 124b–125a, 444ab.

SEXTA LECTURA
Éxodo 8:19–9:16

La cuarta plaga consistió en el súbito ataque de una manada de animales salvajes. D-os dijo a Moshé que dijera al faraón que esta manada no atacaría la provincia de Goshen, donde vivían los judíos.

Sanas distinciones

וְשַׂמְתִּי פְדֻת בֵּין עַמִּי וּבֵין עַמֶּךָ וגו' ‏(שמות ח:יט)

[Indicó D-os a Moshé decir al faraón:] "Haré la redención que distinguirá entre Mi pueblo y tu pueblo".

El aspecto más temible de esta plaga era que la manada de animales salvajes atacaba en mezcla caótica en vez de a una especie por vez. Esta anarquía, sumada al terror que inspiraba, se asemejan a lo que sucede cuando se traspasan los límites morales que mantienen intacta a la sociedad.

Es legítimo cuestionar los valores morales establecidos por la sociedad secular siempre y cuando nos encontremos firmemente posicionados en nuestro compromiso para con los divinos valores de la Torá. Es solo cuando tenemos en claro cuáles son los valores auténticamente sagrados que podemos evaluar apropiadamente cada elemento de la cultura secular y elegir qué absorber y qué rechazar.

Cuando incorporamos esta distinción esencial entre valores sagrados y no sagrados nos es más sencillo mejorar nuestra conexión con D-os.[6]

---

6. *Likutei Sijot*, vol. 11, págs. 32–33.

SÉPTIMA LECTURA

Éxodo 9:17–35

La quinta plaga fue una epidemia que afectó el ganado de los egipcios. La sexta plaga, una inflamación cutánea que cubrió de llagas la piel de los egipcios y sus animales. La séptima, una lluvia de granizo milagrosamente hecho de hielo y fuego.

Combinar misericordia y severidad

וַיְהִי בָרָד וְאֵשׁ מִתְלַקַּחַת בְּתוֹךְ הַבָּרָד כָּבֵד מְאֹד וגו' (שמות ט:כד)

El granizo era muy fuerte, con fuego
fulgurante en medio del granizo.

El agua y el fuego derivan, respectivamente, de los atributos divinos de misericordia y severidad, y los expresan. Precisamente por ello, lo que hizo única a esta plaga de granizo fue su mezcla de hielo y fuego, de misericordia y severidad divinas. Del mismo modo, la dura advertencia que precedió a la plaga indicaba que esta había de ser particularmente severa, al mismo tiempo que incluía compasivas instrucciones acerca de cómo evitarla.

Solo D-os puede anular la naturaleza y combinar el hielo y el fuego. De la misma forma, solo si nos elevamos por encima de nuestras limitaciones naturales y nos conectamos a D-os es que podemos ser estrictos y compasivos a la vez, tanto en beneficio nuestro como de los demás.[7]

---

7. *Likutei Sijot*, vol. 31, págs. 44–45, basado en *Maskil LeDavid*.

Bo

Las tres últimas plagas; el Éxodo

Éxodo 10:1–13:16

LA TERCERA SECCIÓN DEL LIBRO ÉXODO COMIENZA EN EL momento en que D-os pide a Moshé que vaya (*bo*, en hebreo) a visitar al faraón y le anuncie la octava plaga. A esa plaga siguen otras dos, tras las cuales los judíos son finalmente liberados de la esclavitud y pueden partir de Egipto. D-os instruye al pueblo para que celebre el aniversario del Éxodo como la festividad de Pésaj.

PRIMERA LECTURA

Éxodo 10:1–11

La octava plaga consistió en un gran enjambre de langostas que diezmaron los extensos campos cultivados de Egipto.

Nunca es demasiado tarde

כִּי אִם מָאֵן אַתָּה לְשַׁלֵּחַ אֶת עַמִּי הִנְנִי מֵבִיא מָחָר אַרְבֶּה בִּגְבֻלֶךָ (שמות י:ד)

[Dijo Moshé al faraón:] "Pero si te rehusas a dejar salir a mi pueblo, mañana traeré langostas a tu territorio".

El hecho de que D-os advirtiera al faraón que sería castigado por desobedecer las demandas de Moshé significa que la puerta para el arrepentimiento aún se hallaba abierta. Es cierto que D-os había hecho que el faraón se obstinara en su decisión, pero eso solamente significaba que le era difícil arrepentirse. Si el faraón hubiera reunido suficiente fuerza interior como para obedecer a su conciencia, podría haber dejado partir a los judíos y evitarse a sí mismo y a su reino la ruina inminente.

Las lecciones para nosotros son las siguientes: primero, por más alejados que nos sintamos de D-os, y aun cuando parezca que nos ha cerrado la puerta, nada puede oponerse a nuestro esfuerzo sincero por volver a Él. Este aparente alejamiento existe únicamente para inspirarnos a evocar una resolución más profunda y poderosa.

Segundo, por más lejos de D-os que parezca encontrarse otra persona, nunca debemos perder la esperanza por ella. Con verdadero amor y amistad podemos alentarla a corregir su trayectoria, y con la ayuda de D-os volverá a su verdadero ser interior.[1]

1. *Likutei Sijot*, vol. 6, págs. 64–68.

SEGUNDA LECTURA

Éxodo 10:12–23

En la novena plaga, descendió sobre Egipto una oscuridad absoluta durante seis días ininterrumpidos. Al igual que las otras plagas, la oscuridad demostró a los egipcios el poder de D-os sobre ellos. Esta oscuridad no afectaba a los judíos, quienes mientras tanto podían circular entre los egipcios para ver dónde tenían escondidas sus riquezas. Los judíos que no quisieron abandonar Egipto murieron durante la plaga de la oscuridad.

La futura Redención

וַיֹּאמֶר ה' אֶל מֹשֶׁה נְטֵה יָדְךָ עַל הַשָּׁמַיִם וִיהִי
חֹשֶׁךְ עַל אֶרֶץ מִצְרָיִם וְגוֹ' (שמות י:כא)

***Dijo D-os a Moshé: "Eleva tu brazo hacia el
cielo y habrá oscuridad sobre Egipto".***

D-os no forzó a abandonar Egipto a aquellos judíos que no querían hacerlo. Al elegir permanecer allí, sus vidas perdieron todo propósito; habían llegado a su fin espiritual. En cambio, en la futura Redención, incluso aquellos judíos que conscientemente no deseen ser redimidos serán rescatados del exilio. Esto se debe a que, al entregarnos la Torá, D-os conectó nuestra esencia con Su esencia, haciendo imposible para nosotros oponernos de manera alguna a nuestra conexión con Él.

Desde luego, podemos pretender oponernos a nuestra conexión con D-os, pero esta pretensión nada más opera en un nivel superficial. Tarde o temprano, nuestra esencia interna y profunda sale a la superficie, lo que nos hace a todos dignos de ser redimidos.[2]

2. *Likutei Sijot*, vol. 11, págs. 1–7.

TERCERA LECTURA

Éxodo 10:24–11:3

Luego de la plaga de la oscuridad, el faraón aceptó dejar al pueblo judío en libertad, pero bajo sus condiciones. Cuando Moshé rechazó esos términos, el faraón se retractó y expulsó a Moshé.

El deseo de poder

וַיֹּאמֶר לוֹ פַרְעֹה לֵךְ מֵעָלָי . . . כִּי בְּיוֹם רְאֹתְךָ פָנַי

תָּמוּת: וַיֹּאמֶר מֹשֶׁה כֵּן דִּבַּרְתָּ (שמות י:כח-כט)

Dijo el faraón [a Moshé:] "¡Sal de mi presencia!
¡Porque el día en que veas mi cara morirás!". Moshé
respondió: "Has hablado correctamente".

Toda lo que es malo es en realidad una versión "caída" – es decir, una distorsión – de alguna forma de santidad. El faraón era la expresión caída de la capacidad de D-os de hallarse por encima de los límites de la naturaleza. En su forma caída, este poder se convirtió en la indiferencia arrogante del faraón hacia toda autoridad que no fuera él mismo. En ese contexto, cuando el faraón dice a Moshé "el día en que veas mi cara morirás", sin saberlo estaba advirtiéndole que nadie puede contemplar la infinitud de D-os y sobrevivir a ello. Moshé coincidió con él: ningún ser creado, finito, puede experimentar la infinitud de D-os y continuar existiendo como ser finito; será absorbido por la experiencia y se "disolverá" en la infinitud de D-os.

Ahora bien, D-os no está atado a Sus propias reglas: Él puede permitir a un individuo "sobrevivir" a esa experiencia. Y es exactamente lo que hizo con Moshé al permitirle destruir el mal del faraón revelando Su poder sobrenatural a través de las plagas.

Todos tenemos nuestro "faraón" interno, es decir, alguna oposición o tozuda hostilidad hacia la santidad. Cuando hayamos derrotado a ese "faraón", habremos derrotado también los demás obstáculos que nos impiden vivir una vida positiva y saludable.[3]

3. *Séfer HaSijot 5752*, vol. 1, pág. 283; *Séfer HaSijot 5751*, vol. 1, págs. 271–282. Ver *Séfer HaMaamarim 5704*, págs. 119, 127.

CUARTA LECTURA
_____

Éxodo 11:4–12:20

En la décima y última plaga, todos los primogénitos egipcios murieron instantáneamente en la medianoche del decimoquinto día del mes de Nisán. Anteriormente, D-os había ordenado al pueblo judío preparar un cordero o cabrito para faenarlo y comerlo esa misma noche.

Huir del exilio

וַאֲכַלְתֶּם אֹתוֹ בְּחִפָּזוֹן וְגוֹ' (שמות יב:יא)

[D-os ordenó a Moshé que dijera al pueblo:] "Lo comeréis [al cordero o cabrito] deprisa".

A pesar de que los judíos habían renunciado a su participación en la cultura egipcia, los encantos del materialismo egipcio aún mantenían cierta fascinación sobre ellos. Es por ello que D-os tuvo que expulsarlos de Egipto rápidamente, mientras aún se hallaban bajo la impresión reciente de las diez plagas y estaban dispuestos a dejar el único hogar que conocían para aventurarse a lo doblemente desconocido: el inhóspito desierto y una vida de santidad.

Lo mismo vale cada vez que que salimos de un "Egipto" personal, es decir, cada vez que dejamos atrás la familiaridad de una forma anterior de vida y nos elevamos a un nuevo nivel de conciencia divina y su correspondiente estilo de vida. Para mantenernos en nuestro nuevo camino es crucial sostener el cambio y tomar todas las medidas necesarias para no volver a los hábitos anteriores.

Ahora bien, en la Redención Mesiánica esta precaución no será necesaria. Dado que esta redención será absoluta y abarcará toda la realidad, no habrá posibilidad de retroceder hacia la mentalidad del materialismo.[4]

_____

4. *Tania*, cap. 31; *Or HaTorá*, Bo, págs. 291–2; *Torat Shmuel*, VeKaja (5637), caps. 1–4; *Séfer HaMaamarim* 5737, págs. 191–199.

QUINTA LECTURA

Éxodo 12:21–28

D-os dijo a los judíos que el animal que habrían de comer esa noche se denominaría sacrificio "pascual". También proveyó instrucciones relativas a cómo debían prepararlo y comerlo.

Preparativos para la redención personal

וּלְקַחְתֶּם אֲגֻדַּת אֵזוֹב . . . וְהִגַּעְתֶּם אֶל הַמַּשְׁקוֹף וְאֶל
שְׁתֵּי הַמְּזוּזֹת מִן הַדָּם אֲשֶׁר בַּסַּף וגו' (שמות יב:כב)

*[Ordenó D-os a Moshé que dijera al pueblo:] "Debéis
tomar un manojo de hisopos y [con él] apliquen sangre
[del sacrificio pascual] en el dintel y los dos marcos".*

El marco derecho de la puerta representa las buenas acciones; el marco izquierdo, la plegaria; y el dintel, que se encuentra por encima de ambos, el estudio de la Torá. Juntos, los tres conforman una vida completa y equilibrada, que nos permite cumplir con nuestra misión divina de hacer del mundo una morada para D-os.

La puerta en sí representa nuestra disposición a obedecer la voluntad de D-os, dado que este compromiso es la puerta de entrada a nuestra participación activa junto a Él en la rectificación del mundo. El pequeño hisopo que se emplea para aplicar la sangre sobre el marco de la puerta representa la abnegación personal que debemos cultivar para ser receptivos a la presencia de D-os en nuestras vidas. En cuanto a la sangre, esta representa la intensidad de nuestra alma vital, el impulso que nos posibilita realizar buenas acciones, rezar y estudiar Torá.

Todo éxodo personal de un "Egipto" requiere que apliquemos humildemente nuestra vitalidad a la acción, la plegaria y el estudio de Torá, y que todo sea realizado con un renovado compromiso para con nuestra misión divina en la vida.[5]

5. *Séfer HaMaamarim 5632*, vol. 1, págs. 129, 284–285; *Séfer HaMaamarim 5678*, págs. 239, 244–245; *Séfer HaMaamarim 5706*, págs. 69–70, 76.

SEXTA LECTURA

Éxodo 12:29–51

Tal como predijera Moshé, todos los varones primogénitos de Egipto murieron precisamente a medianoche. Los egipcios urgieron a los judíos a que partieran, regalándoles plata, oro y vestimentas. Las mujeres judías, confiadas en que D-os haría milagros por ellos, también llevaron panderetas con las que celebrar.

Fe en la Redención

וּבְנֵי יִשְׂרָאֵל . . . וַיִּשְׁאֲלוּ מִמִּצְרַיִם כְּלֵי כֶסֶף וּכְלֵי זָהָב וּשְׂמָלֹת (שמות יב:לה)

*Los israelitas . . . pidieron utensilios de
plata y oro y ropas de los egipcios.*

Al llevar también panderetas, las mujeres demostraban más fe y confianza en D-os que los hombres. También las mujeres de nuestra generación pueden ser el ejemplo demostrando su fe en la inminencia de la Redención Final. Sin duda, hasta que llegue el momento de la Redención, todos debemos sentir la amargura del exilio y rezar fervientemente para que D-os termine con él. Pero al mismo tiempo, nuestra confianza inamovible en que D-os cumplirá su promesa de redención debe llenarnos de alegría desbordante. Las mujeres, que tienen más profundamente asentada la fuerza de su fe innata, ya pueden comenzar a celebrar la Redención, incluso con música y danzas, lo que inspirará a los hombres a seguir su ejemplo.[6]

---

6. *Séfer HaSijot 5752*, vol. 1, págs. 303–307.

SÉPTIMA LECTURA

Éxodo 13:1–16

A continuación, D-os dijo a los judíos que debían celebrar el aniversario del Éxodo cada año como la festividad de Pésaj. Es una característica central de esta celebración relatar a los niños la historia del Éxodo.

Por los niños

וְהִגַּדְתָּ לְבִנְךָ בַּיּוֹם הַהוּא לֵאמֹר וגו' (שמות יג:ח)

Deberás contarle a tu hijo en ese día.

Es interesante destacar que el mandamiento de volver a narrar la historia del Éxodo – el origen del Séder de Pésaj anual – aparece en el contexto de la descripción de "el hijo que no sabe preguntar", el más inmaduro de los cuatro tipos de hijos a los que debemos adaptar nuestra descripción del Éxodo. Esto nos enseña que nuestro deber de contar el Éxodo se aplica *principalmente* a ese niño no iniciado. Debemos encontrar las palabras adecuadas para inspirar incluso a esa clase de niños la gratitud hacia D-os por liberarnos del antiguo Egipto y de todos los "Egiptos", pasados, presentes, futuros, personales y colectivos.

Esto es así porque el Éxodo de Egipto fue absoluto: no quedó allí judío alguno. Dado que fue tan totalmente abarcativo, la transmisión de su mensaje también debe abarcar a cada individuo que pueda entenderlo, aun si esto implica un esfuerzo fuera de lo común de nuestra parte.

Al garantizar que hasta "el hijo que no sabe preguntar" entienda el significado del Éxodo, garantizamos que todos los demás niños también lo hagan, de la misma forma que la elevación de la base de cualquier estructura eleva también en forma automática el resto de la misma.[7]

7. *Séfer HaMaamarim* 5734–5735, págs. 347–353.

Beshalaj

La partición del mar

Éxodo 13:17–17:16

LA CUARTA SECCIÓN DEL LIBRO ÉXODO COMIENZA CON EL
momento posterior a la liberación (*beshalaj*, en hebreo) de los judíos
de Egipto por parte del faraón. Estos viajan hacia el monte Sinaí para
recibir la Torá, pero son perseguidos por el faraón y su ejército. D-os
parte el mar de Juncos, permitiendo a los judíos pasar a salvo; luego
ahoga en él a los egipcios. Los judíos continúan hacia el monte Sinaí,
a la vez que D-os les provee milagrosamente de alimento (maná) que
cae del cielo y agua que brota de una roca. Cuando están por llegar a
destino, los judíos son atacados por la nación de Amalek.

PRIMERA LECTURA

Éxodo 13:17 -14:8

Iosef había dejado instrucciones para que los judíos llevaran consigo sus restos mortales cuando abandonaran Egipto. Fue Moshé quien se ocupó del traslado de los restos, que finalmente fueron enterrados en Shejem.

Los huesos de Iosef

וַיִּקַּח מֹשֶׁה אֶת עַצְמוֹת יוֹסֵף עִמּוֹ וגו' (שמות יג:יט)

Moshé tomó consigo los huesos de Iosef.

La palabra hebrea para 'hueso' (*étzem*) también significa 'esencia'. El pueblo judío se hallaba a punto de embarcarse en un viaje a través de un desierto cuya aridez y peligros eran reflejos de su desolación espiritual. Para poder sobrevivir a ese viaje, Moshé se aseguró de que el pueblo judío fuera acompañado por la esencia y el espíritu de Iosef.

La esencia de Iosef se expresa en su nombre, que significa "Que Él agregue"; cuando nació, su madre, Rajel, oró: "Que D-os agregue otro hijo para mí."[1] Este anhelo contiene el deseo de recibir de vuelta al judío que se encuentra alejado de su pueblo. En un sentido más general, contiene el deseo de transformar toda la realidad mundana en un vehículo para la santidad, que es para la que fue originalmente creada.

La odisea del exilio se compara con un viaje a lo largo de un desierto árido y peligroso.[2] Para poder seguir nuestro rumbo a través de períodos de desolación espiritual, debemos ver el ejemplo de la esencia de Iosef. Debemos esforzarnos por traer incluso a los individuos más distantes y rebeldes de vuelta al pueblo y mostrarles que son hijos amados de D-os. Mantenernos fieles a este objetivo nos garantiza que, en definitiva, ningún judío sea abandonado.[3]

---

1. Génesis 30:24
2. Ver Ezequiel 20:35; Rabeinu Bajie y Or HaJaim sobre Números 33:1 y ss.
3. *Likutei Sijot*, vol. 26, págs. 85–89.

SEGUNDA LECTURA
Éxodo 14:9–14

D-os sabía que el pueblo judío no se sentiría completamente libre
de las garras del faraón mientras este permaneciera vivo, y que esa
amenaza potencial les impediría recibir la Torá en total plenitud.
Por tal razón, D-os hizo que el faraón se obstinara una vez más y
le inspiró la idea de perseguir a los judíos hasta la costa del mar de
Juncos (actual golfo de Suez). Cuando lo vieron aproximarse, los
judíos entraron en pánico.

Aceptar los desafíos espirituales

וּפַרְעֹה הִקְרִיב וְגו' (שמות יד:י)

El faraón se acercó.

El Midrash ofrece otra interpretación: con la persecución, el faraón
llevaba *a los judíos* más cerca de D-os, como lo evidencia su clamor
hacia Él cuando vieron aproximarse al ejército egipcio. Es que con
frecuencia es el obstáculo lo que despierta nuestras más profundas
reservas de energía.

Cuando nos enfrentamos con un desafío, debemos verlo como
una oportunidad para el crecimiento espiritual en vez de intentar
evitarlo. El confort y la complacencia pueden hacer que perdamos
de vista nuestras prioridades y debilitar así el sentido de urgencia de
nuestra misión divina. Al socavar nuestra seguridad, las adversidades
físicas o espirituales pueden sacudirnos de esta indiferencia, y esto
nos brinda la oportunidad de avanzar en nuestra relación con D-os
a medida que nos vamos abriendo paso a través de los obstáculos.[4]

---

4. *Torá Or* ad loc.; *Séfer HaMaamarim* 5721, págs. 257–8; *Sijot Kódesh* 5721, págs.
62–3, 5726, págs. 209–210.

TERCERA LECTURA

Éxodo 14:15–25

Moshé intentó calmar a los judíos y comenzó a rezar a D-os en pos de la salvación. Pero D-os dijo a Moshé que no hacía falta rezar: lo único que era necesario que hiciera era elevar su bastón sobre el mar. Este se partiría y permitiría así a los judíos atravesarlo a salvo.

Provocar las bendiciones de D-os

וְאַתָּה הָרֵם אֶת מַטְּךָ וּנְטֵה אֶת יָדְךָ עַל הַיָּם וגו' (שמות יד:טז)

**[Dijo D-os a Moshé:] "Toma tu bastón
y alza tu brazo sobre el mar".**

La partición del mar de Juncos fue un acontecimiento milagroso y sobrenatural. Sin embargo, tenía que haber una acción natural que "encendiera" el milagro: D-os ordenó al pueblo seguir avanzando y a Moshé, alzar su bastón por encima de las aguas. D-os siempre requiere primero de algún acto humano y recién después hace los milagros.

Esto se debe a que los hechos que ocurren sin nuestra participación no nos afectan profundamente. Es solo cuando realizamos algún esfuerzo que apreciamos el milagro de D-os. Lo mismo se aplica a todas las áreas de la vida: no basta con pedir las bendiciones de D-os; debemos también hacer algún esfuerzo que pueda servir de canal para la bendición.[5]

5. *Hitvaaduiot 5742*, vol. 2, págs. 561–562.

CUARTA LECTURA

Éxodo 14:26–15:26

El mar se partió y los judíos pudieron pasar a través de él a salvo. Los egipcios los siguieron dentro del mar seco; entonces, D-os hizo que las aguas volvieran a su estado natural y ahogó a todos ellos. Las olas del mar arrojaron a los egipcios, muertos, a sus orillas. Al ver esto, Moshé y Miriam, a la cabeza respectivamente de los hombres y las mujeres del pueblo judío, profirieron alabanzas a Él por haberlos rescatado. Luego los judíos recolectaron el oro, la plata y las piedras preciosas que adornaban los arneses de los caballos egipcios. Eran tantas las riquezas que al día siguiente (22 de Nisán) aún estaban ocupados en esta recolección, por lo que Moshé tuvo que forzarlos para seguir adelante.

Cambiar de dirección

וַיַּסַּע מֹשֶׁה אֶת יִשְׂרָאֵל מִיַּם סוּף וגו' (שמות טו:כב)

Moshé tuvo que hacer que los israelitas salieran del mar de Juncos.

El pueblo judío no se demoraba por codicia: estaba cumpliendo el mandamiento de D-os de vaciar Egipto de toda sus riquezas. La dimensión espiritual de esta directiva era salvar todos los potenciales de santidad presentes en las mismas.

De esto aprendemos dos lecciones. La primera: una vez que sabemos cuál es nuestra misión divina en la vida, debemos dedicarnos tanto a ella que nos tiene que parecer impensable hacer cualquier otra cosa. Por otra parte, en cuanto se hace evidente que es tiempo de cambiar de dirección, no debemos titubear; debemos aplicarnos a la nueva misión con el mismo entusiasmo que dedicamos a nuestra misión anterior.

La segunda lección es la siguiente: así como los judíos no querían dejar ni una sola pieza de las riquezas egipcias sin elevar, también nosotros debemos desear acercar a D-os hasta al último individuo. Mientras no recibamos una clara directiva de concentrarnos en otra cosa, debemos ver en cada individuo alejado de D-os una perla preciosa que aguarda ser redimida de Egipto.[6]

6. *Likutei Sijot*, vol. 21, págs. 77–82.

QUINTA LECTURA

Éxodo 15:27–16:10

Guiados por la columna de nube de D-os, el pueblo prosiguió su camino hacia el monte Sinaí. Hacia el día 15 de Iyar, la matzá se había agotado. D-os comenzó entonces a alimentarlos con maná, una especie de pan que cada mañana descendía del cielo.

La lección del maná

וַיֹּאמֶר ה' אֶל מֹשֶׁה . . . וְיָצָא הָעָם וְלָקְטוּ דְּבַר יוֹם בְּיוֹמוֹ וְגו' (שמות טז:ד)

*Dijo D-os a Moshé [que dijera al pueblo:] "Saldrá el
pueblo y recogerá cada día la porción de ese día".*

Aun cuando creemos que todo se encuentra en manos de D-os, nos inclinamos a pensar que nuestro propio esfuerzo desempeña cierto papel en la provisión de nuestro sustento físico. Ahora bien, el maná no se obtenía a través del esfuerzo humano, por lo que no daba lugar a esta errónea concepción.

D-os no permitía que el pueblo judío recolectara más que lo que necesitaba para el día. Si hubiera permitido hacer acopio de alimento, los judíos no se habrían sentido dependientes de Él.

Por otra parte, D-os hacía que el pueblo saliera a recoger el maná en vez de entregarlo a sus pies. De esta forma los iba preparando para su posterior ingreso al mundo real. Si la obtención del maná no hubiera requerido esfuerzo humano alguno, el pueblo la habría calificado como un milagro aislado e irrelevante para la vida real. Al requerirse de ellos que recolectaran el maná, aprendían que el esfuerzo humano y las bendiciones de D-os operan en forma conjunta.

El maná nos enseñó que nuestro sustento proviene del cielo. Aun cuando parezca que es el fruto de nuestra propia labor, en realidad se trata de un regalo de D-os.[7]

SEXTA LECTURA

Éxodo 16:11–36

En Shabat no caía maná. En contrapartida, los viernes descendía una porción doble de alimento. Esta era la única excepción a la directiva de D-os de no guardar maná de un día para el siguiente.

El Shabat

שַׁבָּתוֹן שַׁבַּת קֹדֶשׁ לַה' מָחָר וגו' (שמות טז:כג)

[*El viernes dijo Moshé al pueblo:*] "*Mañana será un día de descanso, un Shabat sagrado para D-os*".

Esta es la primera mención explícita en la Torá relativa a la obligación de observar el Shabat. Es apropiado que el Shabat aparezca presentado en conexión con el maná, dado que ambos comparten un propósito en común: subrayar nuestra absoluta dependencia de D-os como verdadera fuente de todo sustento. La creencia en que el esfuerzo humano es el único factor determinante de nuestro éxito dificulta justificar la renuncia a un día completo de ingresos. El no trabajar en Shabat es una clara afirmación de nuestra fe en el hecho de que el sustento se encuentra en manos de D-os y de que nuestro trabajo es solamente un canal a través del cual pueden fluir Sus bendiciones.[8]

8. Ver *Likutei Sijot*, vol. 16, pág. 172 y ss.

SÉPTIMA LECTURA

Éxodo 17:1–16

En la parada siguiente no había agua que beber. En vez de confiar en que D-os la proveería, el pueblo se quejó. D-os hizo que Moshé golpeara una roca con su bastón; de forma milagrosa, de la roca brotó agua suficiente para todas las necesidades del pueblo. Esa fuente de agua acompañó a los judíos a lo largo de su viaje a través del desierto. Más adelante, los judíos serán atacados por la nación de Amalek.

Acallar las dudas internas

וַיָּבֹא עֲמָלֵק וַיִּלָּחֶם עִם יִשְׂרָאֵל בִּרְפִידִם (שמות יז:ח)

Vino Amalek y peleó contra Israel en Refidim.

El ataque físico de la nación de Amalek fue la manifestación externa del ataque espiritual proveniente del Amalek interior del pueblo, esto es, las dudas relativas al modo en que D-os cuidaba de ellos e intervenía en sus vidas.

Ese Amalek interior continúa su asedio hoy en día, intentando sembrarnos dudas y aplacar nuestro fervor religioso. Si bien reconoce que D-os existe, intenta convencernos de que Él es demasiado grande como para preocuparse por los detalles de nuestro comportamiento. Una duda conduce a la otra y, al cabo, nuestro Amalek interior termina convenciéndonos de que D-os no está involucrado en absoluto en la vida humana. Esto causa a su vez que abandonemos nuestra búsqueda de divinidad y espiritualidad. Todos los días debemos acallar la voz amalekita interior de la duda que busca detener nuestro progreso espiritual. Una vez que logremos abandonar nuestro Egipto interior y nos sobrepongamos a nuestro Amalek interior, nos encontraremos listos para volver a recibir la Torá y entrar en nuestra Tierra Prometida.

La exitosa implementación de este proceso de crecimiento espiritual a nivel individual acelerará su implementación colectiva y llevará al mundo a su Redención Mesiánica.[9]

9. *Sijot Kódesh 5739*, vol. 2, págs. 144–145; *Torá Or* 84b–85b; *Séfer HaMaamarim 5747–5751*, págs. 101–105.

Itró

La Entrega de la Torá

Éxodo 18:1–20:23

LA QUINTA SECCIÓN DEL LIBRO ÉXODO COMIENZA EN EL momento en que Jetro (*itró*, en hebreo), suegro de Moshé, se une al pueblo judío en el monte Sinaí. Continúa con el hecho culminante de toda la historia humana acaecida hasta ese momento: la Entrega de la Torá. Entre ambos relatos aparece una tercera narrativa: los consejos de Itró a Moshé – una vez que este descendiera del monte Sinaí – para establecer un sistema judicial.

PRIMERA LECTURA

Éxodo 18:1–12

Tras escuchar los relatos sobre el Éxodo de Egipto, la partición del mar y la guerra con Amalek, Itró se dirigió a encontrarse con Moshé y el pueblo judío, que habían acampado en Refidim, a corta distancia del monte Sinaí. A pesar de haber ya renunciado a la idolatría, Itró sintió que era hora de dar el próximo paso y convertirse en judío.

Recibir la Torá cada día

וַיִּשְׁמַע יִתְרוֹ . . . אֵת כָּל אֲשֶׁר עָשָׂה אֱלֹקִים
לְמֹשֶׁה וּלְיִשְׂרָאֵל עַמּוֹ וגו' (שמות יח:א)

*Jetró escuchó todo lo que D-os había hecho
por Moshé y su pueblo, Israel.*

La partición del mar, la guerra con Amalek y la conversión de Itró al judaísmo fueron todos prerrequisitos para la Entrega de la Torá.

Debemos revivir estos acontecimientos en nuestra vida cotidiana, dado que D-os cada día nos vuelve a dar la Torá y, con ella, un inagotable manantial de renovadas ideas superiores sobre la vida. Para que esto pueda tener lugar, debemos primero dominar nuestro Amalek interior, es decir, acallar nuestras dudas sobre la Providencia divina. Luego debemos convertir nuestro Itró interior, es decir, conquistar la parte de nosotros que aún prefiere servir a los ídolos de los deseos materiales excesivos.

No obstante, para poder dar dichos pasos debemos primero "partir el mar y entrar en él", es decir, sumergirnos temporalmente por completo en santidad por medio de nuestras plegarias matutinas y nuestro programa de estudio de Torá. La conciencia divina que experimentamos de esta forma nos permite aportar una percepción superior a todos los aspectos de nuestra vida diaria: comer, ganar el sustento, interactuar con los demás, etc. Si nos hacemos de tiempo cada día para estudiar Torá, escucharemos la voz del D-os del Sinaí en forma cotidiana.[1]

1. Basado en *Likutei Sijot*, vol. 11, págs. 74 y ss. y vol. 4, págs. 1271–1272.

Éxodo 18:13–23

Para completar la historia de Jetro, la Torá avanza cuatro meses hasta llegar al día 11 de Tishrei de 2449, que es el día posterior al último descenso de Moshé del monte Sinaí.

Ascensos infinitos

וַיְהִי מִמָּחֳרָת וַיֵּשֶׁב מֹשֶׁה לִשְׁפֹּט אֶת הָעָם וְגוֹ' (שמות יח:יג)

Al día siguiente [del descenso de Moshé del monte Sinaí], Moshé se sentó a juzgar al pueblo.

Cuando nuestras vidas espirituales parecen fluir llanamente, podemos pensar que hemos superado los obstáculos de la vida y que podemos sentarnos de brazos cruzados y relajarnos. Para encontrar la respuesta apropiada a este sentimiento basta con observar el ejemplo de Moshé. Mientras se hallaba en el monte Sinaí, Moshé alcanzó la cima de la espiritualidad, pero tan pronto como se reunió con el pueblo se zambulló directamente en su nueva tarea de juzgar los casos que traían ante él.

Del mismo modo, incluso cuando sentimos que hemos alcanzado el pináculo de la santidad, hay un mañana en que, así como Moshé, debemos elevar más aún nuestra mirada.[2]

---

2. *Hitvaaduiot 5742*, vol. 2, págs. 871–872.

TERCERA LECTURA

Éxodo 18:24–27

Primero Moshé intentó responder todas las preguntas del pueblo y resolver sus disputas por sí solo. Jetro indicó varias desventajas de este método, y sugirió que Moshé estableciera una jerarquía de jueces y reservara para sí mismo únicamente aquellos casos que eran demasiado difíciles de resolver por los jueces de las cortes inferiores. D-os dijo a Moshé que el plan de Jetro era superior al suyo.

La relevancia universal de la Torá

וַיִּבְחַר מֹשֶׁה ... שָׂרֵי אֲלָפִים שָׂרֵי מֵאוֹת שָׂרֵי
חֲמִשִּׁים וְשָׂרֵי עֲשָׂרֹת (שמות יח:כה)

Moshé designó líderes de mil, de cien, de cincuenta y de diez.

En el plan de Jetro, el pueblo se encontraría bajo la autoridad de jueces de talla inferior a Moshé. Sin embargo, D-os aprobó este sistema porque así hasta las personas más sencillas del pueblo podrían resolver sus problemas de acuerdo con el sistema legal de la Torá, sometiendo de este modo sus vidas a su autoridad. Si Moshé hubiera permanecido como el único juez del pueblo, algunas personas se habrían sentido muy intimidadas por su reverencial presencia y estatura espiritual como para acercarse a él con sus problemas. Esto hubiera llevado a esas personas a sentirse ajenas o más allá del alcance de la Torá.

Este resultado hubiera sido muy desafortunado porque la Torá fue dada a todos, incluyendo a las personas comunes y corrientes. Es un mérito de la Torá y una demostración de su verdad el hecho de que sus leyes gobiernen no solamente nuestros momentos más sublimes sino también las preocupaciones aparentemente triviales que surgen en nuestros asuntos diarios.[3]

3. *Likutei Sijot*, vol. 16, págs. 209–210.

CUARTA LECTURA
Éxodo 19:1–6

A continuación, la Torá regresa a los sucesos que tuvieron lugar luego de la partición del mar, la guerra con Amalek y la llegada de Jetró al monte Sinaí. Los judíos llegaron al pie del monte Sinaí el 1.º de Siván del año 2448.

Amor fraternal

וַיִּחַן שָׁם יִשְׂרָאֵל נֶגֶד הָהָר (שמות יט:ב)

Israel acampó allí [como un pueblo unido] frente a la montaña.

La presencia de D-os se rehúsa a vivir en medio de la discordia y la falta de armonía. No fue sino hasta estar unidos en armonía el uno con el otro que los judíos pudieron lograr la armonía con D-os necesaria para recibir Su Torá.

Lo mismo se aplica hoy en día. Desde luego, cualquiera puede estudiar la Torá, pero la inspiración divina que nos otorga ideas adicionales y nos permite sentir en ella la presencia de D-os solo se vuelve accesible cuando nos preocupamos de manera activa por el bienestar del prójimo.

Hay otra lección aquí. Los judíos fueron capaces de unirse en el monte Sinaí *porque* estaban "frente a la montaña", es decir, concentrados en la Torá. Dado que todos poseemos diferentes facultades intelectuales, emociones, rasgos de carácter y puntos de vista, no hay una forma natural en la que podamos mantener nuestra individualidad y seguir funcionando como un cuerpo unificado. Solamente cuando estamos concentrados en D-os podemos lograr que nuestras diferencias dejen de ser un obstáculo para la unión. Nuestras diferencias siguen existiendo, porque son necesarias para poder cumplir con nuestra misión divina colectiva. Nuestra mancomunada devoción a D-os hace que esas diferencias, en lugar de ser barreras hacia nuestro objetivo, se conviertan en peldaños hacia el mismo.[4]

4. *Likutei Sijot*, vol. 11, pág. 250.

QUINTA LECTURA

Éxodo 19:7–19

Durante los siguientes seis días, D-os hizo que el pueblo judío se preparara para la revelación de la Entrega de la Torá. En la mañana del día 6 de Siván, D-os comenzó a revelarse en el monte Sinaí.

El poder del entusiasmo

וְהַר סִינַי עָשַׁן כֻּלוֹ מִפְּנֵי אֲשֶׁר יָרַד עָלָיו ה' בָּאֵשׁ וגו' (שמות יט:יח)

***Todo el monte Sinaí estaba cubierto de humo porque
D-os había descendido sobre él en fuego.***

El hecho de que la montaña apareciera cubierta de humo indicaba que la Entrega de la Torá permitiría que el mundo físico resultara afectado por la espiritualidad. Esto enseña que la clave para transformar todos los aspectos de la vida – es decir, el espacio, el tiempo y la conciencia – es garantizar que todos los aspectos de nuestra vida religiosa estén imbuidos de "fuego", es decir, de calidez y entusiasmo por D-os y Su Torá.[5]

5. *Séfer HaMaamarim* 5701, pág. 129; *Likutei Sijot*, vol. 13, pág. 151.

SEXTA LECTURA
Éxodo 19:20–20:14

A continuación, D-os entregó al pueblo judío los seiscientos trece mandamientos de la Torá. Diez de ellos fueron dados explícitamente: creer en D-os, no adorar ídolos, respetar el nombre de D-os, observar el Shabat, honrar a los padres, no asesinar, no cometer adulterio, no secuestrar, no mentir al dar testimonio y no desear la casa, esposa o posesiones de otro. Los seiscientos tres mandamientos restantes se hallan implícitos en estos.

La cura para la envidia

לֹא תַחְמֹד בֵּית רֵעֶךָ וְגוֹ' (שמות כ:יג)

No debes desear la casa de tu prójimo.

D-os nos provee a cada uno de nosotros de todos los recursos que necesitamos – posesiones, talentos y fortalezas – para poder cumplir en la vida con nuestra misión única. Alcanzamos nuestra realización máxima cuando dedicamos esos recursos a Su misión divina y los utilizamos para elevar la percepción de la presencia de D-os en el mundo. Todo recurso que D-os *no* nos haya dado en algún momento es porque no es necesario para cumplir con nuestra misión, y tenerlo nos desviaría de hecho del desarrollo máximo de nuestro potencial. Reflexionar sobre esta verdad curará nuestra envidia.[6]

6. *Hitvaaduiot 5742*, vol. 3, págs. 1661–1662.

SÉPTIMA LECTURA

Éxodo 20:15–23

Luego de la entrega de los Diez Mandamientos, D-os ordenó a Moshé que ascendiera al monte Sinaí con el fin de permanecer allí durante cuarenta días y aprender el resto de la Torá. Algunas de las leyes que D-os enseñó a Moshé tenían que ver con cómo construir un altar para los sacrificios. Una de dichas leyes planteaba que se debe ascender al Altar por medio de una rampa en lugar de por escaleras.

La importancia de las cosas simples

וְלֹא תַעֲלֶה בְמַעֲלֹת עַל מִזְבְּחִי אֲשֶׁר לֹא תִגָּלֶה עֶרְוָתְךָ עָלָיו (שמות כ:כב)

No debes ascender a Mi Altar por medio de escalones, de forma que tu desnudez no se exponga sobre él.

Los sacerdotes vestían pantalones bajo sus túnicas, por lo que sus cuerpos no hubieran estado expuestos al Altar aun subiendo por escaleras. Sin embargo, dado que subir escaleras da la *impresión* de exponer el cuerpo descubierto, es más modesto usar una rampa. Si D-os nos pide que respetemos los "sentimientos" de piedras insensibles, cuanto más requiere de nosotros que respetemos los sentimientos del prójimo.

El requerimiento de mostrar respeto por las piedras del altar nos enseña a salvaguardar el honor de las demás personas incluso cuando estas no son conscientes de que se les está faltando el respeto, ni tenemos tampoco intención de ofenderlas.

Resulta, entonces, que el último versículo de esta sección de la Torá resume el mensaje de la revelación de D-os en el monte Sinaí: D-os se encuentra hasta en las cosas más mundanas. Nuestra relación con los demás es parte integral de nuestra relación con D-os. Y en un sentido positivo, amar al prójimo es, en realidad, amar a nuestro Creador.[7]

7. *Likutei Sijot*, vol. 21, pág. 124.

Mishpatim

Las leyes

Éxodo 21:1–24:18

TRAS ENTREGAR LA TORÁ AL PUEBLO JUDÍO, D-OS PIDIÓ A MOSHÉ que ascendiera nuevamente al monte Sinaí para enseñarle los detalles de las leyes de la Torá. Moshé permanecerá allí cuarenta días. La sexta sección del libro Éxodo consiste principalmente en una selección de las leyes (*mishpatim*, en hebreo) que D-os enseñara a Moshé mientras este se encontraba en el monte Sinaí.

PRIMERA LECTURA

Éxodo 21:1–19

D-os precedió su explicación de las leyes diciendo que el pueblo judío debía establecer un sistema de cortes para juzgar los casos criminales, civiles y relativos a la ley ritual. A continuación, D-os explicó las leyes concernientes a la servidumbre, las obligaciones maritales, el asesinato, la honra a los padres, el secuestro y la compensación por daños.

Médicos físicos y espirituales

רַק שִׁבְתּוֹ יִתֵּן וְרַפֹּא יְרַפֵּא (שמות כא:יט)

*[Si alguien daña a otro, el ofensor] debe pagar la
cura completa [de la parte damnificada].*

Siempre que caemos enfermos, D-os requiere que busquemos la ayuda de un médico calificado y sigamos sus instrucciones. A la vez, D-os ha facultado a los médicos para curar al enfermo. Pero mientras que los médicos están únicamente *exhortados* a curar a todo aquel que esté enfermo, están claramente *obligados* a intentar salvar a alguien cuya vida se encuentre en peligro.

Las enfermedades del cuerpo pueden amenazar (o no) la vida; lo mismo ocurre con las "enfermedades" espirituales. En sentido espiritual, una persona se halla en "peligro mortal" cuando su condición ha comenzado a afectar su capacidad o deseo de cumplir con los mandamientos de la Torá, dado que es precisamente a través del cumplimiento de los mandamientos que nos llega la vitalidad espiritual.

Las reglas que se aplican a un médico físico también se aplican a un "médico" espiritual, es decir, a quienquiera sea capaz de ayudar a una persona espiritualmente "enferma". Cuando una persona sufre de una "dolencia" espiritual menor, se nos exhorta a que le ofrezcamos asistencia espiritual. Pero cuando esa persona se encuentra en "peligro mortal" en el plano espiritual, es decir, cuando está en riesgo de no cumplir con los mandamientos de D-os, estamos *obligados* a ofrecerle asistencia, sin permitir que consideración alguna entorpezca el camino.[1]

---

1. *Likutei Sijot*, vol. 2, págs. 529–530.

SEGUNDA LECTURA

Éxodo 21:10–22:3

D-os también enseñó a Moshé las leyes relativas a los daños causados por los animales o la propiedad de una persona, incluyendo el caso de un pozo que alguien haya cavado en el espacio público.

Cuidado al recibir; cuidado al dar

וְכִי יִפְתַּח אִישׁ בּוֹר אוֹ כִּי יִכְרֶה אִישׁ בֹּר ... וְנָפַל שָׁמָּה

שׁוֹר אוֹ חֲמוֹר בַּעַל הַבּוֹר יְשַׁלֵּם וגו' (שמות כא:לג-לד)

Si una persona descubre o cava un pozo ... y un buey o burro cae en él, aquel responsable por el pozo debe pagar [por el daño].

La misma ley que se aplica a un pozo (es decir, un peligro hundido) se aplica a una barrera alzada u otro obstáculo (o sea, un peligro evidente).

En el sentido espiritual, el pozo representa nuestra capacidad de recibir; la saliente, nuestra capacidad de dar. Usadas correctamente, estas capacidades pueden ser benéficas, pero sin supervisión apropiada pueden resultar dañinas. Si damos y recibimos al azar, sin prestar atención a qué o cuánto estamos dando o recibiendo, a quién estamos dando o de quién estamos recibiendo, nos convertiremos en un peligro para la sociedad. Pero si elegimos aceptar únicamente influencias positivas y difundimos puro positivismo a nuestro alrededor, nos convertiremos en una fuente de bendición para todos los que nos rodean.[2]

MARTES

TERCERA LECTURA
Éxodo 22:4–26

A continuación, D-os entregó las leyes que rigen los casos siguientes: robo; responsabilidades de prestatarios, guardianes e inquilinos; seducción; brujería; zoofilia; idolatría; y préstamos.

Enmendar reencarnaciones anteriores

אִם כֶּסֶף תַּלְוֶה אֶת עַמִּי וגו' (שמות כב:כד)

Cuando prestes dinero . . .

El mandamiento de prestar dinero se aplica incluso si el prestatario tiene posesiones que en teoría podría vender. Por lo tanto, a diferencia del mandamiento de dar caridad, se pretende que el mandamiento de prestar dinero beneficie no solamente al pobre sino también al rico.

Si en algunos casos nos sentimos reticentes a prestar dinero a una persona que no sea pobre, debemos considerar la posibilidad de que, en una vida pasada, los roles presentes hayan estado invertidos: podemos haber sido los beneficiarios de un préstamo u otra forma de ayuda dada por la persona que ahora nos está pidiendo un préstamo. Esta es nuestra oportunidad de compensar su buena acción.[3]

3. *Sijot Kódesh 5713*, pág. 191.

CUARTA LECTURA

Éxodo 22:27–23:5

D-os continuó con las leyes que rigen el respeto a la autoridad, las donaciones a la tribu de Leví, la verdad en la administración de justicia y el comportamiento hacia los enemigos.

Ayudar al cuerpo, ayudar al alma

כִּי תִרְאֶה חֲמוֹר שֹׂנַאֲךָ רֹבֵץ תַּחַת מַשָּׂאוֹ . . . עָזֹב תַּעֲזֹב עִמּוֹ (שמות כג:ה)

Cuando veas al burro de tu enemigo agacharse
bajo su peso . . . debes ayudarlo.

D-os nos dio la Torá y sus mandamientos tanto para el beneficio de nuestros cuerpos como de nuestras almas. Sin embargo, dado que nuestro cuerpo (nuestro "burro" o bestia de carga) naturalmente busca la comodidad, es muy propenso a considerar como una carga el estudio de la Torá de D-os y el cumplimiento de Sus mandamientos. Se puede rebelar ("agacharse") y posicionarse como "enemigo" del alma. Por lo tanto, dado que para muchos de nosotros la voz del cuerpo es más fuerte que la del alma, en un primer momento podemos tender a considerar la Torá como una carga opresiva.

Esto significa nada más que aún no hemos integrado la Torá a nuestras vidas. El Rabí Israel Baal Shem Tov, fundador del jasidismo, enseñó que no debemos despreciar el cuerpo por su actitud natural. Más bien debemos trabajar con él y fortalecer su salud mientras lo "educamos" para que reconozca que los dictados de la Torá obran en su mejor interés. Una vez que comprendamos que la Torá de D-os y sus mandamientos son nuestra verdadera fuente de vida, nuestro cuerpo pasará a verlos como un regalo y se unirá con entusiasmo a nuestra alma en pos de su cumplimiento.[4]

---

4. *Hitvaaduiot 5710*, págs. 111–112.

QUINTA LECTURA

Éxodo 23:6–19

D-os continuó con las leyes que rigen el año sabático, el ciclo anual de las festividades y la mezcla de leche con carne.

El pecado de la crueldad

לֹא תְבַשֵּׁל גְּדִי בַּחֲלֵב אִמּוֹ (שמות כג:יט)

No debes comer un cabrito cocinado en la leche de su madre.

Cocinar una cría animal en la leche de su madre es un acto de extrema crueldad. Es por ello que la Torá nos prohíbe no solo cocinar una cría en la leche de su madre, sino también cocinar ningún animal en la leche de ningún otro animal, ingerir dicha mezcla, o siquiera derivar de ella ningún otro beneficio.

A partir de esto vemos hasta qué extremos llega la Torá en lo relativo a prohibir la crueldad hacia los animales. Las precauciones que toma la Torá para distanciarnos de causar sufrimiento a un *animal* demuestra cuánto cuidado debemos tener en evitar causar sufrimiento al prójimo.[5]

---

5. *Likutei Sijot*, vol. 6, pág. 151.

SEXTA LECTURA

Éxodo 23:20–25

D-os continuó con las leyes referentes a la conquista de la Tierra de
Israel y la erradicación de la idolatría.

Vida sobrenatural

וַעֲבַדְתֶּם אֶת ה' אֱלֹקֵיכֶם וגו' (שמות כג:כה)

[En vez de servir ídolos] debes servir a D-os, tu D-os.

Cuando creó el mundo, D-os estableció las leyes de la naturaleza;
algunas veces Él actúa dentro de ellas y otras veces las anula. Los dos
nombres de D-os que se emplean en este versículo se refieren a esas
dos formas en las que se relaciona D-os con las leyes de la naturaleza.
El primer nombre (ה') se refiere a Él cuando *ignora* las limitaciones
de la naturaleza; el segundo (אלקים), a cuando obra *dentro* de las
leyes de la naturaleza.

Así es como, en este versículo, D-os nos está diciendo que nos
depuremos espiritualmente ("servir") al punto de que lo sobrenatural se vuelva para nosotros natural y pase a ser nuestra "segunda
naturaleza". Cuando nos elevamos a este nivel de conciencia, vemos
todo en la vida desde la perspectiva de D-os, y percibimos todo lo
que sucede como parte de Su omnipresente Providencia.[6]

6. *Torá Or* 78d–79a.

SÉPTIMA LECTURA

Éxodo 23:26–24:18

Luego de concluir el relato acerca de cómo D-os enseñó a Moshé las leyes de la Torá en el monte Sinaí, la narrativa regresa al relato sobre la Entrega de la Torá. Este se centra ahora en el pacto forjado por D-os entre Él mismo y el pueblo judío con la Entrega de la Torá. El día anterior a ese acontecimiento, Moshé informó al pueblo que recibir la Torá implicaría tanto estudiarla como cumplir los mandamientos de D-os.

Compromiso incondicional

וַיֹּאמְרוּ כֹּל אֲשֶׁר דִּבֶּר ה' נַעֲשֶׂה וְנִשְׁמָע (שמות כד:ז)

**[El pueblo] respondió: "Haremos y aprenderemos
todo lo que D-os ha hablado".**

Al decir "haremos" antes de "aprenderemos", el pueblo judío declaró que estaba preparado para cumplir con la voluntad de D-os de manera incondicional, y que aceptaba sus mandamientos incluso antes de saber de qué se trataban. Aún hoy D-os continúa "dándonos la Torá" a condición de cumplir con ese compromiso; en otras palabras, Él se revela a sí mismo y nos revela Su voluntad en la medida en que estudiemos la Torá y cumplamos Sus mandamientos.

El pensamiento convencional puede considerar irracional comprometerse a un contrato sin haber establecido sus términos de antemano. De hecho, es posible conectarse a D-os tal como Él se revela a Sí mismo dentro de la Creación sin comprometerse previamente a hacer nada de lo que Él quiera. Sin embargo, la única forma de conectarnos con D-os *mismo* – esto es, tal como Él es, más allá de la Creación y la racionalidad – es elevándonos también por encima de los límites de la racionalidad. Y, al igual que cuando la Torá fuera entregada por primera vez, aún hoy la forma de conectarse con D-os mismo es comprometiéndose con Su Torá de manera incondicional.[7]

7. *Likutei Sijot*, vol. 23, pág. 92 y ss.; *Sijot Kódesh 5739*, vol. 3, págs. 295–297; *Igrot Kódesh*, vol. 7, pág. 28; *Hitvaaduiot 5748*, vol. 3, págs. 234–235; *Sijot Kódesh 5741*, vol. 4, págs. 31–32.

Terumá

El Tabernáculo

Éxodo 25:1–27:19

COMO RELATARA LA TORÁ ANTERIORMENTE, CONVENCIDOS DE que Moshé no descendería del monte Sinaí, los judíos cometieron el pecado de forjar un becerro de oro. En el pueblo hubo quienes adoraron este becerro como un ídolo; a resultas de esto, D-os retiró su presencia del pueblo entero. Para restablecerla, D-os ordenó luego construir una "casa" portátil, la cual consistía en una tienda con función de santuario (el "Tabernáculo"), un patio a su alrededor y diversos objetos ubicados en lugares específicos al interior del santuario y su recinto. La séptima sección del libro Éxodo comienza con la orden de D-os al pueblo judío de contribuir (*terumá,* en hebreo) para la construcción del Tabernáculo.

PRIMERA LECTURA

Éxodo 25:1–16

D-os comenzó Sus instrucciones relativas al Tabernáculo detallando los materiales necesarios para su construcción y definiendo también su propósito.

Cómo D-os mora con nosotros

וְעָשׂוּ לִי מִקְדָּשׁ וְשָׁכַנְתִּי בְּתוֹכָם (שמות כה:ח)

Debéis hacer para mí un santuario, y moraré entre ellos.

No "en él" sino "entre *ellos*": D-os nos ordenó elevar un santuario para que Él pueda morar entre nosotros. Los santuarios incluidos en este mandamiento son de tres tipos: el tabernáculo físico que construyeron los judíos en el desierto; el santuario interior y personal que cada uno de nosotros debe construir en nuestra vida y espacios de influencia mundanos; y, por último, el mundo en general, el cual debemos transformar en una morada para D-os.

Esta tarea es posible en los tres casos porque apenas estamos revelando la naturaleza oculta y verdadera de la realidad. El mundo en general y todo lo que hay en él existen por la sola obra de la energía divina que late en su interior; por esta razón, para hacer del mundo un lugar en donde la divinidad pueda revelarse basta con quitar las obstrucciones que ocultan esa realidad. Del mismo modo, la esencia de cada uno de nosotros es nuestra alma divina, por lo que hacer de nuestras vidas un tabernáculo para D-os no es otra cosa más que permitir que nuestra esencia interior brille a través del bagaje de excesos materiales que se han acumulado a lo largo de nuestro viaje por la vida.[1]

---

1. *Haiom Iom*, 21 de Tamuz.

SEGUNDA LECTURA

Éxodo 25:17–30

El primer elemento del Tabernáculo que D-os ordenó construir a los judíos fue el Arca del Pacto, una caja de madera recubierta de oro que albergaba las dos Tablas del Pacto, sobre las que D-os había grabado los Diez Mandamientos. Esta arca estaba sellada por una cubierta de oro tallada con la imagen de dos ángeles alados con rostro de niños, conocidos como querubines.

El niño interior

וְעָשִׂיתָ שְׁנַיִם כְּרֻבִים זָהָב וגו' (שמות כה:יח)

Debes hacer dos querubines de oro.

Los rostros aniñados de los querubines denotan que nuestra conexión intrínseca con D-os es como la conexión esencial entre padre e hijo. A pesar de las fluctuaciones que puedan surgir, la conexión entre padre e hijo nunca puede romperse. El hecho de que los querubines estuviesen ubicados por encima de las Tablas de la Torá y enfrentados entre sí significa que a través del estudio de la Torá podemos alcanzar la raíz de nuestra alma divina y dejar que nuestra conciencia se fusione por completo con D-os. Los rostros aniñados de los querubines también aluden al hecho de que la Torá tal como la conocemos es una versión diluida y simplificada de la Torá celestial, la sabiduría infinita de D-os. D-os contrajo su infinita sabiduría de forma tal que podamos entenderla y digerirla, así como un maestro experto contrae su comprensión de un tema para transmitirlo a sus alumnos.

El hecho de que las alas de los querubines se encontraran extendidas en forma protectora sobre el Arca alude al hecho de que la educación de Torá de los niños pequeños asegura la preservación y continuidad en la transmisión de la misma.[2]

---

2. *Torá Or* 79d; *Reshimot* 108; *Sijot Kódesh* 5741, vol. 2, págs. 395–397; *Likutei Sijot*, vol. 26, págs. 180–182.

TERCERA LECTURA

Éxodo 25:31–26:14

A continuación, D-os ordenó al pueblo construir una mesa de oro especialmente diseñada para recibir los doce panes que se dispondrían sobre ella cada Shabat. Luego D-os ordenó al pueblo forjar un vistoso candelabro de oro con siete brazos.

Cómo iluminar el mundo

וְעָשִׂיתָ מְנֹרַת וגו' (שמות כה:לא)

Debes hacer un candelabro.

Se nos enseña que Moshé no comprendió todas las instrucciones acerca de cómo forjar el Candelabro, por lo que D-os le mostró la imagen de un candelabro de fuego. Pero como aún así este era demasiado complicado para el entendimiento de Moshé, D-os le dijo que simplemente echara oro sobre una hoguera: el candelabro cobraría forma milagrosamente.

Más allá de la construcción física del Candelabro, lo que Moshé encontraba difícil de entender era cómo un objeto físico puede difundir la luz de la conciencia divina al mundo exterior. Al mostrar a Moshé el candelabro de fuego, D-os confirmó sus dudas, ya que le hizo saber de este modo que efectivamente es imposible para nosotros emplear objetos físicos para difundir conciencia divina en el mundo. Es por ello que D-os dijo a Moshé que arrojara oro al fuego, y que el Candelabro tomaría forma por sí mismo.

Del mismo modo, D-os requiere de nosotros que transformemos todas nuestras búsquedas y posesiones materiales en fuentes de luz divina, pero Él sabe también que no podemos hacerlo por nosotros mismos. Lo único que nos pide es que todo lo arrojemos al fuego de nuestros corazones; es decir, que dejemos que nuestro amor por Él permee todo lo que hacemos. En forma milagrosa, Él hará el resto.[3]

3. *Likutei Sijot*, vol. 1, pág. 174.

CUARTA LECTURA

Éxodo 26:15–30

A continuación, D-os instruyó a los judíos sobre cómo tenían que construir el Tabernáculo mismo. El techo del Tabernáculo tenía que formarse con tres capas: un tapiz tejido, una cubierta de pelo de cabra, y una cubierta hecha de pieles de carneros y otro animal, ahora extinto. Las paredes debían construirse con tablones verticales de madera de acacia.

Santa insensatez

וְעָשִׂיתָ אֶת הַקְּרָשִׁים לַמִּשְׁכָּן עֲצֵי שִׁטִּים עֹמְדִים (שמות כו:טו)

**Debes hacer los tablones para el Tabernáculo de
madera de acacia, [puestos] verticalmente.**

La palabra hebrea para "acacia" (*shitim*) también significa "curvarse". El árbol de acacia es llamado "el árbol que se encorva" porque a medida que crece, en vez de crecer recto se inclina. La palabra hebrea para "insensatez" (*shetut*) es otra aplicación de la palabra, dado que la insensatez es el acto de "doblarse" del camino que dicta la lógica.

La insensatez puede ser tanto sagrada como no sagrada. La insensatez no sagrada es el pensamiento ilógico que nos lleva a ir en contra de la voluntad de D-os. La "insensatez" santa es nuestra disposición a ir más allá de los requerimientos estrictos de la Torá en el cumplimiento de nuestra misión divina o en nuestro autoperfeccionamiento.

En sentido alegórico, pues, colocar los tablones "curvos" de acacia *verticalmente* significa usar nuestro poder de ser "insensatos" para propósitos sagrados. Podemos convertir así este rasgo negativo del carácter en una fuerza positiva en nuestras vidas, lo que nos permitirá alcanzar niveles de dedicación a D-os y unión con Él que de otro modo no habríamos sido capaces de alcanzar.[4]

4. *Séfer HaMaamarim* 5710, pág. 114.

QUINTA LECTURA

Éxodo 26:31–37

El interior del Tabernáculo se dividía por medio de una cortina en una cámara exterior (descrita como "santa") y una cámara interior (o "Sanctasanctórum").

Trascender el intelecto

וְהִבְדִּילָה הַפָּרֹכֶת לָכֶם בֵּין הַקֹּדֶשׁ וּבֵין קֹדֶשׁ הַקֳּדָשִׁים (שמות כו:לג)

**La cortina separará para vosotros entre
el Santo y el Sanctasanctórum.**

La cámara exterior del Tabernáculo contenía tres elementos: el Candelabro, la Mesa de doce panes (ambos descritos en esta sección de la Torá), y el Altar del incienso (descrito en la siguiente sección). El Sanctasanctórum, en cambio, tenía un solo elemento: el Arca del Pacto.

Las dos cámaras del Tabernáculo representan dos etapas en el logro de la conciencia divina. En la cámara exterior comenzamos a orientar nuestra conciencia hacia la divinidad concentrando nuestro intelecto en D-os. Son tres los elementos allí presentes porque representan los tres componentes del intelecto: la capacidad de percibir (*jojmá*, en hebreo), la capacidad de comprender (*biná*) el significado de dicha percepción, y la capacidad de hacer que lo que comprendemos sea relevante para nuestra vida (*daat*).

Una vez que logramos la conciencia intelectual de D-os podemos proceder al siguiente nivel, el de la conciencia suprarracional de Él. Esta es la conciencia de la cámara interior y el Arca que contiene. En este nivel, todo nuestro ser – no solamente nuestro intelecto – se absorbe en la conciencia divina.[5]

---

5. *Reshimot* 108.

SEXTA LECTURA

Éxodo 27:1–8

A continuación, D-os brindó las instrucciones para construir el altar para los sacrificios. Este altar se situaba en el patio exterior al Tabernáculo mismo.

Consagrar el animal interior

וְעָשִׂיתָ אֶת הַמִּזְבֵּחַ וגו' (שמות כז:א)

Debes hacer el Altar [externo].

El Altar exterior se empleaba para ofrendar tres tipos de animales: bovinos, ovinos y caprinos. Los sacrificios animales que ofrendamos en nuestros santuarios personales e interiores son diversas facetas del lado "animal" de nuestra personalidad. Nuestro "ganado" interior son nuestros impulsos a ser rebeldes y oponernos a las directivas del lado divino de nuestra personalidad. Nuestra "oveja" interior son nuestros impulsos a ser conformistas y seguir la corriente en busca de comodidades por debilidad en afirmar nuestra naturaleza divina. Nuestras "cabras" interiores son nuestros impulsos a ser testarudos y rechazar de plano cambiar nuestras nociones preconcebidas.

"Sacrificamos" nuestro animal interior cuando renunciamos a nuestra orientación animal hacia la vida. "Esparcimos su sangre" y "colocamos su grasa" en el Altar cuando reorientamos nuestro entusiasmo (sangre caliente) y placer (grasa) hacia la divinidad. "Incineramos" en el Altar nuestro animal interior cuando permitimos que el lado divino de nuestra personalidad consuma nuestros instintos animales.

El hecho de que el altar de sacrificios se hallara situado en el patio exterior al Tabernáculo nos enseña que el refinamiento del lado animal de nuestra personalidad es un prerrequisito para entrar en el ámbito de la santidad y la conciencia divinas, representado por el mismo Tabernáculo.[6]

6. *Reshimot* 108.

SÉPTIMA LECTURA

Éxodo 27:9–19

A continuación, D-os proveyó las instrucciones para demarcar el patio. La demarcación se hacía por medio de cortinas reticuladas que colgaban de pilares de madera bañados en cobre. Las cortinas se fijaban a la tierra con estacas de cobre.

Infundir divinidad

וְכָל יִתְדֹת הֶחָצֵר נְחֹשֶׁת (שמות כז:יט)

Todas las estacas del patio deben ser hechas de cobre.

Las estacas se clavaban en la tierra, lo que indicaba que la santidad del Tabernáculo de hecho penetraba en el suelo. Al igual que cuando construimos el Tabernáculo en el desierto, cuando "construimos" nuestros tabernáculos interiores y personales infundimos divinidad hasta en aquellos lugares que, como el suelo, parecen inanimados, inertes.[7]

7. *Likutei Sijot*, vol. 6, págs. 166–168.

Tetzavé

Los sacerdotes

Éxodo 27:20–30:10

LA OCTAVA SECCIÓN DEL LIBRO ÉXODO COMIENZA CUANDO D-OS
pide a Moshé que ordene (*tetzavé*, en hebreo) al pueblo judío proveer
el aceite de oliva que habría de servir para encender las lámparas del
Candelabro del Tabernáculo. Luego describe las prendas especiales
que los sacerdotes (Aharón – hermano de Moshé – y sus descendientes presentes y futuros) debían vestir cada vez que oficiaran en
el Tabernáculo. Los hijos de Aharón eran los primeros sacerdotes
"regulares" y habrían de oficiar vestidos con un atuendo compuesto
por cuatro prendas; Aharón, el primer "sumo sacerdote", vestiría un
atuendo de ocho prendas y se le confiarían tareas y privilegios de un
nivel superior a los de los sacerdotes regulares. Luego de describir
las prendas de los sacerdotes, D-os ordena a Moshé cumplir con un
ritual de una semana para instalar a su hermano y sus sobrinos en
el oficio sacerdotal. Esto es seguido de la descripción del Altar del
incienso, ubicado en la cámara externa del santuario y próximo al
Candelabro y la Mesa de los doce panes.

PRIMERA LECTURA

Éxodo 27:20–28:12

D-os enseña a Moshé el procedimiento para encender las lámparas del Candelabro. Acto seguido, comienza a describir cómo confeccionar las prendas especiales de los sacerdotes.

El sacerdote interior

וְאַתָּה הַקְרֵב אֵלֶיךָ אֶת אַהֲרֹן אָחִיךָ וְאֶת בָּנָיו

אִתּוֹ . . . לְכַהֲנוֹ לִי וְגוֹ' (שמות כח:א)

[Dijo D-os a Moshé:] **"Debes acercar a tu hermano Aharón a ti, junto con sus hijos, para oficiar a mí [como sacerdotes]".**

Podría pensarse que todos deberíamos querer ser sacerdotes, consagrarnos a D-os e impregnarnos por completo de conciencia divina. Este es realmente un ideal valioso, pero si se pusiera en práctica socavaría el propósito de la Creación. D-os no nos creó para ser ángeles sino seres humanos, y vivir en una realidad mundana. Solo de esa forma podemos elevar el mundo, perfeccionarlo, y llenarlo de conciencia divina.

Por otro lado, para elevar el mundo necesitamos tener presente la imagen de una forma de vida totalmente divina que nos esforcemos por llevar a cabo. Para ello, una minoría selecta del pueblo debe vivir ese ideal en la práctica: los sacerdotes. Del mismo modo, todos debemos consagrar una parte de nuestra personalidad al único propósito de servir a D-os. Al crear ("instalar") ese "sacerdote interno", podemos relacionarnos con el mundo en general adecuadamente, guiándolo y llevándolo hacia su realización divina. Es esta la forma en que correspondemos a la promesa que nos hiciera D-os al entregarnos la Torá: "Seréis para Mí un reino de sacerdotes y una nación santa."[1]

---

1. Éxodo, 19:6. Basado en *Séfer HaSijot* 5752, págs. 410 y ss.

SEGUNDA LECTURA

Éxodo 28:13–30

Las primeras dos prendas descriptas por D-os son el *efod* y el pectoral. El *efod* era una suerte de delantal anudado alrededor de la cintura con dos bandas que salían desde la cintura hacia la espalda y cruzaban los hombros. Cada banda tenía adherida en su extremo superior una piedra preciosa; ambas piedras tenían grabados los nombres de las doce tribus. El pectoral era una pieza cuadrada de tela con doce piedras preciosas diferentes fijadas a ella. En esas doce gemas también estaban inscriptos los nombres de las doce tribus. El pectoral se adosaba al *efod* en su parte superior e inferior por medio de cordones de lana.

Lo sublime y lo mundano

וְלֹא יִזַּח הַחֹשֶׁן מֵעַל הָאֵפוֹד (שמות כח:כח)

[Dijo D-os a Moshé:] "El pectoral no debe separarse del efod".

El *efod* colgaba desde la espalda del sumo sacerdote hasta sus talones, mientras que el pectoral se apoyaba adelante, frente a su corazón. La "espalda" representa lo externo y mundano, los aspectos de la vida que pueden ser necesarios pero que no son nuestro principal foco de atención. En cambio, el "frente" representa lo interno y sublime – el objeto en el que centramos nuestro verdadero interés – , así como nuestro rostro, que expresa los pensamientos y sentimientos que guardamos en nuestro interior, se halla al frente de nuestro cuerpo.

El hecho de que el pectoral no debía separarse del *efod* significa, entonces, que al sumo sacerdote no le estaba permitido tener brecha alguna entre lo sublime y lo mundano, o sea, entre los aspectos esenciales y los aspectos externos de su vida. Lo que vale para nuestro idealista e inspirado corazón debe también expresarse en nuestros "talones", es decir, en los aspectos mundanos y rutinarios de nuestra cotidianeidad.[2]

---

2. *Séfer HaSijot* 5748, vol. 1, pág. 314.

TERCERA LECTURA

Éxodo 28:31–43

La túnica del sumo sacerdote llegaba hasta los tobillos y se llevaba por debajo del *efod* y el pectoral. Todo el borde inferior de esta túnica tenía por adorno una orla hecha de pequeñas campanas de oro y granadas de lana.

La necesidad de la unidad judía

וְהָיָה עַל אַהֲרֹן לְשָׁרֵת וְגוֹ' (שמות כח:לה)

[Dijo D-os a Moshé:] "[La túnica] debe ser vestida por Aharón para servir [como sumo sacerdote]".

La unidad del pueblo judío se reflejaba en las tres prendas principales del sumo sacerdote: los nombres de las tribus grabados en el pectoral (apoyado a su vez en el corazón del sumo sacerdote), representaban a los justos entre nosotros, aquellos que han superado totalmente la influencia del instinto negativo. Los nombres de las tribus grabados en las piedras del *efod* (que cubría principalmente la espalda del sumo sacerdote) representaban a los que se encontraban en plena lucha con su instinto negativo. Las campanillas y granadas de la túnica representaban a aquellos judíos que aún se encontraban bajo la influencia de su instinto negativo y aun así, tal como la granada llena de semillas, estaban llenos de méritos. Todos esos judíos debían tener representación cada vez que el sumo sacerdote ingresara al santuario, porque este debía invocar el mérito común al pueblo en su totalidad.

Del mismo modo, cuando vemos que hay personas que necesitan un estímulo espiritual, debemos primero volverlas conscientes de su valor inherente: poseer un alma que es una verdadera parte de D-os. Al recibirlas de nuevo a la observancia judía, las ayudamos a reconectarse con su verdadero ser. Tras esto, podemos ayudar a esas personas a abandonar toda negatividad que pueda haber quedado en sus vidas e incrementar en ellas el cumplimiento de actos de luz y bondad.[3]

3. *Likutei Sijot*, vol. 21, págs. 184–189.

CUARTA LECTURA

Éxodo 29:1–18

El sumo sacerdote también vestía una placa de oro a modo de vincha; un sayo, que se calzaba debajo de la túnica; un cinto, enlazado en torno a esta; y un turbante. Los sacerdotes regulares vestían túnicas, cintos y gorros. Tanto el sumo sacerdote como los sacerdotes regulares vestían pantalones hasta las rodillas por debajo del resto de su uniforme. Como parte de los rituales que instalarían a los sacerdotes en su oficio, Moshé debía ungir a Aharón y sus hijos, como también a algunos sacrificios, con aceite de oliva mezclado con especias de acuerdo con una fórmula específica.

Intelecto sagrado vs. intelecto secular

וְלָקַחְתָּ אֶת שֶׁמֶן הַמִּשְׁחָה וְיָצַקְתָּ עַל רֹאשׁוֹ וְגוֹ' (שמות כט:ז)

*[Dijo D-os a Moshé:] "Debes tomar el aceite de unción
y derramarlo sobre su cabeza [de Aharón]".*

El aceite era esparcido siguiendo la forma de la letra griega *lambda* (Λ), que es la forma inclinada de la letra hebrea *kaf* (כ), inicial esta de la palabra *cohen*, 'sacerdote'.

Los griegos creían que el intelecto humano era el árbitro supremo de la verdad. El judaísmo, en cambio, afirma que la fuente de la verdad es el intelecto suprahumano de D-os. Estas dos cosmovisiones a veces se enfrentan entre sí, porque las exigencias de la Torá suelen trascender el intelecto humano. De hecho, los seguidores de la filosofía griega lucharon contra los judíos y la Torá en la guerra que resultó en el milagro de Jánuca. ¿No sería entonces inapropiado introducir un símbolo griego en los ritos de inauguración del Tabernáculo, el centro espiritual del judaísmo?

Esto es así porque el intelecto de D-os, expresado en la Torá, tiene por finalidad santificar el intelecto humano. Es por ello que fue justamente la forma griega de la letra *kaf* la empleada en los ritos de inauguración del Tabernáculo.[4]

---

4. *Likutei Sijot*, vol. 26, págs. 246–247.

QUINTA LECTURA

Éxodo 29:19-37

Además de instalar a los sacerdotes, D-os encomendó a Moshé inaugurar el Altar ungiéndolo y ofreciendo sacrificios específicos sobre él. Una expresión de la santidad del Altar es que todo aquello que se colocara sobre él debía permanecer allí para ser incinerado, incluso si había quedado descalificado para su uso como sacrificio.

El poder de la santidad

כָּל הַנֹּגֵעַ בַּמִּזְבֵּחַ יִקְדָּשׁ (שמות כט:לז)

[Dijo D-os a Moshé:] "Todo lo que toque el Altar quedará consagrado".

En sentido espiritual, este principio se aplica a cada uno de nosotros en nuestra relación con la santidad. Nos volvemos sagrados aun cuando lo único que hagamos sea apenas "tocar" la santidad y la relación no llegue a más de un mero contacto externo. Una vez que vivimos una experiencia espiritual, cambiamos para siempre. Podemos intentar olvidarla, ignorarla o huir de ella; pero aun así, nuestro contacto con el ámbito divino nunca más nos permitirá sumergirnos totalmente en la vida mundana, bien sea sucumbiendo a diversiones vacías de sentido, o intentando mejorar el mundo a través de medios puramente seculares.

Es verdad que la regla según la cual todo aquello que toca el Altar queda consagrado se aplica únicamente a aquellos objetos que son dignos de ser llevados a él. Sin embargo, en sentido espiritual cada uno de nosotros se halla comprendido dentro de esa categoría, porque cada judío posee santidad intrínseca; el verdadero deseo de todo judío es hacer lo que D-os ordena.[5]

SEXTA LECTURA
Éxodo 29:38–46

D-os concluye su descripción de los ritos de inauguración denominando el Tabernáculo "la Tienda del Encuentro". Este término implica que el Tabernáculo sería el lugar en donde D-os se "encontraría" con Moshé para comunicarse con él, y el lugar en donde D-os se "encontraría" con el pueblo judío cada vez que se reuniera allí para rezar o escuchar lo que D-os hubiera dicho a Moshé.

Recompensas

וְיָדְעוּ כִּי אֲנִי ה' אֱלֹקֵיהֶם אֲשֶׁר הוֹצֵאתִי אֹתָם מֵאֶרֶץ
מִצְרַיִם לְשָׁכְנִי בְתוֹכָם וְגוֹ': (שמות כט:מו)

*[Dijo D-os a Moshé: "El pueblo judío] sabrá que Yo soy D-os,
su D-os, que los saqué de Egipto para morar entre ellos".*

Hay personas que se quejan diciendo: "El camino de la Torá nos pone en desventaja. Tenemos que observar el Shabat y las festividades, pero tenemos que competir en los negocios con personas que no lo hacen. En la mañana, antes de ir a trabajar en la mañana tenemos que rezar y estudiar Torá. En el medio de la jornada de trabajo, tenemos que hacer una pausa y volver a rezar. A la noche, cuando finalmente volvemos a casa, aún tenemos una plegaria más que recitar. En el trabajo tenemos que cuidar de apartarnos de la deshonestidad y las prácticas comerciales ilegales. Hay muchas situaciones en las que ni siquiera tenemos permitido competir con el negocio de otro. ¿Cómo podemos sobrevivir bajo estas circunstancias?"

D-os responde: "Fui yo quien los sacó de Egipto. Hasta entonces, ni un solo esclavo había logrado escapar de allí. Aún así, saqué a varios millones de ustedes y les otorgué grandes riquezas. Ya lo ven, las restricciones de la naturaleza no me atan. Si cumplen con Mis directivas, los recompensaré en forma sobrenatural y aseguraré que tengan abundancia en todo lo que necesiten."[6]

---

6. *Likutei Sijot*, vol. 2, pág. 325.

SÉPTIMA LECTURA
Éxodo 30:1–10

Habiendo concluido Sus instrucciones para instalar a los sacerdotes a través de los uniformes especiales y los ritos de iniciación, D-os enseñó a Moshé cómo construir el Altar del incienso. Este altar se hallaba ubicado en la cámara exterior del Tabernáculo.

La vida interior

וְעָשִׂיתָ מִזְבֵּחַ מִקְטַר קְטֹרֶת וגו' (שמות ל:א)

Debes hacer un altar para quemar incienso.

Una de las razones por las que la descripción del Altar interior se encuentra al final de las especificaciones referentes al Tabernáculo y todo lo que había en él es indicar que este poseía un carácter único, superior y diferente de todos los demás elementos del Tabernáculo.

La diferencia entre el Altar interior y todos los demás rituales que se practicaban en el Tabernáculo es que estos últimos tenían espectadores. En cambio, cuando se quemaba incienso en el Altar interior, los únicos presentes eran el sacerdote que lo quemaba y D-os mismo. Más aún: se nos enseña que era específicamente este servicio privado el que causaba que la presencia divina se sintiera con mayor fuerza en el Tabernáculo.

La lección del incienso es muy relevante en nuestro ruidoso mundo moderno. En una vida sagrada, especialmente en lo que hace a la bondad y la caridad, las mayores obras son las que se realizan cuando nadie está presente y mostramos generosidad sin hacer publicidad, solo por hacer lo correcto.[7]

7. *Likutei Sijot*, vol. 1, págs. 171–172.

Tisá

El becerro de oro

Éxodo 30:11–34:35

LA NOVENA SECCIÓN DEL LIBRO ÉXODO COMIENZA CON LAS instrucciones finales de D-os relativas al Tabernáculo. D-os ordena a Moshé que levante (*tisá*, en hebreo) un censo de los hombres judíos adultos y recaude de cada uno de ellos una moneda de plata de medio shékel. La suma recaudada se emplearía para adquirir los sacrificios que se habrían de ofrendar en nombre de todo el pueblo. D-os luego procede a enseñar a Moshé cómo construir la pileta usada por los sacerdotes para lavar sus manos y pies antes de oficiar en el Tabernáculo, cómo preparar y utilizar el aceite de unción y el incienso, y a quién designar para supervisar la construcción del Tabernáculo y elaborar sus elementos y herramientas. Todo esto es seguido del relato acerca de lo acaecido con el becerro de oro y sus repercusiones.

PRIMERA LECTURA

Éxodo 30:11–31:17

D-os ordenó a Moshé llevar a cabo dos censos del pueblo judío: uno, al descender del monte Sinaí; el segundo, cuando la construcción del Tabernáculo. En ambos casos se contabilizaban los varones judíos a partir de los veinte años de edad al contribuir cada uno de ellos con una moneda de medio shékel. La plata donada en el primer censo se empleó para confeccionar las bases de los tablones que conformarían las paredes del Tabernáculo. La plata obtenida del segundo censo se empleó para adquirir los sacrificios "comunitarios", es decir, los ofrendados en nombre del pueblo judío como un todo (los sacrificios privados eran costeados de manera individual por la persona que los ofrendaba).

Nadie es más que medio

זֶה יִתְּנוּ . . . מַחֲצִית הַשֶּׁקֶל בְּשֶׁקֶל הַקֹּדֶשׁ עֶשְׂרִים גֵּרָה הַשֶּׁקֶל וְגוֹ' ‏(שמות ל:יג)

[Dijo D-os a Moshé:] "Esto es lo que todos deben dar: un medio shékel; [específicamente, medio] shékel del usado para [propósitos] santos, cada cual pesa 20 gueirá".

El medio shékel era la expresión de la unidad judía: ricos y pobres entregaban una misma cantidad por igual. Todos entregaban solamente medio shékel para aprender que la única manera de lograr la unidad es al reconocer que somos apenas "mitades". Para ser un shékel completo debemos unirnos con nuestro prójimo.

En nuestra relación con D-os también somos apenas una "mitad". Los diez poderes del alma – el intelecto y las emociones – tienen por origen y reflejan los diez poderes que D-os empleara para crear el mundo y continúa empleando para recrearlo constantemente. Al canalizar los diez poderes de nuestra alma – cada matiz de nuestro ser – hacia la unión con D-os y el cumplimiento de nuestra misión divina, alineamos cada uno de ellos con Sus atributos. Así, nuestros diez poderes se convierten en veinte, un shékel sagrado.[1]

1. *Séfer HaSijot* 5752, vol. 2, págs. 440–441.

SEGUNDA LECTURA

Éxodo 31:18–33:11

Moshé había dicho a los judíos que permanecería cuarenta días completos en el monte Sinaí, pero ellos contaron erróneamente el primer medio día como uno de aquellos cuarenta. Al no aparecer Moshé el día que habían calculado, algunos judíos se convencieron de que había muerto y debían hallar un sustituto. Como sabían que más adelante D-os se comunicaría con ellos a través de imágenes de oro (los querubines del Tabernáculo), imaginaron que si Aharón forjaba una imagen, D-os consentiría en comunicarse con ellos por su intermedio. Aharón era contrario a la idea, pero calculó que trabajando lentamente apaciguaría al pueblo mientras aguardaba la llegada de Moshé. Cuando finalmente surgió del fuego el becerro de oro, algunos judíos lo adoraron como un ídolo.

Las alturas del arrepentimiento

וַיַּעֲלוּ עֹלֹת וַיַּגִּשׁוּ שְׁלָמִים וגו' (שמות לב:ו)

Ellos sacrificaron [para el becerro].

¿Cómo pudo el pueblo que fuera testigo de los milagros de D-os y experimentara su revelación en el monte Sinaí cometer una transgresión tan grosera tan poco tiempo después? Es cierto que fue un muy pequeño porcentaje del pueblo el que adoró el becerro, pero incluso esto parece inconcebible.

Los sabios del Talmud nos enseñan que en realidad los judíos de ese entonces eran incapaces de pecar. Para permitir que el pueblo se elevara a la altura de los logros espirituales que solo se alcanzan a través del arrepentimiento, D-os "forzó" todo el incidente.

A la luz de esto, podemos ver nuestras transgresiones pasadas como oportunidades a través de las cuales podemos escalar alturas espirituales que de otra manera serían inalcanzables.[2]

---

2. *Likutei Sijot*, vol. 16, págs. 412–413.

TERCERA LECTURA

Éxodo 33:12–16

Moshé se encontraba aún en el monte Sinaí cuando D-os le dijo que una parte del pueblo estaba adorando un becerro de oro, y que planificaba hacer responsable a toda la comunidad por no censurar las transgresiones de esa minoría. Moshé imploró a D-os el perdón del pueblo. D-os aceptó castigar exclusivamente a la minoría culpable, pero insistió en que dejaría de acompañar al pueblo con Su presencia. Cuando Moshé vio al pueblo judío adorar el becerro de oro, comprendió que este aún no estaba preparado para recibir la Torá. Arrojó entonces al suelo las tablas sobre las que D-os había grabado los Diez Mandamientos, y estas se rompieron. Luego Moshé volvió a ascender al monte Sinaí por otros cuarenta días, en los que aseguró el perdón de D-os para el pueblo. Tras descender de su segunda estancia en el monte Sinaí, Moshé pidió a D-os que su presencia volviera a morar entre el pueblo, y D-os aceptó.

Seguir el ejemplo de Moshé

וַיֹּאמַר פָּנַי יֵלֵכוּ וְגוֹ' (שמות לג:יד)

Dijo D-os [a Moshé:] "Mi presencia irá [nuevamente] contigo".

Moshé pidió a D-os que omitiera su nombre de la Torá si Él se rehusaba a perdonar a los judíos. Moshé estaba dispuesto a sacrificar su conexión con la Torá por el bien de su pueblo, de todo su pueblo, que incluía a aquellos que habían adorado el becerro de oro.

Todos podemos emular el autosacrificio de Moshé por el pueblo judío. No basta con cumplir el mandamiento "amarás a tu prójimo como a ti mismo": debemos estar dispuestos a sacrificar hasta lo que nos es más preciado en aras del pueblo judío en general y de cada judío en particular, por más lejos que parezcan hallarse en ese momento de D-os y Su Torá.[3]

3. *Likutei Sijot*, vol. 21, págs. 175–177.

CUARTA LECTURA

Éxodo 33:17–23

Moshé además pidió a D-os que le muestre cómo es que Él todo lo hace por bondad. D-os respondió que para la mente humana esto solo puede captarse "desde atrás", es decir, en forma posterior al hecho.

El rostro de D-os

וְרָאִיתָ אֶת אֲחֹרָי וּפָנַי לֹא יֵרָאוּ (שמות לג:כג)

*[Dijo D-os a Moshé:] "Puedes ver mi 'espalda',
pero mi 'rostro' no puede ser visto".*

Solo es necesario negar algo cuando es posible que sea de otra manera, no cuando es imposible que lo sea. Por lo tanto, cuando D-os dice "Mi rostro no puede ser visto", quiere decir que los caminos de la Providencia divina *pueden* ser percibidos, pero no de manera directa.

Para explicarlo mejor, existen dos formas de captar un concepto: entendiendo lo que es y entendiendo lo que no es. Si un concepto se halla dentro de nuestra esfera de experiencia, podemos entender lo que es. Si un concepto se halla fuera de nuestra esfera de experiencia, no podemos entender lo que es, pero podemos entender lo que *no* es. Lo que hacemos es descartar mentalmente una posibilidad tras otra hasta que, por proceso de eliminación, obtenemos una vislumbre de dicho concepto.

Así es como la afirmación de D-os "Mi rostro no puede ser visto" significa que no podemos entender la Providencia divina en forma directa, pero sí podemos entenderla negando aquello que sabemos que no es.[4]

QUINTA LECTURA
Éxodo 34:1–9

Luego D-os convocó a Moshé al monte Sinaí para que por tercera vez permaneciera durante otros cuarenta días. En ese período, D-os le reveló sus trece atributos de misericordia. La invocación de esos trece atributos siempre garantiza el perdón de D-os.

Elevar el poder dentro del pecado

נֹשֵׂא עָוֹן וָפֶשַׁע וְחַטָּאָה וגו' (שמות לד:ז)

[Los atributos de misericordia divina décimo, undécimo y duodécimo son que D-os puede] perdonar faltas premeditadas, faltas por rebeldía y faltas involuntarias.

La palabra hebrea para 'perdonar' empleada en este versículo significa literalmente 'cargar' o 'levantar'. Basado en esto, el Rabí Israel Baal Shem Tov – fundador del jasidismo – enseñó que junto con la falta D-os eleva una "chispa" de santidad. Nada (ni siquiera un pecado) puede existir a menos que contenga un destello de santidad. Cuando una persona se arrepiente, D-os eleva el destello divino presente en la falta y la devuelve a su fuente divina.

El Rabí Shneur Zalman de Liadí – fundador de la rama Jabad del jasidismo – explicó esta idea de la siguiente manera: en realidad es imposible elevar una *acción* pecaminosa; una acción de este tipo es una mala acción, y el único tratamiento apropiado al efecto es renunciar a ella. En cambio, el poder del deseo investido en la acción no es malo en sí, porque es posible utilizar ese poder para desear tanto el bien como el mal. Cuando nos arrepentimos apropiadamente, despojamos nuestro poder de desear de su cariz maligno y lo devolvemos a su fuente sagrada.[5]

Éxodo 34:10–26

D-os renovó entonces el pacto que había forjado con el pueblo judío en el monte Sinaí, pacto anulado por el pecado del becerro de oro. Parte de ese pacto fue la promesa de D-os de dar a los judíos la Tierra de Israel, ocupada en ese entonces por las siete naciones cananeas.

Purificar pensamiento, palabra y acción

הִנְנִי גֹרֵשׁ מִפָּנֶיךָ אֶת הָאֱמֹרִי וְהַכְּנַעֲנִי וְהַחִתִּי
וְהַפְּרִזִּי וְהַחִוִּי וְהַיְבוּסִי (שמות לד:יא)

[D-os ordenó a Moshé decir al pueblo judío:] *"Voy a expulsar ante ti a los amorreos, los cananeos, los heteos, los perezeos, los heveos y los jebuseos".*

Se mencionan aquí solo seis de las siete naciones cananeas; faltan los guirgashitas. Esto obedece a que las primeras seis naciones cananeas personificaban las seis emociones no rectificadas del alma animal, mientras que los guirgashitas personificaban el instinto del alma animal de expresar esas emociones no rectificadas a través del pensamiento, el habla y la acción. Una vez que rectificamos las seis emociones de nuestra alma animal, no tenemos que preocuparnos por combatir ningún impulso de expresarlas.

No obstante, hasta no completar este proceso, debemos controlar nuestras facultades del pensamiento, habla y acción para asegurar que sirvan exclusivamente a propósitos santos, y no a ninguno vinculado con las seis emociones no rectificadas de nuestra alma animal. Así, el siguiente versículo nos exhorta: "evita hacer pacto alguno con quienes habitan la tierra a la que vas a ingresar, para que ello no sea una trampa en tu contra".[6]

---

6. *Likutei Sijot*, vol. 21, págs. 229 y ss.

SÉPTIMA LECTURA

Éxodo 34:27–35

Luego de su tercera estancia de cuarenta días en el monte Sinaí, Moshé descendió el 10 de Tishrei del año 2449 cargando consigo un segundo juego de tablas. Este juego reemplazaba el primero, roto por Moshé cuando viera a los judíos adorar el becerro de oro. La larga permanencia de Moshé en presencia de D-os dejó una huella permanente en su cuerpo: su rostro irradiaba luz.

Un rostro resplandeciente

וּמֹשֶׁה לֹא יָדַע כִּי קָרַן עוֹר פָּנָיו וגו' ‏(שמות לד:כט)

***Moshé no era consciente de que la piel de su
rostro se había vuelto radiante.***

D-os mismo cinceló el primer juego de tablas a partir de las rocas en el monte Sinaí, mientras que el segundo juego de tablas fue cincelado por Moshé. Sin embargo, fue específicamente después de recibir el segundo juego de tablas – no el primero – que el rostro de Moshé se iluminó.

Esto es así porque aquello que D-os nos da sin que hayamos trabajado para ganarlo no penetra en nuestro ser. Entonces, no fue por accidente que las primeras tablas se rompieron y que las segundas nunca lo hicieron. Aquello por lo que trabajamos puede quedar con nosotros para siempre; aquello que recibimos sin merecerlo se puede perder más fácilmente.

Debido a que Moshé cinceló el segundo juego de tablas con sus propias manos, la santidad pudo penetrar su cuerpo físico y, como consecuencia de ello, su rostro brilló. Del mismo modo, los esfuerzos que realizamos al estudiar Torá y cumplir los mandamientos de D-os depura nuestro propio cuerpo físico. Si nos esforzamos hasta el punto de que la Torá penetre en nosotros, también nuestros rostros se iluminarán.[7]

7. *Likutei Sijot*, vol. 36, pág. 179.

Vaiakhel

La construcción del Tabernáculo (1ra parte)

Éxodo 35:1–38:20

LA DÉCIMA SECCIÓN DEL LIBRO ÉXODO COMIENZA CON EL momento en que Moshé baja por tercera y última vez del monte Sinaí y congrega (*vaiakhel*) de inmediato al pueblo judío. Moshé les informa que D-os los ha perdonado por el pecado del becerro de oro y les ha encomendado la construcción de un Tabernáculo en señal de perdón.

PRIMERA LECTURA

Éxodo 35:1–20

Moshé introduce sus instrucciones acerca del Tabernáculo recordando antes al pueblo judío que debe guardar Shabat. Ellos no deben permitir que el entusiasmo por la construcción del Tabernáculo los lleve a transgredir la prohibición de trabajar el séptimo día.

El significado del descanso en Shabat

שֵׁשֶׁת יָמִים תֵּעָשֶׂה מְלָאכָה וּבַיּוֹם הַשְּׁבִיעִי יִהְיֶה

לָכֶם קֹדֶשׁ שַׁבַּת שַׁבָּתוֹן וְגוֹ' (שמות לה:ב)

[Dijo Moshé al pueblo judío:] *"Trabajad seis días; y el séptimo día será sagrado para vosotros, un reposo absoluto".*

Cada semana es una repetición a nivel espiritual de la semana de la Creación: D-os vuelve a crear al mundo durante los seis días de trabajo y "descansa" cada Shabat. D-os "descansa" al volver a experimentar la idea original que diera lugar a la creación del mundo. Durante los seis días originales de la Creación, D-os se ocupó en detalle de la ejecución de su idea; una vez que el Gran Arquitecto hubo completado su obra maestra, la examinó y la aprobó como el cumplimiento de su plan.

De este modo, durante los seis días laborables el mundo se recrea por obra de la energía "creativa" de D-os, mientras que en Shabat el mundo se recrea por obra de Su energía "en reposo".

Por lo tanto, en Shabat nuestra tarea no es trabajar para rectificar la Creación sino experimentarla como la morada divina a la que hemos contribuido con nuestro trabajo a lo largo de semana. Entramos en ese estado de conciencia absteniéndonos de realizar ninguno de los treinta y nueve tipos de trabajo creativo que sí ejecutamos en la vida cotidiana.[1]

---

1. *Or HaTorá*, Shemot, pág. 2113.

SEGUNDA LECTURA

Éxodo 35:20–29

Una vez que Moshé informó al pueblo qué se necesitaba para construir el Tabernáculo, la gente comenzó a realizar sus aportes.

Cómo educar con éxito

חָח וָנֶזֶם וְטַבַּעַת וְכוּמָז וגו' (שמות לה:כב)

[La gente trajo sus] brazaletes, anillos para la nariz, anillos y cinturones de castidad [de oro].

El comentarista bíblico medieval Rabí Abraham Ibn Ezra traduce la lista de objetos en forma ligeramente diferente como "aros, anillos para la nariz, anillos y brazaletes."

Los cuatro tipos de objetos que donaron las mujeres aluden a los cuatro aspectos de una crianza y educación judía apropiadas:

Aros. Escuchar cuidadosamente la conversación de los niños con sus compañeros, porque ellos aprenden a hablar a partir del ejemplo que dan sus mayores; si hay algo malo en lo que dicen, esto significa que hay algo malo en lo que dicen sus modelos a seguir.

Anillos para la nariz. Desarrollar un sentido agudo del "*olfato*" para determinar cuáles son las amistades con otros niños que son benéficas.

Anillos. Indicar a los niños el camino apropiado, guiándolos con suavidad hacia la adhesión a las enseñanzas de la Torá, y mostrarles cómo no seguir caminos perjudiciales.

Brazaletes. Tener firmeza en el *brazo*, porque aun cuando los niños se comporten bien, es necesario ser firme con ellos para fomentar el entusiasmo por sus estudios.[2]

---

2. *Likutei Diburim*, vol. 3, págs. 573–574 (edición en inglés: vol. v, págs. 235–236).

TERCERA LECTURA

Éxodo

Tal como ordenara D-os, Moshé designó a los artesanos Betzalel y Aholiab para la supervisión de las tareas.

La contribución única de cada uno

לַעֲשֹׂת בַּזָּהָב וּבַכֶּסֶף וּבַנְּחֹשֶׁת (שמות לה:לב)

[Dijo Moshé: "D-os os ha dotado con la capacidad de] trabajar en oro, plata y cobre".

La plata, el oro y el cobre representan a tres tipos de judíos. La plata representa a aquellos de nosotros que no se perturban por la oscuridad espiritual del mundo sino que, por el contrario, canalizan hacia él conciencia divina. El oro representa a aquellos de nosotros que, anteriormente atrapados por el mundo material, se han sobrepuesto al control de su materialismo. El cobre representa a aquellos de nosotros que aún luchan por sobreponerse al materialismo del mundo.

La Torá requiere para la construcción del Tabernáculo el empleo de tres metales. Esto es una lección tanto para quienes se perciben a sí mismos como oro y plata como para quienes se perciben como cobre. Aquel de nosotros que es "plata" no debe rehuir involucrarse en el mundo físico y preferir en cambio ocuparse solamente de asuntos espirituales. De manera análoga, aquel de nosotros que es "oro", es decir, que se sobrepuso al materialismo y por tanto puede sentirse inmune a sus peligros, aún así no está exento de elevar el mundo físico. Por último, aquel de nosotros que es "cobre" puede pensar que primero tiene que depurarse a sí mismo antes de estar en condiciones de elevar el mundo, pero la Torá le dice otra cosa: también él debe hacer su parte en la construcción del hogar para D-os en el mundo.[3]

CUARTA LECTURA
Éxodo 36:8–19

Los primeros artículos que fabricaron los artesanos fueron los tapices que conformaban los doseles que protegerían el Tabernáculo.

Las dinámicas de una relación

שֵׁשׁ מָשְׁזָר וּתְכֵלֶת וְאַרְגָּמָן וְתוֹלַעַת שָׁנִי וגו' (שמות לו:ח)

[Los artesanos hicieron los tapices de] lino, lana turquesa, lana púrpura y lana escarlata.

Estos cuatro elementos aluden a las cuatro bases de nuestra relación emocional con D-os.

La *lana escarlata*, roja, alude al fuego. El fuego que se halla dentro del alma es el amor ardiente a D-os que resulta de contemplar su infinitud. Cuando nos damos cuenta de hasta qué punto D-os se encuentra más allá de la Creación y constituye la realidad verdadera, nos conmueve un deseo apasionado de escapar a las limitaciones del mundo para conocerlo y fusionarnos con Él.

La *lana turquesa*, del color del cielo, alude a nuestra experiencia de la majestuosidad de D-os. En esta experiencia también contemplamos la infinitud de D-os, pero desde la perspectiva de nuestra propia insignificancia comparados a Él. Esto nos llena de sentimientos reverenciales hacia D-os.

La *lana púrpura*, mezcla de azul y rojo (amor y temor), alude a la compasión, que está compuesta de amor y enojo: amor por el ideal, y enojo por cómo este no ha sido cumplido. Específicamente, sentimos compasión por nuestra alma divina cuando consideramos su situación de tener que vivir a tanta distancia espiritual de su hogar natural, es decir, de la presencia de D-os.

El *lino*, blanco, alude a nuestro innato y básico amor a D-os, sentimiento que se encuentra por encima y más allá de la racionalidad. Este amor es lo que nos hace capaces de sacrificios personales en honor a D-os, dado que expresa nuestra invencible conexión con Él.[4]

---

4. *Séfer HaMaamarim* 5708, pág. 138 y ss.

QUINTA LECTURA
Éxodo 36:20–37:16

Luego de confeccionar los doseles y alzar las paredes del Tabernáculo, los artesanos procedieron a elaborar los objetos rituales, el primero de los cuales era el Arca del Pacto.

Romper para construir

אַמָּתַיִם וָחֵצִי אָרְכּוֹ וְאַמָּה וָחֵצִי רָחְבּוֹ וְאַמָּה וָחֵצִי קֹמָתוֹ וְגוֹ' ‏(שמות לז:א)

*[Los artesanos hicieron el Arca tal como les fue
ordenado:] dos codos y medio de largo, un codo y
medio de ancho, y un codo y medio de alto.*

A diferencia de las medidas que indicó D-os para los demás elementos del Tabernáculo, las medidas establecidas para la construcción del Arca eran todas fracciones. Dado que el Arca albergaba la Torá, esto alude a la idea de que esta debe "quebrarnos": debe ser aprendida de forma tal que quiebre los hábitos y rasgos de carácter de índole negativa que se hallen arraigados en nosotros.[5]

5. *Séfer HaMaamarim Kuntresim*, vol. 1, pág. 318.

SEXTA LECTURA

Éxodo 37:17–29

A continuación, los artesanos construyeron la Mesa de los doce panes. Después Moshé arrojó oro en la hoguera para forjar el Candelabro, al que D-os dio forma.

Siete formas de iluminar el mundo

וַיַּעַשׂ אֶת הַמְּנֹרָה זָהָב טָהוֹר וגו' (שמות לז:יז)

[D-os] hizo el Candelabro de oro puro.

El Candelabro, la fuente de luz presente en el Tabernáculo, simbolizaba la comprensión y el esclarecimiento. El repentino y oscilante resplandor de las ideas en la mente se asemeja a un rayo de luz atravesando el oscuro cielo.

Cada alma divina es una fuente de iluminación divina. Es en este sentido que el alma es denominada en sentido metafórico "la lámpara de D-os". Las siete lámparas del Tabernáculo simbolizan los siete tipos básicos de almas judías. Cada tipo tiene su camino particular en la revelación de divinidad, basado en las siete emociones básicas: (1) el amor a D-os, (2) el temor a D-os, (3) la conexión con D-os a través del estudio de Torá, (4) la voluntad de sobreponerse a los obstáculos a la divinidad en el mundo, (5) la valoración de la bondad de D-os, (6) el orgullo de ser un emisario de D-os en el mundo y (7) la humildad.[6]

6. *Likutei Torá* 3:29b.

SÉPTIMA LECTURA

Éxodo 38:1–20

A continuación, los artesanos erigieron el Altar interior y el Altar exterior, seguidos de la pileta y los pilares del patio.

Combinar firmeza y humildad

נְבוּב לֻחֹת עָשָׂה אֹתוֹ (שמות לח:ז)

[Como les ordenaron, los artesanos construyeron el Altar exterior de cobre] como una estructura hueca.

El Altar exterior es el lugar en donde se efectúa el proceso de depuración de nuestras naturalezas animales. El material y la forma de este aluden a las dos actitudes opuestas que necesitamos cultivar para lograr esta depuración.

Por un lado, debemos ser decididos en nuestra dedicación al avance espiritual. El pueblo judío es llamado un pueblo "testarudo", lo que puede ser una cualidad positiva cuando se expresa en términos de determinación y obstinación por el logro de objetivos espirituales. Alude a esta cualidad el hecho de que el Altar estuviera realizado en cobre, dado que la palabra hebrea para "cobre" (*nejóshet*) tiene relación con la palabra hebrea para "obstinación desenfadada" (*nejush*).

Por otra parte, el altar era hueco, y el hueco se rellenaba con tierra. De forma análoga, a pesar de que por fuera debemos ser obstinados, por dentro debemos ser humildes como la tierra. Como decimos en nuestra plegarias, "que mi alma sea cual polvo para todos".[7]

---

7. *Reshimot* 108.

Pekudei

La construcción del Tabernáculo (cont.)

Éxodo 38:21–40:38

LA ONCEAVA Y ÚLTIMA SECCIÓN DEL LIBRO ÉXODO COMIENZA detallando quiénes eran las personas a quienes Moshé había designado (*pekudei,* en hebreo) para ocuparse del funcionamiento y transporte del Tabernáculo. Una vez concluido el relato acerca de la realización por parte de los artesanos de las diversas piezas que componen el Tabernáculo, la Torá procede a describir la confección de las vestimentas sacerdotales por parte de esos mismos artesanos, y luego concluye con la inauguración del Tabernáculo.

PRIMERA LECTURA

Éxodo 38:21–39:1

En el comentario sobre la designación por parte de Moshé de las personas que supervisarían el funcionamiento y transporte del Tabernáculo, la Torá se refiere a este por primera vez bajo el término de "testimonio".

Segunda inocencia

אֵלֶּה פְקוּדֵי הַמִּשְׁכָּן מִשְׁכַּן הָעֵדֻת וְגוֹ' (שמות לח:כא)

Estos son los nombramientos para [supervisar] el Tabernáculo. El Tabernáculo era un testimonio.

La Torá se refiere al Tabernáculo como un "testimonio" porque este atestiguaba que D-os había perdonado a los judíos el pecado del becerro de oro.

Además, la palabra hebrea para "testimonio" (*eidut*) se relaciona con la palabra que emplea la Torá para "joyas" (*edi*), esto es, las coronas espirituales que recibiera el pueblo en ocasión de la Entrega de la Torá y que posteriormente tuviera que quitarse tras el episodio del becerro de oro. Es por ello que también se conoce el Tabernáculo como "el Tabernáculo de las joyas". Esto indica que el Tabernáculo también era un medio por el cual D-os permitía al pueblo judío recobrar las alturas espirituales y la conciencia divina que habían alcanzado cuando Él les entregara por primera vez la Torá, antes del pecado del becerro de oro.

De manera análoga, cuando construimos nuestro propio Tabernáculo espiritual, interno y personal, podemos nosotros también sobreponernos a toda deficiencia espiritual que hayamos adquirido en el transcurso de nuestras vidas, y lograr así parte de la conciencia divina original que D-os nos concediera cuando nos entregó la Torá por primera vez.[1]

---

1. *Or HaTorá*, Shemot, pág. 2233.

SEGUNDA LECTURA

Éxodo 39:2–21

A continuación, la Torá describe cómo los artesanos confeccionaron las vestimentas sacerdotales, incluyendo el *efod* del sumo sacerdote. Los tiradores de esta prenda tenían adosadas en cada uno de sus extremos superiores dos piedras de ónix.

El denominador común

וַיַּעֲשׂוּ אֶת אַבְנֵי הַשֹּׁהַם . . . מְפֻתָּחֹת פִּתּוּחֵי

חוֹתָם עַל שְׁמוֹת בְּנֵי יִשְׂרָאֵל (שמות לט:ו)

[Los artesanos] hicieron las piedras de ónix … grabadas
con los nombres de los hijos de Israel [Iaacov].

Varios de los hijos de Iaacov se destacaron por sus roles de liderazgo: Iehudá fue el padre de la dinastía real de David; Leví, el padre de los sacerdotes; y Iosef, el elegido para liderar a la familia tras la muerte de Iaacov. Sin embargo, en las dos piedras del *efod* los nombres de los hijos de Iaacov habían sido grabados por orden de nacimiento, en vez de por orden de importancia o prestigio. Esto subraya el factor común y unificador de ser todos hijos de Iaacov.

Iaacov fue el único patriarca cuyos hijos se mantuvieron fieles a la misión divina y a la cosmovisión introducidas por Abraham. Todos los hijos de Iaacov aprendieron cómo canalizar sus particularidades y fortalezas individuales en beneficio de la perpetuación del judaísmo. Esta unidad hacía que la inscripción de sus nombres constituyera una fuente de mérito para nosotros cuando el sumo sacerdote entraba al Tabernáculo para representarnos ante D-os. Así como los padres se muestran felices por complacer los deseos de sus hijos cuando todos ellos cooperan cariñosamente entre sí, D-os se encuentra más dispuesto a colmarnos de su beneficencia cuando continuamos la senda de los hijos de Iaacov y nos unimos en nuestra devoción a los ideales del judaísmo.[2]

2. *Likutei Sijot*, vol. 36, págs. 146–152.

TERCERA LECTURA

Éxodo 39:22–32

Una de las vestimentas del sumo sacerdote era una placa de oro que adosaba a su frente.

Obstinación positiva

וַיַּעֲשׂוּ אֶת צִיץ . . . וַיִּכְתְּבוּ עָלָיו מִכְתַּב פִּתּוּחֵי חוֹתָם קֹדֶשׁ לַה' (שמות לט:ל)

[Los artesanos] hicieron la placa para la frente, e inscribieron sobre ella "Sagrado para D-os".

El sumo sacerdote debía vestir la placa para la frente porque esta representa la determinación obstinada. Todos arrugamos naturalmente la frente siempre que nos decidimos a concretar algo a pesar de los obstáculos.

La obstinación puede ser positiva o negativa. La insolencia o arrogancia de mostrar desprecio por la ley de D-os es definitivamente negativa. No es coincidencia que la piedra con la que David mató a Goliat lo hubiera golpeado en la frente: Goliat desafiaba a D-os en forma abierta e insolente. Así, se nos enseña que la placa en la frente del sumo sacerdote expiaba el pecado de la arrogancia.

Un ejemplo de obstinación positiva es la determinación que nos permite, a lo largo del día, mantenernos fieles al despertar espiritual que sentimos durante las plegarias de la mañana. A medida que transcurre el día de trabajo, puede resultar difícil mantener la elevada conciencia divina que alcanzamos en la plegaria. Pero sin duda podemos mantener la actitud hacia la vida que se encuentra implícita en esta conciencia elevada, a saber, que nuestra misión divina es nuestra preocupación principal y que el propósito de nuestra vinculación con el mundo material es obrar en él para elevarlo en su uso con propósitos divinos. Es por esta razón que la placa para la frente tenía grabada la finalidad de hacerlo todo "Sagrado para D-os".[3]

3. *Or HaTorá*, Shemot, vol. 5, págs. 1713–1715.

CUARTA LECTURA

Éxodo 39:33–43

Una vez fabricados todos los objetos del Tabernáculo, la gente los llevó a Moshé. Moshé inspeccionó los trabajos y encontró que todo había sido fabricado exactamente de acuerdo con las instrucciones que recibiera de D-os. Acto seguido, Moshé bendijo al pueblo judío y rezó a D-os para que Su presencia habitara las obras de Sus manos, como Él había prometido.

La necesidad de un Moshé

וַיָּבִיאוּ אֶת הַמִּשְׁכָּן אֶל מֹשֶׁה וגו' (שמות לט:לג)

[El pueblo judío] llevó el Tabernáculo a Moshé.

El pueblo sabía que era Moshé quien debía erigir el Tabernáculo, aun cuando habían sido ellos quienes realizaron todas las tareas de construcción y preparación de las piezas para el mismo.

Lo mismo se aplica al Tabernáculo espiritual que debemos construir en nuestro interior. Debemos hacer cuanto nos sea posible por conformar y disponer todas sus partes, pero después debemos pedir ayuda a nuestro "Moshé", el mentor que nos enseña Torá y nos muestra cómo vivir de acuerdo con ella, mentor que tiene por tarea conectarnos con D-os. Recién entonces podemos estar seguros de que todas las piezas de nuestro Tabernáculo interno se unirán a la perfección para desempeñar su función en forma acabada.[4]

4. *Likutei Sijot*, vol. 11, pág. 172.

QUINTA LECTURA

Éxodo 40:1–16

A continuación, D-os brindó a Moshé instrucciones específicas sobre cómo erigir el Tabernáculo. Se incluían en ellas instrucciones acerca del lugar donde colocar la pileta de cuyas aguas los sacerdotes lavarían sus manos y pies en preparación al oficio religioso.

La elevación de la sensualidad

וְנָתַתָּ אֶת הַכִּיֹּר בֵּין אֹהֶל מוֹעֵד וּבֵין הַמִּזְבֵּחַ וגו' (שמות מ:ז)

[Dijo D-os a Moshé:] *"Debes colocar la Pileta
entre la Tienda del Encuentro y el Altar".*

La Pileta fue confeccionada con los espejos que habían donado las mujeres judías para la construcción del Tabernáculo. Las mujeres habían usado anteriormente esos objetos de vanidad para asegurar que el pueblo judío continuara existiendo: al volver el hombre a casa, golpeado y exhausto tras haberse esforzado todo el día trabajando como esclavo en Egipto, la esposa acercaba el espejo a su esposo y hacía que los dos se vieran juntos en él, lo que despertaba en ellos la pasión marital.

En sentido espiritual, la Pileta significa la necesidad de despojarnos siquiera del menor matiz de materialismo antes de ingresar a nuestro Tabernáculo interno. Por lo tanto, parece ilógico que haya sido hecha con espejos que se habían usado para despertar la sensualidad. De hecho, fue por la misma razón que Moshé originalmente quiso rechazar esta donación.

El instinto sensual sin duda es la forma más poderosa del deseo. No obstante, el hecho de haber construido la Pileta con los espejos de las mujeres judías nos enseña que la intimidad física puede no solamente ser un acto sagrado en sí, sino que también – cuando se usa para alcanzar alturas espirituales mayores – puede ayudarnos en nuestros esfuerzos por purificarnos de nuestra orientación mundana, materialista y física.[5]

5. *Reshimot* 108.

SEXTA LECTURA

Éxodo 40:17–27

El día 1.º de Nisán de 2449 Moshé erigió el Tabernáculo según las instrucciones de D-os. Como se mencionó previamente, una de las piezas del Tabernáculo era el Altar interior, sobre el que se quemaba la ofrenda diaria de incienso.

Inclusión

וַיַּקְטֵר עָלָיו קְטֹרֶת סַמִּים כַּאֲשֶׁר צִוָּה ה' אֶת מֹשֶׁה (שמות מ:כז)

[Moshé] quemó una ofrenda de incienso sobre [el Altar interior], tal como D-os le había ordenado.

El incienso tenía un componente llamado gálbano, de olor desagradable. El olor desagradable de esta hierba alude a quienes hacen el mal dentro de nuestro pueblo. El hecho de que el gálbano fuera un componente esencial del incienso nos enseña que todos los judíos son parte esencial de la nación judía, incluso si su comportamiento es a veces inapropiado.

Esto nos enseña que nunca debemos excluir a ningún judío de la comunidad, aun si algunos aspectos de su comportamiento parecieran justificarlo. De hecho, nuestros sabios enseñan que cualquier plegaria pública o ayuno en donde intencionalmente se excluya a pecadores ¡no será efectiva! Esto es porque, en virtud de sus almas divinas, cada judío posee un valor inestimable y en realidad se encuentra colmado de buenas acciones. La especial personalidad de cada uno desempeña un papel crucial en el destino del pueblo judío y el mundo en general.[6]

SÉPTIMA LECTURA

Éxodo 40:28–38

Una vez erigido el Tabernáculo, con todas sus piezas en el lugar correspondiente, Moshé pasó a realizar los rituales de inauguración del mismo y la instalación de los sacerdotes. Como señal que todo había sido realizado de manera apropiada y el Tabernáculo estaba efectivamente preparado para servir como lugar en donde podía experimentarse la presencia divina, sobre él se materializó una nube, que permaneció allí suspendida.

La dimensión mística

וְלֹא יָכֹל מֹשֶׁה לָבוֹא אֶל אֹהֶל מוֹעֵד כִּי שָׁכַן עָלָיו

הֶעָנָן וּכְבוֹד ה' מָלֵא אֶת הַמִּשְׁכָּן (שמות מ:לה)

Moshé no pudo entrar a la Tienda del Encuentro porque la nube se había posado sobre ella, y la Gloria de D-os llenó el Tabernáculo.

Las nubes ocultan lo que está dentro y detrás de ellas; por ello, son una metáfora de la incomprensible infinitud de D-os. Es debido a esto que, una vez que la presencia de D-os se posó sobre el Tabernáculo, ni siquiera Moshé pudo entrar.

Sin embargo, en el comienzo del siguiente libro de la Torá, Levítico, D-os llama a Moshé desde adentro del Tabernáculo, permitiéndole así entrar a pesar de la nube divina que se posaba sobre él y la Gloria de D-os que lo llenaba.

Los sabios nos enseñan que, en ausencia del Tabernáculo (y su sucesor, el Templo Sagrado de Jerusalem), D-os se revela a nosotros a través de la Torá. Todos poseemos un Moshé interior, es decir, la capacidad de dedicarnos a Él y Su voluntad en forma desinteresada. D-os nos llama a través de este Moshé interior, y nos permite así entrar en los misterios de la Torá y comunicarnos con Su presencia. Cada vez que cumplimos los mandamientos y rezamos nos vamos depurando, lo que nos hace percibir de modo más y más claro la presencia de D-os en el estudio de Su Torá.[7]

7. *Likutei Torá*, 2:1a–2b.

LEVÍTICO

Vaikrá

Los sacrificios

Levítico 1:1–5:26

LEVÍTICO, EL TERCER LIBRO DE LA TORÁ, CONTIENE MUY POCA "acción"; se dedica principalmente a las reglas que gobiernan la relación de D-os con el pueblo judío y con cada individuo en particular. Las dos primeras secciones y la mitad de la tercera describen los procedimientos relativos a la ofrenda de sacrificios. La primera sección de Levítico comienza en el momento en que D-os llama (*vaikrá*, en hebreo) a Moshé y lo invita a ingresar al Tabernáculo para poder enseñarle dichos procedimientos.

PRIMERA LECTURA

Levítico 1:1–13

Una vez erigido el Tabernáculo, el día 1.º de Nisan de 2449, D-os hizo ingresar a Moshé a su interior y comenzó a instruirlo en los procedimientos concernientes a los sacrificios. Estos se clasifican en cuatro categorías generales: ofrendas de ascensión, ofrendas de paz, ofrendas de pecado y ofrendas de culpa. Primeramente D-os enseñó a Moshé los procedimientos relacionados con las ofrendas de ascensión.

cercarse

אָדָם כִּי יַקְרִיב מִכֶּם קָרְבָּן וְגוֹ' (ויקרא א:ב)

[Dijo D-os a Moshé:] "Cuando alguien traiga un sacrificio…".

La idea de los sacrificios parece estar en contra de la concepción judía de D-os: Él no tiene necesidad de "consumir" nuestros sacrificios ni de que lo "sobornemos" con ellos. Sin embargo, en esta sección de la Torá vemos que D-os no solamente acepta sacrificios sino que establece explícitamente los procedimientos a seguir, lo que da la pauta concreta de que efectivamente los quiere.

De hecho, la palabra hebrea traducida como 'sacrificio' u 'ofrenda', *korbán*, significa 'acercarse'. A pesar de que generalmente asociamos los sacrificios a la expiación de los pecados, los primeros sacrificios que se mencionan en esta sección son ofrendas voluntarias, que la persona trae a D-os no para expiar un pecado sino por deseo de acercarse a Él. Otros de los sacrificios sin duda son ofrendas de pecado. Esto significa que D-os llama a todos nosotros a acercarnos a Él en todo momento, no solamente a los que están libres de culpa.

Hoy en día, en ausencia del Tabernáculo (y su sucesor permanente, el Templo Sagrado en Jerusalén), son tres las formas en que nos acercamos a D-os: a través del estudio de la Torá, especialmente de sus enseñanzas sobre los sacrificios; a través de la plegaria, cuya liturgia refleja las características de los sacrificios; y a través de actos de caridad y bondad.[1]

---

1. Basado en *Likutei Sijot*, vol. 7, págs. 24–26; *ibid.* vol. 32, págs. 1–5.

Levítico 1:14–2:6

Los cinco tipos de animales que podían ser ofrendados en sacrificio eran los vacunos, los caprinos, los ovinos, las tórtolas y los pichones de paloma. Los peces no se ofrendaban en sacrificio.

Caminar, volar y nadar espiritualmente

וְאִם מִן הָעוֹף עֹלָה קָרְבָּנוֹ וְגוֹ' ‏(ויקרא א:יד)

[Dijo D-os a Moshé:] "Si alguien sacrifica para D-os una ofrenda de ascensión de aves".

Los mamíferos aluden a aquellos de nosotros cuya naturaleza animal es relativamente pronunciada. Las aves, debido a que pueden volar, aluden a aquellos de nosotros que están menos "atados a la tierra", es decir, que viven una vida más intelectual y pueden, por lo tanto, "volar" por encima de la existencia puramente animal. Sin embargo, así como las aves periódicamente necesitan reposar del vuelo, el intelecto humano se halla limitado por la naturaleza. Así, se ofrendan en sacrificio tanto mamíferos como aves, dado que tanto nuestra naturaleza animal como nuestro intelecto necesitan ser depurados y elevados espiritualmente.

En cambio, los peces, que deben permanecer constantemente en el agua, aluden a aquellos de nosotros que se han depurado tanto que permanecen siempre conectados a D-os y "nadan" constantemente en la conciencia divina. Como el lado divino de nuestra personalidad no necesita la elevación que sí requiere nuestra faceta animal, no se ofrecen peces en sacrificio.[2]

2. *Igrot Kódesh*, vol. 1, págs. 46–47, 130–131.

MARTES

TERCERA LECTURA

Levítico 2:7–16

Todos los sacrificios se salaban antes de ser incinerados en el Altar.

Elevar los cuatro reinos

עַל כָּל קָרְבָּנְךָ תַּקְרִיב מֶלַח (ויקרא ב:יג)

[Dijo D-os a Moshé:] "Debes ofrendar sal en todos tus sacrificios".

En los sacrificios se encuentran incorporados los cuatro reinos de la Creación: la sal es el elemento mineral; el aceite, el vino y la harina que también los acompañan son el elemento vegetal; el animal mismo es el elemento animal; y la persona que ofrenda el sacrificio más el sacerdote oficiante son el elemento humano. A través de estos representantes, el sacrificio eleva a la santidad los cuatro reinos de la Creación.

De manera análoga, los alimentos animales y vegetales que ingerimos son nuestro "sacrificio" personal, dado que los transformamos en la energía que nos permite cumplir los mandamientos de D-os, elevándolos así a la santidad. En este contexto, nuestras mesas son nuestros "altares" personales. Siguiendo la tradición, remojamos el pan en sal antes de comerlo, y de esta forma elevamos en nuestra mesa los cuatro reinos de la Creación así como estos eran elevados por medio de los sacrificios.[3]

3. *Séfer HaMaamarim 5745*, págs. 3, 129

CUARTA LECTURA

Levítico 3:1–17

Mientras enseña a Moshé los procedimientos relativos a los sacrificios, D-os se refiere a ellos en varias ocasiones como "pan para el fuego [del Altar]".

"Alimentar" a D-os

וְהִקְטִירוֹ הַכֹּהֵן הַמִּזְבֵּחָה לֶחֶם אִשֶּׁה לַה' (ויקרא ג:יא)

[Dijo D-os a Moshé:] "El sacerdote debe incinerar [el sacrificio] en el Altar, como alimento de fuego para D-os".

A lo largo de la Torá, D-os se refiere en varias ocasiones a los sacrificios de manera figurada como Su "pan". Así como el consumo de pan – y alimento en general – mantiene nuestras almas conectadas con nuestros cuerpos, así también el "pan" de D-os – el servicio de los sacrificios – mantiene a D-os, alma y fuerza vital del mundo, conectado con este. Es así como el ritual de los sacrificios provee energía divina al mundo.

Lo mismo ocurre con nuestro "servicio de los sacrificios": nuestro estudio de Torá, nuestras plegarias, nuestros actos caritativos, y nuestra continua depuración y elevación del mundo físico en general conectan el mundo con D-os, son Su "pan".[4]

---

4. *Séfer HaMaamarim 5643*, pág. 104.

QUINTA LECTURA

Levítico 4:1–26

Tras enseñarle los procedimientos para las ofrendas de ascensión y de paz, D-os pasó a explicar a Moshé los procedimientos para las ofrendas de pecado. Estos sacrificios expiaban principalmente faltas cometidas sin intención.

Faltas involuntarias

נֶפֶשׁ כִּי תֶחֱטָא בִשְׁגָגָה וגו' (ויקרא ד:ב)

[Dijo D-os a Moshé:] "Si una persona transgrediese involuntariamente".

La razón por la que se ofrendaban sacrificios por faltas involuntarias es que nuestros intereses y aspiraciones más profundas, como también nuestras preocupaciones más íntimas, se revelan especialmente por medio de nuestras acciones impulsivas. Es a través de esas acciones como nuestro ser "inconsciente" sale involuntariamente a la superficie. No necesitamos expiar el acto en sí porque fue hecho sin intención. Lo que necesitamos expiar es la conducta y laxitud previas, que moldearon nuestro ser interior de manera tal que nuestros intereses corrieron en contra de la voluntad de D-os al punto de rechazarla de forma espontánea.

A la luz de esto entendemos que nuestras acciones involuntarias requieren una expiación mayor que las intencionales, porque las primeras indican el apego profundo e inconsciente a un tipo de comportamiento que es contrario a la voluntad de D-os. Las malas acciones de tipo intencional no necesariamente indican que sufrimos esa falla oculta.[5]

SEXTA LECTURA

Levítico 4:27–5:10

A diferencia de las ofrendas de pecado, que expían pecados involuntarios, las ofrendas de culpa pueden expiar determinados pecados intencionales. Para las ofrendas de pecado se pueden usar cabras u ovejas, mientras que para las de culpa solo se emplean carneros.

Arrepentimiento masculino y femenino

שְׂעִירַת עִזִּים תְּמִימָה נְקֵבָה וְגוֹ' (ויקרא ד:כח)

[Dijo D-os a Moshé que la ofrenda de pecado de una persona puede ser traída de] una cabra sin defecto [u oveja].

Existen dos explicaciones básicas acerca de cómo actúa la expiación de los sacrificios:

- Debemos imaginar que todo lo que se hace al animal se nos está haciendo a nosotros. El sacrificio nos aparta así de nuestra senda negativa.
- El animal personifica nuestros instintos animales, que son los que llevan al pecado, a diferencia de nuestra alma divina, que no participó en la falta. El sacrificio conmueve nuestra alma divina de tal manera que nos inspira a servir a D-os mejor aún que como lo hiciéramos anteriormente.

La primera explicación es más severa que la segunda y, por ende, más apropiada para faltas graves. Es por ello que para las ofrendas de culpa, que son las que pueden expiar faltas deliberadas, se traen animales machos, lo que sugiere que se requiere meditación "masculina" para sacudir a la persona y liberarla de un comportamiento deliberadamente negativo. La segunda meditación, más suave o "femenina", es más apropiada para pecados involuntarios; por lo tanto, para la ofrenda de pecado que expía dichas faltas se aportan animales hembra.

Cuando nos sentimos alejados de D-os, debemos evaluar la causa de nuestro alejamiento y adoptar la acción correctiva más apropiada.[6]

SÉPTIMA LECTURA

Levítico 5:11–26

Uno de los pecados que se expían con la ofrenda de culpa es el robo. Sin embargo, para que el sacrificio expíe este pecado, el ladrón primero tiene que devolver el artículo robado.

Devolver bienes espirituales robados

וְהֵשִׁיב אֶת הַגְּזֵלָה אֲשֶׁר גָּזָל וגו' (ויקרא ה:כג)

*[Dijo D-os a Moshé que si un ladrón desea expiar
su pecado trayendo una ofrenda de culpa, primero]
debe devolver el artículo que robó.*

En sentido espiritual, los "artículos robados" son todo aquello que, al pecar, hayamos "robado" de D-os y entregado a las fuerzas del mal, ya sea un objeto físico, un momento en el tiempo o un potencial humano.

Nuestra tarea en la vida consiste en reintegrar las entidades robadas del mundo a su legítimo dueño, es decir, reorientar hacia la divinidad todo lo que haya sido entregado a la causa del mal, comenzando por todo aquello que hayamos "robado" de D-os a través de nuestras malas acciones. Es esta la esencia del arrepentimiento: restaurar el mundo a su estado divino natural. A través del arrepentimiento nos es posible, además, alcanzar alturas aún más elevadas que las que hayamos logrado antes de cometer el pecado.[7]

---

7. *Likutei Sijot*, vol. 25, págs. 398, 455–457.

Tzav

Los sacrificios y los ritos inaugurales

Levítico 6:1–8:36

LA SEGUNDA SECCIÓN DEL LIBRO LEVÍTICO ES LA CONTINUA-
ción y conclusión de la sección anterior, y comienza en el momento
en que D-os pide a Moshé ordenar (*tzav,* en hebreo) a Aharón y sus
hijos los procedimientos a seguir para la ofrenda de los sacrificios.
La segunda parte de la sección describe los ritos de la semana de
emplazamiento del Tabernáculo, por medio de los cuales este quedó
inaugurado y fueron instalados los sacerdotes.

PRIMERA LECTURA

Levítico 6:1–11

D-os dijo a Moshé que una vez sacrificado el animal dado en ofrenda, las partes del mismo que hubiera que incinerar debían disponerse sobre el Altar preferentemente durante el día. Sin embargo, si esto no era posible, también podían echarse al fuego del Altar en cualquier momento de la noche siguiente.

La eterna llama interior

וְאֵשׁ הַמִּזְבֵּחַ תּוּקַד בּוֹ (ויקרא ו:ב)

[Dijo D-os a Moshé que el sacrificio es válido aun si se coloca sobre el Altar durante la noche], porque el fuego del Altar debe mantenerse encendido en él [durante la noche].

El fuego del Altar, que permanecía ardiendo durante la noche, era encendido durante el día.

El Altar alude al corazón judío. Incluso cuando nos encontramos en situaciones de oscuridad espiritual, debemos mantener el fuego del entusiasmo por D-os, Su Torá y Sus mandamientos ardiendo siempre en nuestros corazones.[1]

---

1. Ver *Or HaTorá, Vaikra*, vol. 1, pág. 13.

SEGUNDA LECTURA

Levítico 6:12–7:10

El sumo sacerdote debía realizar una ofrenda especial, de harina, cada mañana y cada tarde.

Canalizar el sumo sacerdote interior

וְהַכֹּהֵן הַמָּשִׁיחַ תַּחְתָּיו מִבָּנָיו יַעֲשֶׂה אֹתָהּ וְגוֹ' ‏(ויקרא ו:טו)

El sacerdote de entre los hijos [de Aharón] que sea ungido [como sumo sacerdote] debe realizar [esta ofrenda de harina].

Nuestro "sumo sacerdote" interior es el núcleo de nuestra alma, su lado más profundo, permanentemente ligado a D-os. Este aspecto de nuestra alma es la parte de nosotros que se rehúsa a participar en todo acto que implique una negación de nuestra conexión con D-os.

Un ejemplo clásico de algo que nos desconecta de D-os es la idolatría. Sin embargo, en realidad, toda violación a la voluntad de D-os puede considerarse una forma de idolatría, ya que cuando violamos Su voluntad estamos sirviendo a una causa ajena a Él (sea esta el dinero, la fama, el placer o la desesperación). Si fuéramos conscientes de esto, nada nos tentaría a alejarnos del cumplimiento de la voluntad de D-os y, por ejemplo, elucubrar pensamientos profanos o deprimentes, proferir palabras profanas o insensibles, o actuar en forma profana o destructiva.

En este contexto, la ofrenda de harina que debe realizar nuestro "sumo sacerdote" personal se entiende como la contemplación meditativa a través de la cual fluye el núcleo más profundo de nuestras almas. Tal como la ofrenda del sumo sacerdote, es necesario extraer el poder de este núcleo tanto en la "mañana" figurativa – es decir, cuando nos sentimos iluminados e inspirados – para asegurarnos de que canalizamos nuestra energía de acuerdo con la voluntad de D-os, como en la "noche" figurativa – o sea, cuando nos sentimos confundidos y faltos de inspiración – para asegurarnos de resistir la tentación de ir en contra de lo que sabemos que debemos hacer.[2]

TERCERA LECTURA

Levítico 7:11–38

Aquel que hubiera experimentado alguna muestra abierta de protección o ayuda de D-os debía llevar una ofrenda de agradecimiento.

Estar siempre agradecido

אִם עַל תּוֹדָה יַקְרִיבֶנּוּ וְגוֹ' (ויקרא ז:יב)

Si [una persona] trae [un sacrificio] para agradecer…

En la Era Mesiánica se continuarán ofrendando sacrificios comunitarios; ya no habrá sacrificios personales. La única excepción a esto será la ofrenda de agradecimiento. En este mismo sentido, los sabios nos enseñan que en la Era Mesiánica cesarán todos los tipos de plegarias a excepción de las de agradecimiento.

El propósito de los sacrificios personales (con excepción de las ofrendas de agradecimiento) es orientar nuestra alma animal hacia la divinidad. Una vez que haya culminado el proceso de expiación y no tengamos ya deseo de pecar, este tipo de sacrificios se volverá obsoleto. Solo quedarán las ofrendas de agradecimiento porque su función es expresar el reconocimiento de nuestra dependencia de D-os, lo que siempre será así.

Del mismo modo, tampoco habrá que rezar por nuestras necesidades pues nada nos faltará: la enfermedad y la pobreza serán cosa del pasado, y las características de la sociedad serán la armonía y sensibilidad espirituales. La plegaria solo consistirá en dar gracias, porque reconoceremos continuamente la benevolencia y las maravillas de D-os.

Podemos acelerar la Era Mesiánica intensificando en nuestra vida actual aquello que será un hecho en los tiempos mesiánicos. Así, si ponemos énfasis en las plegarias de agradecimiento por la bondad de D-os, acercaremos el momento en el que este sea el objetivo único de nuestra plegaria.[3]

---

3. *Or HaTorá, Vaikrá*, pág. 23; ibid., *Tehilim*, pág. 369; ibid., *Naj*, vol. 2, págs. 963–964.

Levítico 8:1–13

Habiendo completado las instrucciones relativas a los procedimientos para los sacrificios, la Torá pasa a describir el proceso de confirmación en el sacerdocio de Aharón y sus cuatro hijos. Moshé congregó a todo el pueblo judío a la entrada del Tabernáculo para que pudiese presenciar el ritual.

El propósito del sacerdote

וַיֹּאמֶר מֹשֶׁה אֶל הָעֵדָה זֶה הַדָּבָר אֲשֶׁר צִוָּה ה' לַעֲשׂוֹת (ויקרא ח:ה)

Dijo Moshé a la comunidad: "Este procedimiento
es lo que D-os [me] ordenó hacer".

Aharón y sus hijos fueron instalados como sacerdotes por medio de dos tipos de ofrendas: los sacrificios específicos que Moshé ofrendó en nombre de ellos todos los días durante una semana completa en ocasión de la inauguración del Tabernáculo, y una ofrenda de trigo que cada sacerdote debía realizar su primer día de servicio (y el sumo sacerdote fue obligado a ofrendar dos veces por día). El objetivo de dichos sacrificios era despertar dentro de Aharón y sus hijos las cualidades que les permitieran actuar como representantes del pueblo judío ante D-os, tanto para lograr la expiación por sus faltas como para elevarlos a mayores alturas de conciencia divina.

Cada uno de nosotros tiene el poder interior no solamente de sobreponerse a la oscuridad espiritual sino también de transformarla en luz. Sin embargo, por diversas razones no siempre tenemos a nuestra disposición ese poder interior. Por lo tanto, debemos buscar a personas que estén impregnadas de Torá y más avanzadas en el camino de la depuración espiritual para poder beneficiarnos de su guía e inspiración. Al mismo tiempo, también debemos desarrollar nuestro "sacerdote" interno, tanto para transformar en luz nuestra oscuridad interior como para ayudar a los demás a realizar el mismo proceso en forma autónoma.[4]

4. *Likutei Sijot*, vol. 7, págs. 39 y 46–47.

QUINTA LECTURA

Levítico 8:14–21

Los sacrificios que ofrendó Moshé en la instalación de Aharón y sus hijos incluían ofrendas de ascensión, ofrendas de pecado y ofrendas de paz.

Estudio y acción

וַיַּקְרֵב אֶת אֵיל הָעֹלָה וגו' (ויקרא ח:יח)

[Moshé] trajo el carnero como ofrenda de ascensión.

Nos enseñan los sabios que, en ausencia del Templo Sagrado, se considera que estudiar las leyes de un determinado sacrificio equivale a ofrendarlo efectivamente. Pero si el estudio de las leyes de un sacrificio logra lo mismo que su ofrenda, ¿para qué molestarnos con el sacrificio en sí, siquiera cuando se reconstruya el Templo?

La diferencia entre el sacrificio "virtual" y el sacrificio real es su efecto sobre el mundo. Si bien el sacrificio "ofrendado" por medio del estudio de sus leyes sirve para elevar a la persona, no eleva el mundo a su alrededor. Solo el sacrificio físico – que incluye todos los aspectos de la Creación: humano, animal, vegetal y mineral – eleva el mundo en general.

Es por ello que siempre debemos buscar formas tangibles y prácticas de aplicar la inspiración o las ideas espirituales que vienen a nosotros, de modo tal que no solamente nos afecten y eleven a nosotros mismos, sino también al mundo entero.[5]

SEXTA LECTURA

Levítico 8:22–29

Tal como sucedería en la mayoría de los casos, algunas partes de los sacrificios que tuvieron lugar en los rituales de inauguración fueron incineradas en el altar exterior.

El altar de sacrificio interior

וַיִּקַּח מֹשֶׁה אֹתָם מֵעַל כַּפֵּיהֶם וַיַּקְטֵר הַמִּזְבֵּחָה וגו' (ויקרא ח:כח)

Moshé tomó [partes específicas de los sacrificios] de las manos [de Aharón y sus hijos] y las incineró en el altar.

Los procedimientos para los sacrificios aluden a los procesos psicológicos internos que debemos experimentar para acercarnos a D-os (como mencionamos anteriormente, la palabra hebrea para 'sacrificio' es *korban*, que significa también 'acercarse').

Degollar el animal alude al degüello – es decir, a la renuncia – a nuestra orientación animal hacia la vida. *Esparcir la sangre en el altar* alude al modo en que posteriormente reorientamos nuestro entusiasmo (simbolizado por nuestra sangre caliente) hacia la divinidad. *Colocar la grasa del animal faenado sobre el altar* alude a la reorientación de nuestro sentido de placer (simbolizado por la grasa, que resulta de la indulgencia en el consumo de alimentos que disparan sentimientos de placer en nuestro cerebro) hacia la divinidad. Por último, *incinerar el animal en el fuego del altar* alude al consumo que hace la divinidad de nuestra naturaleza animal, lo que significa que nuestros impulsos animales se convierten en impulsos para el bien en el proceso de transformación el mundo en una morada para D-os.[6]

6. *Reshimot* 108.

SÉPTIMA LECTURA

Levítico 8:30–36

Los rituales de la inauguración se repitieron todos los días durante una semana completa.

Llevar la Creación hacia su culminación

כִּי שִׁבְעַת יָמִים יְמַלֵּא אֶת יֶדְכֶם (ויקרא ח:לג)

*[Dijo Moshé a Aharón y sus hijos] "[D-os] os instalará
[por estos rituales] durante siete días".*

Cuando fue creado el mundo, la presencia de D-os reposaba sobre la Tierra. Pero las malas acciones de las generaciones sucesivas fueron expulsando esta presencia a ámbitos espirituales cada vez más lejanos. Este proceso comenzó a ser revertido por Abraham, y se consumó con la construcción del Tabernáculo.

Resulta, entonces, que los siete días en los que tuvieron lugar los ritos de inauguración devolvieron el mundo a su estado original de completud y santidad, tal como este lo fuera durante los siete días originarios de la Creación.

Sin embargo, si miramos en profundidad podemos ver que los siete días de los ritos de inauguración llevaron al mundo a un nivel de completud mayor que el que poseía durante los siete días de la Creación. La revelación divina que acompañó la construcción del Tabernáculo logró sobreponerse a la oscuridad espiritual que se había esparcido en el mundo como resultado del progresivo alejamiento de la presencia divina.

De manera análoga, al centrar la atención en nuestra misión divina de hacer de nuestras vidas un "Tabernáculo", es decir, un ambiente donde D-os pueda sentirse como en casa, alcanzamos un nivel de conciencia divina más elevado que el que poseíamos originalmente. El retorno a D-os afecta nuestras siete emociones básicas, al igual que los ritos de instalación de los sacerdotes debían tener lugar durante siete días completos.[7]

Sheminí

La culminación de los ritos inaugurales; la kashrut

Levítico 9:1–11:47

LA TERCERA SECCIÓN DEL LIBRO LEVÍTICO COMIENZA CON LA descripción del octavo (*sheminí,* en hebreo) y último día de los ritos de inauguración. Acto seguido, describe los animales que son permitidos para el consumo alimenticio judío.

PRIMERA LECTURA

Levítico 9:1–16

Durante la semana del 23 al 29 de Adar de 2449, Moshé instaló a Aharón y sus hijos como sacerdotes. En el octavo día, 1º de Nisán, Aharón ofició por primera vez como sumo sacerdote y sus hijos, como sacerdotes ordinarios. Durante los siete días que duró la inauguración no descendió de los cielos fuego alguno que incinerara los sacrificios. No fue sino hasta el octavo día, día en que Aharón realizó el oficio religioso, que ocurrió esta señal milagrosa de la aceptación de los sacrificios por parte de D-os.

Cuando Aharón es superior a Moshé

וַיְהִי בַּיּוֹם הַשְּׁמִינִי קָרָא מֹשֶׁה לְאַהֲרֹן וּלְבָנָיו וְגוֹ' (ויקרא ט:א)

En el octavo día, Moshé llamó a Aharón y sus hijos.

Las limitaciones de la mente humana, finita, no nos permite lograr la máxima conciencia divina por nosotros mismos. Por ello, D-os reveló divinidad de una forma que nos permitir captar, y esta forma es la Torá. Una vez logrado esto, el paso siguiente consistió en preparar el mundo para absorber la divinidad que es inherente a la Torá, porque sin preparación de nuestra parte, la revelación divina no puede ser absorbida por nuestro ser, y en consecuencia no podrá elevarnos de forma significativa o permanente.

D-os nos dio la Torá a través de Moshé, pero fue Aharón quien logró volver la sociedad receptiva a la divinidad e inspirar a las personas a la búsqueda de una vida espiritual. Fue entonces Aharón quien completó el proceso de revelación divina iniciado por Moshé. Los ritos que ejecutó Moshé en ocasión de la inauguración del Tabernáculo no revelaron la presencia de D-os; solo lo lograron los ejecutados por Aharón.

Todos deseamos sentir la presencia de D-os en nuestras vidas. Para que esto ocurra, debemos imitar a Aharón: "amar y perseguir la paz; amar a las criaturas y acercarlas a la Torá."[1]

1. *Likutei Sijot*, vol. 7, págs. 298–299.

SEGUNDA LECTURA

Levítico 9:17–23

Tras cumplimentar los sacrificios rituales, Aharón bendijo al pueblo judío.

Humildad consumada

וַיִּשָּׂא אַהֲרֹן אֶת יָדָו אֶל הָעָם וַיְבָרְכֵם וגו' (ויקרא ט:כב)

Aharón elevó sus manos hacia el pueblo y los bendijo.

Aharón era consciente de que sería la ejecución que él hiciera de los rituales especiales del día lo que traería la presencia de D-os al Tabernáculo, y de que estaba haciendo todo tal como Moshé lo ordenara, pero incluso así no se sentía merecedor de esa función. El recuerdo de su papel en ocasión del episodio del becerro de oro aún pesaba mucho sobre él.

Aharón expresó dichos sentimientos en momentos de bendecir al pueblo, y ajustó el texto de la bendición sacerdotal a las circunstancias únicas del día: Dijo: "Sabemos que la presencia de D-os solo puede residir en este Tabernáculo si Él nos ha perdonado por el episodio del becerro de oro. Dado que yo desempeñé un papel central en ese episodio, el que perdone a todos nosotros depende de que me perdone a mí. Por lo tanto, hasta que no sepamos que D-os me ha perdonado, no estoy en capacidad de bendecir sus esfuerzos por mí mismo. Es por ello que apelo al propio D-os para que sea Él quien *os bendiga y proteja. Que D-os haga brillar su rostro hacia vosotros y os agracie* con su presencia – a resultas de ser yo *parcial hacia vosotros* – , os perdone por el pecado del becerro de oro y de esa manera *os conceda la paz.*"

Al igual que siempre ha ocurrido con todos los grandes líderes judíos, fue el sentimiento de falta de adecuación de Aharón lo que lo hizo efectivamente apto para su papel.[2]

TERCERA LECTURA

Levítico 9:24–10:11

Concluida la bendición de Aharón y tras una plegaria de Moshé, un fuego descendió de los cielos y consumió aquellas piezas que habían sido colocadas en sacrificio sobre el altar. El pueblo judío se enfervorizó ante esta nueva y clara aparición de la presencia de D-os. Los esfuerzos que habían destinado al Tabernáculo – las donaciones de materiales, las diligentes tareas para su construcción, como también el "trabajo" interior de arrepentirse por el episodio del becerro de oro – habían dado fruto. En ese momento, Nadav y Avihu – hijos ambos de Aharón – decidieron ofrendar incienso por iniciativa propia. Para horror de todos, nuevamente descendió un fuego divino, pero esta vez bajo la forma de dos pares de llamas que entraron en las fosas nasales de Nadav y Avihu, matándolos al instante.

Controlar el éxtasis

וַתֵּצֵא אֵשׁ מִלְפְנֵי ה' וַתֹּאכַל אוֹתָם וגו' (ויקרא יּ:ב)

Salió un fuego de D-os y los consumió.

Nadav y Avihu se dejaron llevar por el éxtasis del momento. En su intenso deseo por apegarse a D-os – deseo expresado a través de la ofrenda de un incienso no autorizado – , ascendieron a alturas espirituales que sus propias almas aún no estaban en condiciones de contener. Desde esta perspectiva, la muerte de ellos no fue un castigo sino el cumplimiento de su deseo de disolverse en la esencia de D-os.

Sin embargo, no debemos imitar su ejemplo; muy por el contrario, se nos prohíbe expresamente perseguir un éxtasis espiritual suicida de este tipo. Aunque es necesario buscar inspiración divina y renovarla constantemente, el propósito de acceder planos de conciencia divina cada vez más elevados es aportar al mundo la conciencia renovada que hayamos adquirido, es decir, lograr que el mundo sea cada vez más consciente de D-os y logre transformarse así en una morada para Él.[3]

---

3. *Likutei Sijot*, vol. 3, págs. 987–991.

CUARTA LECTURA

Levítico 10:12–15

Moshé consoló a Aharón y sus hijos por la muerte de Nadav y Avihu. A pesar de que normalmente se prohíbe que un sacerdote imparta el oficio religioso mientras se encuentra de luto, Moshé dijo a Aharón y a sus otros dos hijos que como caso excepcional continuaran el servicio de los sacrificios, lo que incluía comer las porciones destinadas a ellos.

Evocar lo sobrenatural

וַאֲכַלְתֶּם אֹתָהּ . . . כִּי כֵן צֻוֵּיתִי (ויקרא ייג)

[Dijo Moshé a Aharón y sus hijos:] "Debéis comer [sus porciones de los sacrificios] porque así me ha ordenado [D-os]".

Las leyes regulares que gobiernan el comportamiento de los sacerdotes fueron suspendidas en el octavo día de los rituales de emplazamiento porque el mensaje esencial del día era que D-os puede anular sus propias reglas. El número siete simboliza el orden natural, en tanto el número ocho simboliza la trascendencia milagrosa del orden natural.

Sin embargo, el octavo día milagroso de inauguración del Tabernáculo no podía tener lugar sin la existencia previa de los siete días no milagrosos. Esto es así porque D-os hace que su intervención milagrosa en la vida dependa de nosotros.

La trascendencia máxima del orden natural ocurrirá en la Era Mesiánica. Las revelaciones milagrosas del futuro serán el resultado de los preparativos que hagamos ahora. Deberíamos tener siempre en mente, en nuestra continua depuración del mundo a través de medios naturales, que los resultados de nuestros esfuerzos irán mucho más allá de lo que hoy podemos imaginar.[4]

4. *Likutei Sijot*, vol. 17, págs. 92–99.

QUINTA LECTURA

Levítico 10:16–20

Moshé supuso que la orden de D-os para los sacerdotes de comer las porciones de los sacrificios del día destinadas a ellos se aplicaba a la totalidad de los sacrificios del día. Aharón, en cambio, entendió que esa orden se aplicaba exclusivamente a los sacrificios extraordinarios del día. Cuando Moshé vio que Aharón y sus hijos no habían comido la porción correspondiente a uno de los sacrificios ordinarios, exigió una explicación. Una vez que Aharón explicó su punto de vista, Moshé reconoció que tenía razón.

Lo absoluto y lo relativo

וַיְדַבֵּר אַהֲרֹן אֶל מֹשֶׁה . . . וְאָכַלְתִּי חַטָּאת הַיּוֹם הַיִּיטַב בְּעֵינֵי ה' (ויקרא יּיט)

Dijo Aharón a Moshé: "Si hubiera comido una ofrenda de pecado [regular] hoy, ¿ habría complacido a D-os?".

Las perspectivas de Moshé y Aharón con respecto a los sacrificios especiales del día y los que se ofrendarían de forma regular reflejan el énfasis diferente de cada uno en lo que hace a nuestra relación con D-os. Moshé se dedicaba a la transmisión de la Torá de D-os al pueblo, en tanto que Aharón se consagraba a la elevación del pueblo hacia la Torá.

Mientras que la verdad de la Torá es invariable, los seres humanos cambian continuamente. Moshé entendía la verdad de la Torá como susceptible de aplicarse a toda situación de manera uniforme, mientras que para Aharón había que evaluar cada situación para saber cómo aplicar la inmodificable verdad de la Torá de manera efectiva. Aharón veía que los sacrificios extraordinarios eran distintos de los que se ofrecían regularmente, y que la verdad de D-os se refleja en forma distinta en diferentes contextos.

Las dos perspectivas son válidas. Para con nosotros mismos, debemos ser como Moshé y entregarnos a la verdad absoluta e inmodificable de la Torá. Cuando interactuamos con otros, así como Aharón, debemos tomar en cuenta sus estados de ánimo e inclinaciones y acercarlos a la Torá por medio del amor compasivo.[5]

5. *Likutei Sijot*, vol. 17, págs. 113–116.

SEXTA LECTURA

Levítico 11:1–32

D-os dotó al pueblo judío de almas divinas a la medida exacta de su misión divina. Para mantener la salud de estas almas únicas, el pueblo judío tiene que seguir una dieta especial: las leyes de kashrut.

Patas partidas

כֹּל מַפְרֶסֶת פַּרְסָה וְשֹׁסַעַת שֶׁסַע פְּרָסֹת וגו' (ויקרא יא:ג)

[Ordenó D-os a Moshé decir al pueblo judío: "Solo pueden comer animales] cuyas patas estén [no parcialmente] partidas sino completamente partidas en [al menos dos sub-] patas".

La primera señal de que un animal es kósher son sus pezuñas partidas. Los pies tocan la tierra y nos separan de ella. Así, esto alude a la idea de que en nuestra participación en el mundo físico debemos mantener cierta separación o distancia en lo que hace al trato con lo material. El hecho de que la pezuña debe estar partida alude a la idea de que en esta barrera debe haber una apertura: debemos garantizar que la luz de la santidad permee incluso los aspectos más mundanos de la Creación, y asegurarnos también de retener conciencia divina aun mientras estamos ocupados en los aspectos mundanos de nuestra vida.

La otra señal de un animal kósher es ser rumiante. Esto alude a la necesidad de reflexionar antes de sumergirnos de los aspectos mundanos de la vida. En primer lugar, debemos analizar nuestras intenciones, y asegurarnos de que tienen por única finalidad elevar el mundo y depurarlas de todo deseo de gratificación sensual por la gratificación misma. Segundo, debemos evaluar los métodos que empleamos para elevar el mundo y asegurarnos de que se hallen en consonancia con los lineamientos establecidos en la Torá.[6]

---

6. *Likutei Sijot*, vol. 1, págs. 224–226.

SÉPTIMA LECTURA

Levítico 11:33–47

Luego de detallar cuáles son los animales terrestres, peces y aves que están permitidos para el consumo, D-os ordenó a Moshé enseñar al pueblo judío las leyes concernientes a la impureza ritual. El propósito de estas leyes es enfatizar que, en tanto judíos, debemos dar valor y preeminencia a la vida en este mundo, y distanciarnos del contacto con la negatividad y la depresión asociadas con la muerte. La impureza ritual se contrae tanto a través del contacto con el cadáver humano y los de ciertos animales, como por alguna condición física que pone al individuo cerca de la frontera entre la vida y la muerte. La condición de impureza ritual impide que una persona entre al Tabernáculo y/o consuma sacrificios u otros tipos de alimentos rituales sagrados.

Evitar el engaño

לְהַבְדִּיל בֵּין הַטָּמֵא וּבֵין הַטָּהֹר וגו' (ויקרא יא:מז)

**[Ordenó D-os a Moshé enseñar al pueblo judío
cómo] distinguir entre lo puro y lo impuro.**

En sentido espiritual, este decreto se refiere a la necesidad de establecer una distinción moral entre el comportamiento sano y aceptable y el que no lo es. Esta distinción es simple cuando las cosas son claras y evidentes. No obstante, con frecuencia esta distinción es borrosa, y algo que de hecho es impuro fácilmente puede llegar a confundirse con algo puro.

Cuando estudiamos la Torá, nos mantenemos conectados a D-os, quien no está sujeto al limitado alcance de la mente humana. Mientras nos encontramos en sintonía con la conciencia divina sabemos por instinto qué es lo espiritualmente sano y qué es lo que no lo es.[7]

---

7. *Likutei Sijot*, vol. 7, págs. 72–73.

Tazría

La tzaráat (1ra parte)

Levítico 12:1–13:59

LA SECCIÓN ANTERIOR DEL LIBRO LEVÍTICO TRATABA LAS LEYES de impureza ritual provocada por ciertos animales muertos. En esta sección, la Torá aborda las leyes de impureza asociadas a los seres humanos. En primer término menciona la impureza que recae sobre la mujer judía que concibe (*tazría*, en hebreo) y da a luz. El justificado e innegable orgullo que experimenta la mujer por el milagro de dar a luz le impide sentir la humildad absoluta ante D-os que se requiere para ingresar a Su Tabernáculo. Es por ello que se halla obligada a atravesar un período establecido de recuperación y un proceso de purificación, tras lo cual puede volver a visitar el Tabernáculo y participar en sus rituales. El segundo tipo de impureza que aparece mencionado en esta sección es una enfermedad que ya no existe en la actualidad y que se conocía por *tzaráat*. Esta dolencia se manifestaba en la piel, las prendas de vestir o el hogar de un hombre o mujer judíos.

PRIMERA LECTURA

Levítico 12:1–13:5

La razón por la que la *tzaráat* dejó de existir es porque afectaba exclusivamente a personas que habían depurado su comportamiento y se habían elevado a niveles muy superiores de conciencia divina, niveles de conciencia que recién estarán disponibles para nosotros cuando se hayan vuelto a erigir el Tabernáculo o su sucesor, el Templo Sagrado.

Curar fallas inconscientes

אָדָם כִּי יִהְיֶה בְעוֹר בְּשָׂרוֹ . . . וְהוּבָא אֶל אַהֲרֹן הַכֹּהֵן וְגוֹ' (ויקרא יג:ב)

[Dijo D-os a Moshé:] "Si un individuo desarrolla [ciertos tipos de lesión en la piel] debe ser llevado a Aharón el sacerdote [para determinar si está afectado por tzaráat]".

Los primeros tipos de *tzaráat* que menciona la Torá son aquellos que aparecen en la piel de una persona. La piel es la capa externa de nuestro cuerpo; por lo tanto, este tipo de *tzaráat* alude a una imperfección en nuestro comportamiento externo. Específicamente, afecta a personas que son culpables de chismorrear en forma dañina o calumniar involuntaria y espontáneamente. Cuando el único rasgo de negatividad que permanece en nuestro interior es tan sutil que no llegamos a percibirla por nosotros mismos, la única forma en que sale a la superficie es a través del comportamiento espontáneo, como un chisme que se nos escapa en una conversación. Las palabras espontáneas revelan los lugares más recónditos del corazón. Cuando el Tabernáculo o el Templo se hallaban en pie, D-os hacía saber a las personas que poseían esa pequeña imperfección de carácter afligiéndolas con *tzaráat*. A pesar de que hoy en día carecemos de esta abierta señal, aun podemos registrar los deslices de nuestra lengua y tomarlos como señales de que necesitamos depurarnos de esos rasgos negativos.[1]

---

1. *Likutei Torá*, 2:22b; *Likutei Sijot*, vol. 22, págs. 65–69, 74–75.

SEGUNDA LECTURA

Levítico 13:6–17

Paradójicamente, cuando la aflicción de la *tzaráat* se manifiesta en la piel, la persona se vuelve ritualmente impura solo si esta cubre parte de su cuerpo. Si la *tzaráat* se expande por el cuerpo en su totalidad, la persona no es considerada ritualmente impura.

Una luz para las naciones

וְהִנֵּה כִּסְּתָה הַצָּרַעַת אֶת כָּל בְּשָׂרוֹ וְטִהַר וגו' (ויקרא יג:יג)

Si la tzaráat ha cubierto toda su carne, no está impuro.

Los sabios sostienen que una de las señales que indican la inminente llegada del Mesías es la constatación de que "el gobierno se ha vuelto hereje." Alude a esta idea la ley que postula que si la aflicción de *tzaráat* cubre la totalidad del cuerpo de una persona, ella no es impura.

Podemos considerar que los gobiernos del mundo se volverán "herejes" de una de estas dos maneras: la forma negativa es que la herejía verdaderamente llegue a afectar a todos los gobiernos del mundo; la forma positiva es que la verdad de la Torá se vuelva tan evidente que se reconozca universalmente que todo gobierno que no se someta a sus leyes será considerado "herético".

Tenemos esperanza de que la Redención ocurra de la segunda forma, y rezamos para ello. Por tanto, resulta imperativo que el pueblo judío estimule a las naciones del mundo en el cumplimiento de los mandamientos que les ordena la Torá. Cuando el mundo no judío acepte la Torá como la única base posible para un comportamiento verdaderamente ético y una verdadera justicia moral, reconocerá y apreciará al pueblo judío como la vanguardia en justicia universal, moralidad y paz. Esto preparará el camino para la máxima redención, la Redención Mesiánica.[2]

TERCERA LECTURA

Levítico 13:18–23

La aflicción de la *tzaráat* en la piel se puede desarrollar a partir de una lesión, una inflamación o una quemadura. En todos estos casos, el primer síntoma de la dolencia es la aparición de una mancha blanca en la piel.

Síntomas de bloqueo espiritual

שְׂאֵת לְבָנָה אוֹ בַהֶרֶת לְבָנָה . . . וְנִרְאָה אֶל־הַכֹּהֵן (ויקרא יג:יט)

Si una mancha blanca [se desarrolla, la persona] debe mostrarla al sacerdote [para determinar si está afectado por **tzaráat**]*.

Cuando D-os provoca la aparición de la *tzaráat* en la piel de una persona, lo hace limitando la circulación de la sangre en un área específica de la piel, que es lo que provoca su color blanco. Este bloqueo en la circulación es el síntoma físico de un bloqueo similar a nivel espiritual.

El bloqueo espiritual que produce la *tzaráat* física ocurre cuando nuestros sentimientos de inspiración espiritual no nos vuelven todo lo humildes que deberíamos ser. En vez de convertirnos en mejores personas, la mayor conciencia de D-os ensancha nuestro ego, y la creencia exacerbada en nuestra importancia nos intoxica con un exceso de confianza. Si no la controlamos, la pretensión de superioridad moral nos puede corromper de muchas maneras.

Por ende, es importante impedir la aparición de bloqueos espirituales de este tipo y garantizar que la inspiración espiritual haga de nosotros personas humildes y preocupadas por los demás.[3]

3. *Likutei Torá* 2:23b, 24a, 24c y ss.; *BeShaá sheHikdimu 5672*, vol. 1, pág. 370; *Séfer HaMaamarim 5714–5716*, pág. 511.

CUARTA LECTURA

Levítico 13:24–28

Como se explicara anteriormente, el primer síntoma de *tzaráat* en la piel es la aparición de una mancha blanca sobre la carne.

Extralimitarse

וְהָיְתָה מִחְיַת הַמִּכְוָה בַּהֶרֶת לְבָנָה וגו' (ויקרא יג:כד)

Si el área curada de la quemadura se convierte en una mancha blanca…

El blanco simboliza la pureza y la inocencia. La aparición de una mancha blanca anormal en la piel también puede indicar una super-abundancia de energía espiritual sagrada. Esto puede suceder cuando nuestra experiencia de éxtasis sagrado no se ve equilibrada por un nivel equivalente de compromiso humilde con nuestra misión divina.

En este contexto, el pecado del chisme – que la aflicción de *tzaráat* indica – puede entenderse como un exceso de algo que podría (y debería) haber sido bueno o incluso sagrado, pero que en su lugar degeneró en lo opuesto. Todos sabemos cuán poderosas pueden ser las palabras para forjar lazos sociales y promover la paz. Seamos o no conscientes, es gracias a esto que disfrutamos de la conversa-ción social y de aclarar las cosas con el otro hasta llegar a un mutuo entendimiento. Sin embargo, cuando cierto exceso oculto del ego insiste en que nuestra reputación o autoestima prevalezca por sobre el progreso de la armonía social, en el entusiasmo de la conversación inadvertidamente puede escapar algún chisme o calumnia. En con-secuencia, resulta crucial mantenerse siempre vigilantes, de forma tal que nuestra conversación social exprese únicamente el bien.[4]

---

4. *Likutei Torá* 2:22b, 25b; *Likutei Sijot*, vol. 37, págs. 33–36; *Séfer HaSijot 5751*, vol. 2, págs. 492–494.

QUINTA LECTURA

Levítico 13:29–39

Hay leyes especiales que se aplican a la aflicción de *tzaráat* cuando aparece en la cabeza.

Orgullo y arrogancia

וְאִישׁ אוֹ אִשָּׁה כִּי יִהְיֶה בוֹ נֶגַע בְּרֹאשׁ וְגוֹ' (ויקרא יג:כט)

Si un hombre o una mujer tiene una lesión en la cabeza…

La aparición de *tzaráat* en la cabeza es provocada por el orgullo y la arrogancia; en cambio, la *tzaráat* que aparece en otras partes del cuerpo es el resultado de proferir chismes o calumnias. La razón para esta diferencia es que, como se explicó anteriormente, el chisme y la calumnia son faltas superficiales, y en consecuencia afectan la piel en otras partes del cuerpo. El orgullo y la arrogancia, en cambio, son actitudes mentales distorsionadas que afectan la cabeza. Debemos esforzarnos permanentemente por eliminar estas fallas de carácter.[5]

---

5. *Likutei Sijot*, vol. 27, pág. 99.

SEXTA LECTURA
Levítico 13:40–54

Cuando el sacerdote que examina a una persona determina que esta ha contraído *tzaráat* en la piel, le prescribe morar fuera de la ciudad hasta que la dolencia desaparezca. Esta es asimismo la acción correctiva apropiada para el culpable de chisme antisocial. Antes de manifestarse en la piel, la *tzaráat* aparece en las paredes de la casa de la persona y en sus prendas de vestir.

Eliminar la negatividad

וְהַבֶּגֶד כִּי יִהְיֶה בוֹ נֶגַע צָרָעַת וגו' (ויקרא יג:מז)

Una prenda que tiene una lesión de tzaráat en ella…

Nuestra piel, nuestras vestimentas y nuestra casa son tres capas que nos envuelven de interior a exterior. La *tzaráat* afecta primero la "vestimenta" más externa, la casa, porque al comienzo el chisme es un síntoma completamente superficial. Si la persona no toma nota de esta señal y actúa con negligencia a la hora de eliminar de sí misma esa negatividad oculta, la *tzaráat* aparecerá en sus ropas. Esto indica que sus fallas ocultas han empezado a penetrar desde el exterior. Si también ignora esta señal, la *tzaráat* aparecerá en su piel, indicando así que su mal interior, si bien sigue siendo superficial, ahora es parte de ella. Llegada a esta etapa, la persona debe ser aislada de la sociedad, con la esperanza de que esta demostración de las consecuencias de una conducta inapropiada la inspire a corregirla.[6]

6. *Likutei Torá* 2:22b; *Likutei Sijot*, vol. 22, págs. 65–69, 74–75; *Igrot Kódesh*, vol. 11, pág. 248.

SÉPTIMA LECTURA

Levítico 13:55–59

El sacerdote era la única persona con poder de declarar a una persona, prenda de vestir o vivienda, afectada con *tzaráat* o libre de ella.

Mirar a los demás de manera positiva

וְרָאָה הַכֹּהֵן וגו' (ויקרא יג:נה)

El sacerdote debe examinar [el artículo para determinar si está afectado por tzaráat]

La Torá requiere que sean específicamente sacerdotes quienes juzguen los casos de *tzaráat* porque son los herederos espirituales del primer sacerdote, Aharón, famoso por promover el amor fraternal en el pueblo judío. Debido a su amor por sus congéneres, los sacerdotes – cuidando de no torcer en forma alguna la ley de la Torá – se cercioraban de que la ley requiriera declarar impuro al afectado antes de hacerlo. Y si los sacerdotes debían declarar impura a una persona, hacían todo lo que estuviera al alcance para declararla pura lo más pronto posible.

Del mismo modo, cuando encontramos a una persona que parece encontrarse afectada por algún rasgo de carácter negativo, no debemos apresurarnos en rechazarla. Por el contrario, primero debemos examinarnos a nosotros mismos para determinar cuán bien ejemplificamos los ideales del amor fraternal. Si somos pobres en ese aspecto, no tenemos derecho a juzgar a los demás, porque es posible que nuestra percepción se encuentre sesgada por sentimientos poco depurados.

Al aprender de Aharón a amar al prójimo independientemente de su comportamiento objetivo, contrarrestamos la causa de nuestro actual exilio, que es el odio injustificado, y contribuimos a apresurar la Redención Mesiánica final.[7]

Metzorá

La tzaráat (cont.)

Levítico 14:1–15:33

CONTINUANDO CON EL TEMA DE LA SECCIÓN ANTERIOR, LA
quinta sección del libro Levítico comienza mencionando los rituales
con los que debe cumplir la persona afectada con *tzaráat* (en hebreo,
metzorá) para poder ser admitida nuevamente en el Tabernáculo.
Luego describe la aparición de *tzaráat* en edificaciones y los procedimientos para su purificación. Hacia el final describe varias formas
de impureza ritual derivadas de ciertos fluidos corporales.

PRIMERA LECTURA

Levítico 14:1–12

Una vez que la *tzaráat* ha desaparecido del cuerpo, la persona debe ofrendar sacrificios y cumplir con rituales específicos, incluido el sumergirse junto con sus vestimentas en una *mikve* (pileta ritual) y afeitar toda vellosidad de su cuerpo.

Combatir el exceso con exceso

זֹאת תִּהְיֶה תּוֹרַת הַמְּצֹרָע וְגוֹ' (ויקרא יד:ב)

[Dijo D-os a Moshé] "La siguiente es la ley relativa a la persona afectada con tzaráat".

La palabra hebrea para denominar a la persona afectada con *tzaráat* (*metzorá*) puede verse como la contracción de la expresión para 'calumniador' (*motzí shem ra*), que literalmente significa 'alguien que da [a alguien] un mal nombre'. Esto refleja el hecho de que la *tzaráat* afectaba a aquellos que poseían un mal oculto que salía a la superficie al decir un chisme o calumnia de forma espontánea.

Las buenas acciones generan energía positiva, mientras que las malas acciones generan energía negativa. Es por ello que, cuando nos disponemos a reparar el daño causado por una mala acción, también debemos neutralizar la energía negativa que generó. El chisme y la calumnia resultan del uso excesivo del poder del habla. Por lo tanto, el modo de rectificar el daño causado es emplear el habla excesiva en forma positiva estudiando Torá en voz alta. Esta acción aporta al mundo energía positiva y sagrada.

Los sabios nos han enseñado que las letras de la Torá son todas "nombres" de D-os, es decir, canales a través de los cuales la energía divina entra al mundo. La energía positiva que aportamos al mundo a través del estudio de la Torá contrarresta la energía negativa que produce la *tzaráat*, dado que es así como reemplazamos los destructivos y "malos nombres" con constructivos "nombres" divinos.[1]

---

1. *Likutei Torá* 2:24c–25a; *Likutei Sijot*, vol. 12, págs. 81–82.

SEGUNDA LECTURA

Levítico 14:13–20

En el transcurso de los rituales de purificación practicados sobre la persona afectada por *tzaráat*, el sacerdote oficiante debe aplicar en distintos puntos del cuerpo de la persona una pequeña cantidad de sangre proveniente de un sacrificio.

Un corazón puro y humilde

וְלָקַח הַכֹּהֵן מִדַּם וְגו' (ויקרא יד:יד)

El sacerdote debe tomar algo de sangre.

Como hemos mencionado, el exceso de energía negativa que generan los pecados del chisme y la calumnia se neutraliza y se supera estudiando Torá "excesivamente", acción que genera un exceso de energía positiva. Sin embargo, para que nuestro estudio de Torá produzca energía divina y la inyecte en la Creación, debemos estudiarla con intenciones puras, o sea, con el fin de cumplir con la voluntad de D-os y diseminar más conciencia divina, y no por interés personal o como un mero ejercicio intelectual. Al igual que el ritual de purificación de la persona afectada por *tzaráat* debía ser practicado por un sacerdote, nuestro estudio de Torá también debe ser supervisado por nuestro "sacerdote" interno. El sacerdote en el Tabernáculo (y, más tarde, en el Templo Sagrado) personificaba la completa anulación de sí a D-os; de la misma forma, debemos esforzarnos por estudiar la Torá con un corazón puro y humilde.[2]

TERCERA LECTURA

Levítico 14:20–32

Si la persona que había estado afectada por *tzaráat* no podía adquirir los corderos requeridos para los sacrificios que había de ofrendar, podía sustituir estos por aves.

Alcanzar equilibrio espiritual

זֹאת תּוֹרַת אֲשֶׁר בּוֹ נֶגַע צָרָעַת ... בְּטָהֳרָתוֹ (ויקרא יד:לב)

**Esta es la ley relativa a aquel que tiene una lesión
de tzaráat ... cuando se va a purificar.**

El hecho de que el síntoma de *tzaráat* fuera una mancha blanca en la piel indica que la *tzaráat* era resultado de un entusiasmo sagrado que no había logrado el equilibrio con un sentimiento de compromiso humilde por nuestra misión divina. El entusiasmo por lo divino es una expresión de nuestro amor a D-os, mientras que la devoción humilde a su voluntad es una expresión de nuestro temor a D-os y de nuestra entrega a su voluntad. En los textos místicos, el amor y el temor a D-os se hallan representados, respectivamente, como la "mano derecha" y la "mano izquierda" de nuestra alma. Por ende, favorecer a uno sobre el otro trastoca nuestro equilibrio espiritual.

Las fuerzas opuestas solamente pueden armonizarse por medio de una tercera fuerza que las supere y abarque: el estudio de la Torá. Estudiar Torá imbuidos del sentimiento de la anulación de uno mismo frente a D-os nos permite elevarnos por encima de las limitaciones de la lógica y la naturaleza. Así podemos armonizar los opuestos de amor y temor y restaurar un equilibrio saludable entre ambos. Esta es otra manera en que el estudio de la Torá resulta un antídoto para el chisme y la calumnia: trayendo curación y armonía al mundo.[3]

CUARTA LECTURA

Levítico 14:33–53

Existía una razón adicional que provocaba la aparición de *tzaráat* en el hogar además de las dadas anteriormente. Cuando los cananeos paganos escucharon que el pueblo judío planificaba expulsarlos de la Tierra de Israel, ocultaron sus riquezas al interior de las paredes de sus hogares con la esperanza de volver a recuperarlas. Al provocar la aparición de *tzaráat* en la pared de un hogar judío, D-os forzaba a sus moradores a demolerla, revelando así el tesoro oculto.

Hasta los justos pueden arrepentirse

וְנָתַתִּי נֶגַע צָרַעַת בְּבֵית וגו' (ויקרא יד:לד)

Pondré la lesión de tzaráat en una casa.

El arrepentimiento sincero nos eleva a niveles de conciencia divina a los que no podríamos haber llegado de otra forma. Al afectar específicamente a personas que no tenían nada de qué arrepentirse, la *tzaráat* les permitía lograr una cercanía a D-os normalmente reservada para aquellos que se habían arrepentido de un pecado.

Esta regla, válida para la *tzaráat* en general, se veía más claramente en el caso de la *tzaráat* de los hogares, ya que quien la padecía recibía la abierta y súbita recompensa de riquezas materiales escondidas entre sus paredes. Este golpe de fortuna material reflejaba la inesperada ganancia espiritual que había adquirido la persona: su nueva cercanía con D-os.

Así es como debemos ver toda aparente adversidad o contratiempo en la vida. Es la forma que tiene D-os de elevarnos a un nivel de relación con Él que no podríamos haber logrado por nosotros mismos.[4]

4. *Likutei Sijot*, vol. 27, págs. 107–114.

JUEVES

QUINTA LECTURA

Levítico 14:54–15:15

La Torá pasa a tratar las leyes acerca de la impureza ritual causada por fluidos corporales. La primera que aborda es la relativa a los fluidos provenientes de la uretra masculina.

Sobreponerse y purificarse

אִישׁ אִישׁ כִּי יִהְיֶה זָב מִבְּשָׂרוֹ וגו' (ויקרא טו:ב)

Si un hombre tiene una emisión de su órgano reproductivo...

El fluido no seminal generalmente emana del cuerpo del hombre contra su voluntad. Aun así, puede volverlo ritualmente impuro. Esto es así porque incluso las emisiones involuntarias tienen por causa actitudes impropias que el hombre adoptó de manera voluntaria.

De forma análoga, si una persona deposita sus pensamientos repetida y profundamente en nociones negativas, esta negatividad comenzará a influirla contra su voluntad.

Sin embargo, la Torá ofrece a la persona que padece la emisión involuntaria de fluidos no seminales la oportunidad de recobrar la pureza ritual ofrendando el sacrificio apropiado. Lo mismo se aplica a aquella persona que por desgracia se haya sumergido excesivamente en formas negativas de pensamiento: nunca debe desesperarse. Aun cuando sienta que la negatividad prevalece, siempre puede sobreponerse y recobrar su anterior inocencia.[5]

Levítico 15:16–28

A continuación, la Torá trata las leyes correspondientes a la impureza ritual provocada por los fluidos que provienen de los órganos reproductivos de la mujer. Aborda primero las leyes acerca del sangrado menstrual normal.

Las lecciones del ciclo femenino

וְאִשָּׁה כִּי תִהְיֶה זָבָה וְגוֹ' (ויקרא טו:יט)

Si una mujer tiene flujo …

Antes de probar el fruto del Árbol del Conocimiento del Bien y del Mal, Adán y Eva eran modelos de perfección y pureza espiritual. Al comer del fruto del Árbol, abrieron la puerta a la mezcla entre el bien y el mal, y provocaron el descenso del mundo de su anterior estado de pureza espiritual. La menstruación y la impureza ritual derivada también comenzaron luego de que Adán y Eva comieran del fruto del Árbol del Conocimiento, a resultas de que la mezcla entre el bien y el mal se volvió parte integral de la naturaleza.

El pueblo judío es la "novia" de D-os. Cuando el Templo Sagrado se hallaba en pie, estábamos próximos a D-os y podíamos sentir su presencia en forma abierta. Sin embargo, durante el exilio somos como una esposa menstruante, a quien no le es permitido mantener relaciones maritales con su esposo.

Esta combinación de bien y mal no continuará para siempre. En el futuro D-os "causará que el espíritu de impureza desaparezca del mundo". Nuestros sabios enseñan que esto significa que las mujeres dejarán de menstruar. Del mismo modo, con la llegada de la Redención, la "novia" de D-os, el pueblo judío, volverá a unirse con Él, esta vez para siempre.

El estudio de la Torá y el cumplimiento de los mandamientos acelerará el largamente esperado restablecimiento de nuestra conexión en su máxima revelación.[6]

---

6. *Reshimot* 12; *Likutei Sijot*, vol. 3, págs. 983–987; ibid. vol. 14, págs. 26–28.

SÉPTIMA LECTURA

Levítico 15:29–33

A continuación, la Torá aborda las leyes respectivas a la impureza ritual causada por un sangrado anormal de índole no menstrual.

Siempre hay esperanza

וּבַיּוֹם הַשְּׁמִינִי וְגוֹ' (ויקרא טו:כט)

En el octavo día...

El sangrado uterino anormal, es decir, el que ocurre fuera del ciclo menstrual, alude a un egocentrismo exageradamente anormal. Así como el sangrado uterino anormal implica un grado más serio de impureza ritual y exige rituales más elaborados para permitir a la mujer recobrar toda su pureza ritual, así también el egocentrismo exagerado requiere un tratamiento espiritual más intenso que el normal.

Sin embargo, el hecho de que la Torá prescriba rituales de purificación para el sangrado uterino anormal nos enseña que el poder del arrepentimiento es tal que incluso quien padezca una "dolencia" espiritual excesiva puede lograr su cura.[7]

7. *Likutei Sijot*, vol. 14, págs. 26–28.

Ajarei

Iom Kipur

Levítico 16:1–18:30

LA SEXTA SECCIÓN DEL LIBRO LEVÍTICO COMIENZA EN EL momento en que D-os se dirige a Moshé luego de (en hebreo, *ajarei*) la muerte de los dos hijos mayores de su hermano Aharón (relatada en la tercera sección, *Sheminí*). D-os transmite a Moshé las leyes relativas al Día de Expiación (Iom Kipur). Sigue a esto una lista de diversos tipos de comportamientos prohibidos por D-os al pueblo judío como resultado de haberlo transformado en un "reino de sacerdotes y una nación santa" a partir de la Entrega de la Torá.

PRIMERA LECTURA

Levítico 16:1–17

El arrepentimiento nos posibilita recobrar nuestra inocencia original ante D-os, y incluso forjar con Él una relación aun mejor que la que manteníamos previamente. En la época en que existían el Tabernáculo o el Templo Sagrado, los pecados más graves se expiaban una vez al año, a través de los rituales y sacrificios del Día de Expiación (Iom Kipur). El sumo sacerdote era la única persona con derecho a oficiar esos rituales. Algunos de estos tenían lugar en la cámara más interior del Tabernáculo, el "Sanctasanctórum".

La esposa del sumo sacerdote

וְהִקְרִיב אַהֲרֹן אֶת פַּר הַחַטָּאת אֲשֶׁר לוֹ וְכִפֶּר בַּעֲדוֹ וּבְעַד בֵּיתוֹ (ויקרא טז:ו)

Aharón ofrendará su propio novillo para ofrenda de
pecado y expiará por sí mismo y por su casa.

Para que los rituales de Iom Kipur tuvieran validez, el sumo sacerdote – que debía estar casado – tenía la obligación de volver directamente del Tabernáculo a su casa, junto a su esposa, una vez concluidos los rituales del día. El motivo de esto es que el logro de altos niveles de conciencia divina en el Sanctasanctórum tiene por propósito transmitir esta inspiración a la vida de todos los días. Dado que las mujeres personifican nuestro impulso de hacer del mundo un hogar para D-os, el regreso del sumo sacerdote a su casa, con su esposa – para compartir con ella esa inspiración divina y permitir así que ella también desarrolle y expanda su propia conciencia divina – era la culminación del intenso trabajo espiritual de la jornada.

Los rituales de Iom Kipur nos enseñan cómo renovar nuestra relación con D-os. Fomentar la armonía marital es parte integral en el desarrollo de nuestra relación con Él. Asimismo, debemos buscar armonizar nuestro lado "masculino", es decir, nuestra aspiración hacia la espiritualidad, con nuestro lado "femenino", esto es, nuestra aspiración de aportar espiritualidad a nuestra vida cotidiana.[1]

1. *Likutei Sijot*, vol. 32, págs. 110–111.

SEGUNDA LECTURA

Levítico 16:18–24

El sumo sacerdote debía sustituir sus vestimentas ceremoniales por sencillas prendas de lino para ingresar al Sanctasanctórum.

Ser una nueva persona

וּפָשַׁט אֶת בִּגְדֵי הַבָּד אֲשֶׁר לָבַשׁ בְּבֹאוֹ אֶל הַקֹּדֶשׁ וְהִנִּיחָם שָׁם (ויקרא טז:כג)

[Aharón] debe quitarse las prendas de lino que vistió cuando entró al Santo [de los Santos] y dejarlas [en el Tabernáculo].

Las prendas de lino que vestía el sumo sacerdote en Iom Kipur no debían usarse nunca más. La razón de esta regla es que cuando alguien expresa sincero arrepentimiento, se transforma en una nueva persona. Dado que la esencia de Iom Kipur es el arrepentimiento, las prendas que vestía el sumo sacerdote para los oficios rituales de ese día debían renovarse cada año.[2]

TERCERA LECTURA

Levítico 16:25–34

Los rituales que oficiaba el sumo sacerdote en el Tabernáculo durante Iom Kipur expiaban principalmente los pecados colectivos de la comunidad. En cuanto a los pecados personales, estos son expiados por cada persona en Iom Kipur a través del arrepentimiento, el ayuno y la abstención de trabajar durante ese día.

El poder de Iom Kipur

כִּי בַיוֹם הַזֶּה יְכַפֵּר עֲלֵיכֶם לְטַהֵר אֶתְכֶם וגו' (ויקרא טז:ל)

Porque en este día, [D-os] expiará todas vuestras transgresiones para purificaros.

En lugar de extirpar nuestros pecados "quirúrgicamente", Iom Kipur los extirpa elevándonos por encima de ellos. Es por ello que en esta fecha la atención está puesta en nuestra relación con D-os más que en nuestros pecados en sí. Lo que se requiere de nosotros en ese día es que anhelemos reconciliarnos con D-os en un sentido general, y que expresemos este deseo respetando Iom Kipur de modo apropiado.

Iom Kipur nos eleva de esta forma porque el día mismo revela la conexión intrínseca que cada judío comparte con D-os en virtud de su alma divina. La conexión entre nuestra esencia y la esencia de D-os ya estaba establecida desde antes de la Creación, y es por ello que carece de limitaciones de tiempo o espacio. Así, esta conexión no puede ser dañada por ningún pecado que cometamos. Resulta entonces que el día de Iom Kipur, al revelar esta conexión intrínseca entre nosotros y D-os, borra nuestros pecados y deja la cuenta completamente saldada.[3]

3. *Likutei Sijot*, vol. 27, págs. 124–131.

CUARTA LECTURA

Levítico 17:1–7

D-os suministró a Moshé más instrucciones con respecto a los sacrificios, y estipuló que estos únicamente podían ser ofrendados en el Tabernáculo (o en su sucesor, el Templo Sagrado).

El poder del sacrificio

לְמַעַן אֲשֶׁר יָבִיאוּ בְּנֵי יִשְׂרָאֵל אֶת זִבְחֵיהֶם ... לַה' וגו' (ויקרא יז:ה)

Los israelitas deben traer sus ofrendas festivas a D-os.

La ofrenda de sacrificios animales a D-os parece ir en contra del respeto de la Torá por la vida animal. Pero incluso con respecto a los sacrificios no animales, ¿por qué D-os nos pide tomar objetos valiosos e incinerarlos sin ningún beneficio aparente? Es más, de todos los mandamientos de D-os, ¿por qué es que la Torá solamente se refiere a los sacrificios como siendo "agradables" a D-os?

La respuesta es que los sacrificios agradan a D-os de la forma más pura precisamente porque la única razón para ofrendarlos es cumplir con Su voluntad. A diferencia de los otros mandamientos, los sacrificios no tienen ninguna "segunda intención" posible. Dado que van claramente en contra de toda lógica, no pueden implicar interés propio alguno. Es evidente que este es un estado de anulación de sí mucho mayor que el que se requiere para cumplir cualquiera de los demás mandamientos de la Torá.

Hoy en día, nuestras plegarias son un reflejo de los sacrificios que se ofrendaban en el Tabernáculo. Al igual que con los sacrificios, puede parecer ilógico "perder" nuestro valioso tiempo en rezar cuando podríamos estar "haciendo" algo, incluso actividades sagradas como estudiar Torá o cumplir algún mandamiento "práctico". Pero es precisamente cuando dedicamos nuestro valioso tiempo y concentración al único fin de acercarnos a D-os que nos conectamos con Él de la forma más profunda e íntima posible.[4]

4. *Likutei Sijot*, vol. 32, págs. 1–5.

QUINTA LECTURA

Levítico 17:8–18:5

A continuación, D-os instruyó a Moshé con respecto a las leyes que gobiernan las relaciones prohibidas. D-os introdujo estas leyes con el propósito de mejorar la vida del pueblo judío y depurarlo de forma tal de poder admitirlo en la vida después de la muerte.

Dar vida a los mandamientos

וּשְׁמַרְתֶּם אֶת חֻקֹּתַי וְאֶת מִשְׁפָּטַי אֲשֶׁר יַעֲשֶׂה

אֹתָם הָאָדָם וָחַי בָּהֶם וְגוֹ' (ויקרא יח:ה)

**Debéis guardar mis reglas y ordenanzas, que
la persona debe hacer y vivir por ellas.**

La frase hebrea "vivir por ellas" también puede ser leída como "para imbuirlas de fuerza vital". Esto nos enseña que el cumplimiento de los mandamientos de D-os no solamente sirve a la mejora de nuestra vida sino que, al cumplir con ellos, *les damos vida*. Por ejemplo, ni los tefilín más cuidadosamente elaborados pueden lograr su propósito – que es el de efectuar un cambio positivo en la realidad – si un hombre judío no se los coloca.

Por consiguiente, al cumplir con los mandamientos de D-os logramos que se cumpla Su plan para la Creación. Por supuesto, para "dar vida" a los mandamientos de D-os nosotros mismos debemos estar "vivos", es decir, sanos, fuertes, felices, entusiastas y optimistas.[5]

5. *Igrot Kódesh Mehoraiatz*, vol. 4, pág. 308; *HaIom Iom* 10 de Shevat; *Likutei Sijot*, vol. 1, pág. 152; *Hitvaaduiot 5746*, vol. 2, págs. 394–395; *ibid*., vol. 4, pág. 294, nota 90; *ibid*., págs. 326–327.

SEXTA LECTURA

Levítico 18:6–21

La mayoría de las relaciones prohibidas son relaciones incestuosas.

El ambiente del niño

אִישׁ אִישׁ אֶל כָּל שְׁאֵר בְּשָׂרוֹ לֹא תִקְרְבוּ לְגַלּוֹת עֶרְוָה אֲנִי ה' (ויקרא יח:ו)

***Ningún hombre debe acercarse a sus parientes
cercanos para "descubrir su desnudez".***

Los patriarcas – Abraham, Itzjak y Iaacov – cumplían con las leyes de la Torá antes de ser estas formalmente dictadas en el monte Sinaí. Sin embargo, hemos visto que los hijos de Iaacov se casaron con sus hermanas. La razón es que, como la sociedad en tiempos de los patriarcas era de una gran corrupción moral, simplemente no existían opciones apropiadas de parejas para el matrimonio fuera del círculo familiar. En esa época, era crucial preservar la integridad espiritual y moral de la nueva familia que pasaría a formar parte del pueblo judío. Por lo tanto, para asegurar que los hijos no heredasen características negativas de madres no apropiadas, o incorporaran actitudes negativas al ser criados por esas mujeres, los varones descendientes de Abraham se vieron forzados a deshonrar esas prohibiciones, que de todas formas recién se volverían legalmente obligatorias con la Entrega de la Torá en el monte Sinaí.

Aprendemos de esto que debemos cuidar al extremo que el ambiente en el que se críen nuestros niños y la formación que reciban apoyen y estimulen la absorción de los valores y enseñanzas de la Torá.[6]

---

6. *Igrot Kódesh*, vol. 30, págs. 262–263.

SÉPTIMA LECTURA

Levítico 18:22–30

Al término de la lista de relaciones prohibidas, D-os autorizó a las cortes judías a imponer sobre el pueblo judío toda restricción adicional que consideraran necesaria para salvaguardar la observancia de estas leyes.

Necesidad de precauciones

וּשְׁמַרְתֶּם אֶת מִשְׁמַרְתִּי וְגוֹ' (ויקרא יח:ל)

[Dijo D-os a Moshé:] "Debéis cuidar Mi encargo".

Este requerimiento también incluye la directiva de que cada uno de nosotros adoptemos precauciones adicionales por nuestra cuenta cuando entendamos que son necesarias para evitar la transgresión de cualquiera de las prohibiciones de la Torá.

El hecho de que la Torá aliente estas "salvaguardas" nos enseña que nunca debemos subestimar su importancia. Dado que tendemos naturalmente a sobreestimar nuestra capacidad de resistir el mal, es necesario evaluar en forma periódica nuestra salud espiritual – preferentemente, consultando a un consejero espiritual calificado – para determinar la necesidad de restricciones adicionales.[7]

---

7. *Likutei Sijot*, vol. 1, págs. 253–254.

Kedoshim

La santidad

Levítico 19:1–20:27

LA SÉPTIMA SECCIÓN DEL LIBRO LEVÍTICO CONTINÚA EL TEMA de la sección anterior. Al haberse convertido el pueblo judío en "un reino de sacerdotes y una nación santa" por obra de la Entrega de la Torá, debe adherir a un código de conducta específico para cumplir ese papel de forma adecuada. Así, esta sección comienza narrando el momento en que D-os ordena a Moshé decir al pueblo judío que deben ser "santos" (*kedoshim*, en hebreo), es decir, que deben atenerse a ese estándar de conducta.

PRIMERA LECTURA

Levítico 19:1–14

D-os pasa a enseñar a Moshé el código de conducta que el pueblo judío es llamado a seguir para lograr la santidad. Si bien algunas de las reglas van más allá de lo que la mayoría de las personas consideraría un comportamiento exigible, otras muchas (tales como honrar a los padres, no robar, etc.) no pertenecen a esa categoría.

Qué significa ser santo

קְדֹשִׁים תִּהְיוּ כִּי קָדוֹשׁ אֲנִי ה' אֱלֹקֵיכֶם (ויקרא יט:א)

[Ordenó D-os a Moshé decir al pueblo judío:] "Debéis ser santos, porque Yo, vuestro D-os, soy santo".

La palabra hebrea por "santo", *kadosh*, posee también los significados de "separado", "extraído" y "más allá de". D-os es absoluta e infinitamente santo, porque en la medida en que Él creó el mundo, se encuentra más allá del mismo; es decir, no se halla limitado por el tiempo, el espacio o ningún otro de sus atributos. Por lo tanto, cuando nos dicen que tenemos que ser santos porque D-os es santo, nos están diciendo que somos capaces de participar de la otredad de D-os y que los niveles de santidad que podemos alcanzar son infinitos, así como lo es D-os.

Esto significa que, como judíos, debemos vivir con la conciencia de que las leyes de la naturaleza no presentan contradicción alguna para la divinidad. No hay aspecto de la vida que se encuentre por fuera de nuestra capacidad de elevarlo en la medida en que nos encontremos conectados con D-os y actuemos de acuerdo con Su voluntad. Así, podemos "santificar" todos los aspectos de nuestras vidas, incluso los más simples y comunes. Debemos considerar todas nuestras acciones como parte de nuestra misión divina, como un modo de traer a D-os al mundo y convertirlo en Su morada.[1]

1. *Likutei Sijot*, vol. 27, págs. 116–123.

SEGUNDA LECTURA

Levítico 19:15–22

Uno de los modos de comportamiento prohibidos es el chismorreo.

El poder del pensamiento y el habla

לֹא תֵלֵךְ רָכִיל בְּעַמֶּיךָ וְגוֹ' (ויקרא יט:טז)

[Dijo D-os a Moshé que dijera al pueblo judío:]
"No andes con chismes en tu pueblo".

Según el Talmud, el chisme "mata" a tres personas: a quien que lo dijo, a quien lo escuchó y a quien fue objeto del chisme. Que los dos primeros merezcan castigo resulta comprensible, pero ¿por qué tiene que sufrir la persona de quien se habló? La respuesta es que hablar sobre las deficiencias de una persona provoca algo más que su desvalorización, porque las palabras tienen el poder de traer a la realidad energía que hasta ese momento se hallaba en estado latente. Cuando hablamos sobre las características negativas de una persona, estas se activan y se refuerzan. Como resultado, su comportamiento empeora y se hace merecedor de castigo.

A la inversa, cuando hablamos sobre las buenas cualidades de una persona, revelamos y reforzamos estas características. En consecuencia, podemos ser una influencia tanto positiva como negativa sobre las personas; la elección es nuestra.

No solamente está prohibido hablar de alguien en forma despreciativa; también lo está pensar despreciativamente sobre él. En cierta medida, pensar en alguien de forma negativa resulta más grave que hablar mal de él.[2]

2. *Likutei Sijot*, vol. 12, págs. 91–95; *Séfer Hasijot 5750*, vol. 2, págs. 429–432.

TERCERA LECTURA

Levítico 19:23–32

D-os dijo al pueblo judío que, una vez que se hallaran en la Tierra de Israel y plantaran árboles, no debían comer del fruto de ningún árbol recién plantado durante los primeros tres años de su crecimiento. El fruto que el árbol produjera durante su cuarto año debía considerarse "sagrado", lo que en ese contexto significaba que debía llevarse al Tabernáculo (o su sucesor, el Templo Sagrado) e ingerirse en las cercanías del mismo. Recién podían comerse libremente los frutos nacidos a partir del quinto año.

Infundir santidad a la vida

לְהוֹסִיף לָכֶם תְּבוּאָתוֹ וְגוֹ' (ויקרא יט:כה)

[Dijo D-os al pueblo judío que se abstuviera de comer del fruto de sus árboles durante los primeros tres años, y considerara el fruto del cuarto año como sagrado] "para que se incremente su cosecha para vosotros".

Resulta sorprendente ver que D-os nos dice que el objetivo de observar dichas restricciones sobre el consumo del fruto de un árbol durante sus primeros cuatro años es en aras del quinto año en adelante. ¿No debería ser el objetivo de este proceso la santidad del cuarto año, en vez de la mundanidad desde el quinto año en adelante?

La respuesta es que el objetivo de la vida no es la santidad en sí; el objetivo es colmar lo mundano de santidad, porque solo así podemos transformar todas las facetas de la vida en una morada para D-os y cumplir el propósito de la Creación. Es precisamente esto lo que logramos cuando tomamos el fruto producido a partir del quinto año – fruto que no es intrínsecamente sagrado – y nos servimos de él para propósitos sagrados. Este precepto tiene mayor resonancia aún cuando reconocemos que las bendiciones de abundancia del quinto año llegan a nosotros como resultado directo de haber escuchado las instrucciones de D-os relativas al fruto de los cuatro años anteriores.[3]

3. *Likutei Sijot*, vol. 7, págs. 134–138.

CUARTA LECTURA

Levítico 19:33–37

Poseer pesas y medidas inexactas es otra forma de comportamiento prohibido.

Honestidad en los negocios

מֹאזְנֵי צֶדֶק אַבְנֵי צֶדֶק אֵיפַת צֶדֶק וְהִין צֶדֶק יִהְיֶה לָכֶם וְגוֹ' (ויקרא יט:לו)

[Dijo D-os a Moshé que dijera al pueblo:] "Debéis poseer [únicamente] balanzas, pesas y medidas justas".

La Torá nos prohíbe siquiera *poseer* medidas falsas, aun cuando nunca hagamos uso de ellas. Esto obedece a que representan un nivel extremo de robo: cuando un comerciante hace uso de medidas falsas, finge cobrar correctamente a su cliente. No solo le está robando, sino que además lo está engañando.

Lo mismo se aplica con respecto a nuestra relación con D-os. Nuestra inclinación al mal, consciente de que todo intento de convencernos de rebelarnos abiertamente contra nuestro Creador sin dudas fallará, intenta enredarnos a través del engaño. "Coincido – comienza – en que cada acción que tomemos debe ser 'medida', es decir, llevada a cabo en total cumplimiento con la ley judía. Pero ¿sería tan terrible si las 'medidas' fueran un poco inexactas? Incluso si insistes en tener medidas honestas – continúa – puedes tener también otra regla de medición: en tu vida personal, aplica las leyes de D-os a rajatabla cuando trates asuntos espirituales, pero cuando interactúes con el mundo material o hagas negocios, seguramente habrá lugar para componendas."

Ser escrupuloso en hacer uso únicamente de medidas exactas, y serlo también en todos los tratos comerciales, es un prerrequisito para cumplir con toda la Torá. En palabras del gran sabio talmúdico Hillel, "No hagas a tu prójimo lo que es odioso para ti; esa es toda la Torá, el resto es comentario. ¡Ve y estúdiala!".[4]

4. *Likutei Sijot*, vol. 27, págs.149–157.

QUINTA LECTURA

Levítico 20:1-7

Mientras enseñaba a Moshé las leyes de santidad, D-os prometió que el pueblo será efectivamente capaz de mantener esos estándares de comportamiento.

Ayuda para volverse santos

וְהִתְקַדִּשְׁתֶּם וִהְיִיתֶם קְדֹשִׁים וגו' (ויקרא כ:ז)

[Dijo D-os a Moshé que dijera al pueblo:] "Debéis santificaros a vosotros mismos y ser santos".

Los sabios talmúdicos nos aseguran que cuando nos santificamos (aun en pequeña medida), D-os nos ayuda a santificarnos en gran medida. Cuando resistimos el impulso de dejarnos tentar por algún placer material generamos un incremento de santidad, y la energía espiritual positiva desciende y se posa sobre nosotros.

El versículo también puede ser interpretado así: "Santificaos a vosotros mismos", es decir, actúen de forma santa – incluso si dicho comportamiento parezca estar más allá de su nivel espiritual presente – y serán "santos"; en otras palabras, llegarán a obtener ese nivel de santidad debido a la gran energía sagrada que generaron, que descenderá entonces sobre ustedes.[5]

---

5. *Tania*, fin del capítulo 27.

Levítico 20:8–22

Maldecir a los padres, tanto mientras se encuentren vivos como después de su fallecimiento, es uno de los tipos de comportamiento prohibido.

Honrar a los padres

כִּי אִישׁ אִישׁ אֲשֶׁר יְקַלֵּל אֶת אָבִיו וְאֶת אִמּוֹ מוֹת יוּמָת וגו' (ויקרא כ:ט)

[Dijo D-os a Moshé que dijera al pueblo:] "Cualquier hombre que maldiga a su padre o madre debe ser [juzgado y] sentenciado a muerte [por la corte]".

Honrar a los padres es, al menos hasta cierto punto, el ejemplo clásico de un tipo de comportamiento aparentemente tan lógico que nos hubiéramos comportado de esa forma incluso si D-os no nos lo hubiera ordenado. No obstante, la razón por la que D-os nos ordena observar dicha regla es que lo que nos es natural, sea esto bueno o malo, se encuentra limitado por la naturaleza humana. Al convertir un comportamiento evidente en un mandamiento divino, D-os nos permite ir más allá de nuestra naturaleza. De esta manera, la Torá nos libra de nuestras limitaciones humanas, y nos permite así participar de la infinitud de D-os al revelar nuestra infinita esencia espiritual.[6]

6. *Likutei Sijot*, vol. 3, pág. 889.

SÉPTIMA LECTURA

Levítico 20:23–27

A continuación, D-os informa a Moshé cuáles son los castigos correctivos por participar en las relaciones que aparecen como prohibidas al final de la sección anterior. Tras concluir estas leyes, D-os declara que el pueblo judío debe observarlas porque "Yo soy D-os."

A quién amar

אֲנִי ה' אֱלֹקֵיכֶם אֲשֶׁר הִבְדַּלְתִּי אֶתְכֶם מִן הָעַמִּים (ויקרא כ:כד)

[Dijo D-os a Moshé que dijera al pueblo judío:] "Yo soy D-os ... quien os diferenció de otros pueblos [al daros Mis leyes]".

Los sentimientos de amor hacia otra persona pueden ser muy fuertes. Tan fuertes, de hecho, que pueden hacer que consideremos desafiar las prohibiciones de la Torá o abandonar totalmente a D-os si nos apegamos a alguien prohibido para nosotros. Es por ello que D-os nos recuerda que Él, creador del mundo y fuente del amor, estableció estas prohibiciones de forma tal que no es posible esperar ningún resultado positivo de su transgresión. Y si preguntamos por qué D-os puso en nosotros la capacidad de apegarnos a otra persona con tal fuerza que nos puede llevar a desafiarlo, la respuesta es: para recompensarnos en forma conmensurable por sobreponernos a este desafío; podemos tener la certeza y confiar en que D-os nos recompensará ampliamente cuando cumplamos con Su voluntad.[7]

Emor

El sacerdocio y las festividades

Levítico 21:1–24:23

EN LA OCTAVA SECCIÓN DEL LIBRO LEVÍTICO, D-OS INDICA A Moshé que diga (*emor,* en hebreo) a los sacerdotes mayores que eduquen a los sacerdotes jóvenes en lo relativo a las leyes del sacerdocio. D-os enseña a Moshé dichas leyes y luego las relativas al ciclo de festividades durante el año judío.

PRIMERA LECTURA

Levítico 21:1–15

D-os enseñó a Moshé acerca de la prohibición para un sacerdote de impurificarse ritualmente al tocar un cadáver humano. Las excepciones a esta prohibición son sus parientes cercanos – padres, hermanos, hijos y esposa – y un cadáver humano que no tenga quien lo entierre.

No eludir la responsabilidad

וְעַל כָּל נַפְשֹׁת מֵת לֹא יָבֹא (ויקרא כא:יא)

[Dijo D-os a Moshé que un sumo sacerdote] no debe impurificarse ritualmente tocando un cadáver [a menos que no haya nadie que lo entierre]".

La obligación que tiene el sumo sacerdote de impurificarse ritualmente para enterrar a un cadáver desatendido se aplica incluso en el improbable caso de que dicha situación se presentara mientras el sacerdote se encuentre oficiando en el Sanctasanctórum los rituales relativos a los sacrificios de Iom Kipur. Si no hay nadie que pueda enterrar ese cadáver, el sumo sacerdote debe abandonar el sitio más sagrado del Tabernáculo el día más sagrado del año para hacerlo. Esto nos enseña en primer lugar que la atención de las necesidades cruciales de otro judío antecede a la atención de nuestras propias tareas espirituales.

En segundo lugar, a veces encontramos personas que – figurativamente hablando – pueden ser consideradas como "cuerpos sin vida y faltos de atención", es decir, personas que no cuidan el lado espiritual de la vida y ni tienen a nadie que los guíe en ese sentido. En casos así, debemos aprovechar la oportunidad de asistirlos y recordarnos a nosotros mismos que hasta el sumo sacerdote tiene que abandonar sus sublimes responsabilidades en el sagrado día de Iom Kipur para enterrar un cadáver falto de atención. A diferencia de él, nosotros tenemos a la vez la obligación y el privilegio, no solo de atender a una persona "sin vida" sino también ¡de revivirla![1]

1. *Hitvaaduiot 5744*, vol. 3, págs. 1844–1845; *Hitvaaduiot 5745*, vol. 2, pág. 1201.

SEGUNDA LECTURA

Levítico 21:16–22:16

Los sacerdotes tienen prohibido casarse con determinadas mujeres. Algunos defectos corporales impiden que un sacerdote actúe de oficiante en el Tabernáculo. Si los sacerdotes pierden su pureza ritual, no pueden comer carne proveniente de los sacrificios como tampoco de las partes de las cosechas que los agricultores judíos debían apartar para ellos.

El modo amable de educar

וַיְדַבֵּר ה' אֶל מֹשֶׁה לֵאמֹר: דַּבֵּר אֶל אַהֲרֹן וְגוֹ' (ויקרא כא:טז-יז)

Habló D-os a Moshé diciendo: "Habla con Aharón".

La Torá emplea principalmente dos palabras hebreas para la acción de hablar. La primera (*dibur*) se aplica a las "palabras duras"; se trata de la transmisión directa y precisa del mensaje. La segunda (*amirá*) se reserva para las "palabras suaves", es decir, el mensaje es adaptado a quien lo recibe de forma tal de asegurar ser efectivamente recibido y claramente comprendido.

La primera parte de esta sección de la Torá, dedicada a las leyes referentes a la obligación de los sacerdotes de educar a sus hijos en las responsabilidades del sacerdocio, está expresada exclusivamente con "palabras suaves". Es recién cuando vuelve a las demás leyes relativas a los sacerdotes que D-os emplea "palabras duras."

Esto nos enseña que debemos educar principalmente con "palabras suaves". Para ser efectivos, los educadores deben familiarizarse por completo con sus alumnos y adaptar a ellos los modos de transmisión.

La orden de D-os sobre la manera en que los sacerdotes deben educar a sus hijos se aplica a todos nosotros. Siempre que vemos en alguien un comportamiento o actitud que necesita inspiración o corrección, es porque la Providencia divina nos está poniendo en ese momento en el papel de educadores. En todos estos casos, debemos recordar la instrucción de D-os de usar exclusivamente "palabras suaves".[2]

2. *Likutei Sijot*, vol. 27, págs. 158–159; *Hitvaaduiot 5742*, vol. 3, págs. 1421–1424.

TERCERA LECTURA

Levítico 22:17–33

Los animales quedan descalificados como ofrendas de sacrificios si poseen algún defecto. Solo se aceptan en sacrificio animales con al menos una semana de vida.

Nutrir las emociones para hacerlas madurar

שׁוֹר אוֹ כֶשֶׂב אוֹ עֵז כִּי יִוָּלֵד וְהָיָה שִׁבְעַת יָמִים תַּחַת אִמּוֹ

וּמִיּוֹם הַשְּׁמִינִי וָהָלְאָה יֵרָצֶה לְקָרְבָּן וּגוֹ' (ויקרא כב:כז)

[Dijo D-os a Moshé:] "Cuando nace [un animal], debe permanecer con su madre durante siete días; será aceptado como sacrificio... desde el octavo día [de vida] en adelante".

El significado místico de esta ley es el siguiente:

La "madre" simboliza el intelecto, dado que es el intelecto el que "hace nacer" las emociones. Cuando el intelecto reconoce la virtud de algo o alguien, "hace nacer" la emoción del amor por él; cuando reconoce lo poco deseable o dañino de algo o alguien, "hace nacer" la emoción del odio o temor por él; y así sucesivamente.

El "animal" simboliza las emociones, dado que los animales son manejados por sus emociones instintivas en lugar de por su intelecto.

Cuando una emoción "nace", debe ser madurada por el intelecto. Este proceso tiene lugar a lo largo de siete "días"; es decir, es un proceso de siete pasos, uno por cada una de las siete emociones básicas. No es hasta que las emociones hayan madurado que se vuelven aptas para ser "ofrendadas a D-os", o sea, merecedoras de formar parte de la mente de un ser humano dedicado al servicio a D-os.[3]

3. *Hitvaaduiot 5725*, vol.1, págs.84–85.

CUARTA LECTURA

Levítico 23:1–22

A continuación, D-os instruyó a Moshé con respecto a las leyes de las festividades del año judío. La primera festividad es Pésaj, celebrada en el primer mes del calendario judío, Nisán.

Mantener el foco apropiado

וּבַחֲמִשָּׁה עָשָׂר יוֹם לַחֹדֶשׁ הַזֶּה חַג הַמַּצוֹת וְגוֹ' (ויקרא כג:ו)

[Dijo D-os a Moshé:] "En el día 15 del mes [de Nisán] comienza la Fiesta de las Matzot".

A pesar de que a lo largo de la Torá se la denomina 'Fiesta de las Matzot', esta fiesta se conoce por 'Pésaj' (en la Torá, el término 'Pésaj' se refiere siempre al sacrificio asociado con esta festividad y no a la festividad misma). Según el maestro jasídico Rabí Leví Itzjak de Berdíchev, los dos nombres reflejan dos perspectivas distintas de la festividad.

D-os desea enfatizar la grandeza del pueblo judío y por ello es que se centra en la matzá. La matzá recuerda que los judíos abandonaron Egipto con tal prisa que no tuvieron tiempo de dejar leudar sus masas, lo que destaca su fe implícita en D-os y su disponibilidad de seguirlo a cualquier lugar que Él indicara. Nosotros, por nuestra parte, consideramos la festividad como una oportunidad para alabar y agradecer a D-os, especialmente por haber "saltado" los hogares judíos y haber hecho que Sus plagas afectaran únicamente a los egipcios.

Debemos relacionarnos de manera semejante en todos nuestros logros mundanos. En vez de centrarnos en nuestras habilidades extraordinarias (las que nos han permitido triunfar), centrémonos en cómo la "mano" de D-os siempre, milagrosamente, nos asiste. ¡Debemos dejar a D-os la tarea de poner el eje en nuestros méritos![4]

JUEVES

QUINTA LECTURA

Levítico 23:23–32

Sigue a Pésaj, siete semanas después, la festividad de Shavuot ('semanas'). A pesar de que los meses del año judío se cuentan a partir de Nisán, los años se cuentan a partir del primer día de Tishrei, el séptimo mes del calendario. Así, el primer día de Tishrei es denominado Rosh Hashaná, 'comienzo del año'. Esta festividad se caracteriza por el toque del shofar, un cuerno de carnero (siempre y cuando no coincida con Shabat[5]).

Las alturas espirituales de Shabat

בַּחֹדֶשׁ הַשְּׁבִיעִי בְּאֶחָד לַחֹדֶשׁ יִהְיֶה לָכֶם ... זִכְרוֹן תְּרוּעָה וְגו' (ויקרא כג:כד)

[Dijo D-os a Moshé:] *"El primer día del séptimo mes
[Tishrei] será ... un recordatorio del sonido del shofar".*

El toque del shofar en el primer día del año despierta una nueva energía divina, la cual sostendrá toda la Creación de ese año tanto en su dimensión física como espiritual. Sin embargo, cuando Rosh Hashaná coincide con Shabat, no tocamos el shofar sino que solamente lo "recordamos" mencionándolo en nuestras plegarias.

Esto se debe a que el toque del shofar en Shabat no solo es innecesario sino carente de sentido. La temática principal de Rosh Hashaná es la soberanía de D-os sobre nosotros. El toque del shofar en la "coronación" de D-os es la afirmación de nuestra voluntaria y desinteresada sumisión a Su soberanía. Sin embargo, la necesidad de dicha afirmación implica que somos conscientes de nosotros mismos en tanto seres independientes que deben someterse a D-os de manera intencional. Dicha conciencia de nosotros mismos es característica de nuestra mentalidad durante los días de semana. En Shabat, en cambio, nos encontramos inherentemente absorbidos en nuestra mayor conciencia divina, y es por ello que tal afirmación resulta redundante.[6]

---

5. Por decreto rabínico. *Talmud, Rosh Hashaná*, 4a.
6. *Séfer HaSijot 5749*, vol. 2, págs. 705–707.

SEXTA LECTURA

Levítico 23:33–44

En la semana que comienza el quinceavo día de Tishrei se celebra Sucot ('cabañas') y se nos ordena vivir en cabañas temporarias. En esta festividad también debemos reunir y agitar cuatro especies de plantas: un citron (*etrog*), un tallo de palmera datilera (*lulav*), tres ramas de mirto (*hadasim*) y dos ramas de sauce (*aravot*).

Elevarnos por encima del mundo físico

בַּסֻּכֹּת תֵּשְׁבוּ שִׁבְעַת יָמִים וגו' (ויקרא כג:מב)

[Habló D-os a Moshé para que dijera al pueblo judío:] "Debéis vivir en cabañas".

La *sucá* se destaca entre los demás mandamientos de la Torá por ser el único mandamiento al que entramos físicamente; la *sucá* nos rodea por todas partes. Esta propiedad de la *sucá* es la manifestación de la energía divina que contiene: la conciencia de que D-os existe independientemente del mundo y más allá de las limitaciones del mismo.

Los sabios nos enseñan que, en sentido espiritual, la *sucá* deriva de la nube que se producía cuando el sumo sacerdote quemaba incienso en el Sanctasanctórum durante Iom Kipur. En tanto que los sacrificios animales tenían por eje principal el perfeccionamiento de nuestra alma animal-humana, el incienso expresaba la conciencia interna de nuestra alma divina. Nuestra alma divina opera en un plano superior al de nuestra conciencia animal-humana normal. El alma divina nos permite trascender los límites que nos impone en la vida nuestra alma animal-humana, cuyo intelecto y emociones solo se interesan por las cosas físicas. La consigna de la festividad de Sucot es, en primer lugar, al construir la *sucá*, poner el eje en la divinidad ilimitada de D-os; en segundo lugar, internalizar la conciencia de esta divinidad tanto viviendo en la *sucá* como también cumpliendo el mandamiento de sostener y agitar las cuatro especies.[7]

---

7. *Séfer HaMaamarim Melukat*, vol. 1, pág. 175.

SÉPTIMA LECTURA

Levítico 24:1–23

A continuación, la Torá relata un incidente ocurrido el mes posterior a la inauguración del Tabernáculo. Mientras vivía en Egipto, el pueblo judío había preservado cuidadosamente la pureza de la vida familiar. La única mujer judía que había sido violada – por un capataz egipcio – llevaba el nombre de Shelomit. El hijo engendrado por el egipcio intentó acampar con la tribu de su madre, la tribu de Dan. Como la pertenencia a una tribu no dependía del linaje tribal de la madre sino del padre, él fue rechazado. El caso fue llevado a la corte y esta falló en contra del hijo de Shelomit, quien entonces maldijo a D-os. En el final de esta sección, D-os informa a Moshé las leyes relativas a la blasfemia y su castigo.

Encontrar lo positivo en lo negativo

וְשֵׁם אִמּוֹ שְׁלֹמִית בַּת דִּבְרִי וגו' (ויקרא כד:יא)

El apodo de su madre era Shelomit bat Dibrí.

La Torá solo menciona el apodo de la mujer, pero aun así la identifica, aparentemente avergonzándola en público. De más está decir que esto parece inconsistente con la regla de la Torá contraria a avergonzar públicamente a una persona.

En realidad, al mencionar su nombre en conexión con este incidente, lo que hace la Torá es alabar a Shelomit, ya que fue elegida por la Providencia divina para ser la persona a través de quien se demostrara el carácter ejemplar del resto de las mujeres judías.

De hecho, esta es una de las formas en la que las acciones negativas pueden transformarse en méritos y servir como impulso para un comportamiento apropiado. El ejemplo negativo dado por Shelomit inspiró a las siguientes generaciones de mujeres judías a ponerse a la altura de la conducta ejemplar de nuestros ancestros en Egipto.[8]

8. *Likutei Sijot*, vol. 37, págs. 67–71.

Behar

Los años sabáticos y de jubileo

Levítico 25:1–26:2

LA NOVENA SECCIÓN DE LEVÍTICO COMIENZA CON EL MOMENTO en que Moshé escucha la voz de D-os en el Tabernáculo al pie del monte (en hebreo, *behar*), quien le ordena transmitir al pueblo judío las leyes relativas a los años sabáticos y de jubileo.

PRIMERA LECTURA

Levítico 25:1–13

D-os dijo a Moshé que en la Tierra de Israel el pueblo judío debía dejar los campos sin trabajar durante un año completo tras haberlos laborado durante seis años. Para que pudieran hacer esto, D-os dijo que "bendeciría" la producción del sexto año, haciendo que la tierra produjera lo suficiente para ambos años.

D-os promete, D-os cumple

וּבַשָּׁנָה הַשְּׁבִיעִת שַׁבַּת שַׁבָּתוֹן יִהְיֶה לָאָרֶץ ... וְצִוִּיתִי

אֶת בִּרְכָתִי לָכֶם בַּשָּׁנָה הַשִּׁשִּׁית וגו' (ויקרא כה:ד,כא)

Instruyó D-os a Moshé para que dijera al pueblo judío:] "En el séptimo año, la tierra debe tener un descanso completo ... Yo ordenaré Mi bendición para vosotros en el sexto año".

A pesar de que dejar la tierra sin cultivar por un año efectivamente mejora su fertilidad, este no puede ser el propósito del año sabático. De haberlo sido, D-os habría prometido aumentar la cosecha en el año *siguiente* al año de descanso, no en el *anterior*. Al prometer aumentar la producción en el sexto año – ¡que naturalmente es el menos productivo! – D-os nos muestra que es específica y exclusivamente Su bendición la causa del aumento en la producción.

La lección que extraemos de esto es la siguiente: como judíos, se requiere de nosotros que todos los días dediquemos tiempo a rezar y estudiar Torá; debemos dar caridad, apoyar la educación judía, y abstenernos de trabajar en Shabat y en las festividades judías. Pero, ¿cómo podemos esperar vivir vidas con salud financiera cuando nuestros vecinos no judíos luchan para ganarse el sustento sin estar "incapacitados" por ninguna de estas obligaciones y restricciones?

El año sabático nos enseña que, cuando hacemos lo que D-os quiere, Él no solo nos bendecirá en el plano espiritual sino también en el plano material.[1]

---

1. *Likutei Sijot*, vol. 2, págs. 548–549.

SEGUNDA LECTURA

Levítico 25:14–18

Además del año sabático, a la tierra se le debe dar descanso durante un año cada cincuenta. Dicho año es conocido como el año de jubileo. A comienzos de ese año, los campos comprados durante los cuarenta y nueve años anteriores deben volver a sus dueños originales. Es por esto que cuando una persona vende su campo, debe reducir el valor total de este en función de la cantidad de años que hayan transcurrido desde el año de jubileo anterior.

Bajar el infinito

בְּמִסְפַּר שָׁנִים אַחַר הַיּוֹבֵל תִּקְנֶה מֵאֵת עֲמִיתֶךָ וְגו' (ויקרא כה:טו)

[Instruyó D-os a Moshé para que dijera al pueblo judío:]
"Debéis comprar de vuestro prójimo judío de acuerdo con
el número de años desde el [año de jubileo anterior]".

El conjunto de los cuarenta y nueve años agrupados en los siete ciclos sabáticos y seguidos del año de jubileo se asemeja a los cuarenta y nueve días del período de siete semanas cuando contamos los días entre Pésaj y la festividad de Shavuot, momento en que revivimos la Entrega de la Torá.

En el recuento anual entre Pésaj y Shavuot hay un día – el último, el número cincuenta – que se celebra pero no se cuenta. Esto se debe a que la experiencia anual de la Entrega de la Torá es una revelación divina que no podemos lograr por nosotros mismos: se trata de un regalo divino. Sin embargo, las revelaciones divinas de Shavuot y el año de jubileo solo ocurren en respuesta a que nosotros hayamos contado los anteriores cuarenta y nueve días o años respectivamente. En su transcurso ascendemos todos los niveles de consciencia divina que podemos lograr por nosotros mismos.

Vemos entonces que, en lo que se refiere a cumplir con nuestra misión divina, D-os nos concede un éxito que se encuentra más allá del que podemos lograr siempre y cuando invirtamos nuestros máximos esfuerzos en alcanzar por nosotros mismos todo aquello que podamos.[2]

2. *Or Hatorá, Vaikrá*, vol. 2, pág. 605; *Likutei Sijot*, vol. 3, págs. 976, 996.

TERCERA LECTURA

Levítico 25:19-24

Como se mencionó anteriormente, D-os promete bendecir la producción del sexto año, haciendo que la tierra produzca tanto para ese año como para el año sabático siguiente.

La fortaleza de los débiles

וְצִוִּיתִי אֶת בִּרְכָתִי לָכֶם בַּשָּׁנָה הַשִּׁשִּׁית וְגוֹ' (ויקרא כה:כא)

[Instruyó D-os a Moshé para que dijera al pueblo judío:]
"Ordenaré Mi bendición para vosotros en el sexto año".

Cuando D-os ocultó su presencia luego de que Adán y Eva comieran del fruto del Árbol del Conocimiento, lo hizo limitando su ocultamiento a seis mil años. A pesar de que podemos merecer que venga antes, la Era Mesiánica comenzará a no más tardar al comienzo del séptimo milenio.

Los seis años durante los cuales se permite el trabajo agrícola corresponden a los seis milenios del actual estado del mundo. El año sabático corresponde al séptimo milenio, momento en que el mundo "descansará" de su presente estado. Estamos actualmente en la última parte del sexto milenio, es decir, acercándonos al final del sexto "año".

En este contexto, sabemos que la conciencia divina y la fortaleza espiritual de nuestra generación no se pueden comparar con las de las generaciones anteriores. Siendo este el caso, nos podemos preguntar: ¿cómo puede ser que el sexto "año", el más débil, sea el que provea para el séptimo?; ¿cómo puede nuestra relativamente débil espiritualidad iniciar la Redención, cuando la espiritualidad superior de nuestros santos ancestros no la logró?

A esto, D-os responde que en mérito a nuestra fe pura, tal como esta se expresa en nuestra dedicación a nuestra misión divina a pesar de todos los obstáculos y más allá de las limitaciones de la lógica, Él va a aumentar la producción del "sexto año" y nos traerá la Redención.[3]

3. *Likutei Sijot*, vol. 27, pág. 190.

CUARTA LECTURA

Levítico 25:25–28

D-os permitía al pueblo judío vender sus parcelas en la Tierra de Israel solo si se encontraba en grave situación financiera. Por otra parte, si el pariente de un vendedor contaba con los medios financieros necesarios para volver a comprar ("redimir") el terreno del comprador, le era permitido hacerlo. En tanto hubieran pasado menos de dos años después de la venta, el comprador no podía negarse a venderle la tierra.

Somos socios de D-os

וּבָא גֹאֲלוֹ הַקָּרֹב אֵלָיו וְגָאַל אֵת מִמְכַּר אָחִיו (ויקרא כה:כה)

[Instruyó D-os a Moshé a que dijera al pueblo judío:] "El redentor [del campo] que es pariente [del vendedor] podrá ir y redimir [la tierra] que su pariente vendió".

Las leyes de redención de la propiedad anteriores al año de jubileo están basadas en el principio enunciado dos versículos atrás (en Levítico 25:23): "La tierra no puede ser vendida [de tal manera] que se desconecte [de forma permanente del dueño original] porque la tierra me pertenece a Mí". La prohibición de efectuar una venta permanente nos recuerda que en última instancia la tierra pertenece a D-os; nunca debemos considerarnos sus verdaderos dueños.

Lo mismo se aplica a cualquier riqueza o propiedad que podamos adquirir en el transcurso de nuestras vidas. "De D-os es la tierra y todo lo que ella contiene".[4] Nunca debemos perder de vista el hecho de que D-os nos dio todo lo que tenemos solo en carácter de socios, para que lo perfeccionemos, lo elevemos y lo transformemos en Su verdadera morada.[5]

---

4. Salmos 24:1

5. *Hitvaaduiot 5745*, vol. 4, págs. 2077–2079.

QUINTA LECTURA

Levítico 25:29–38

A continuación, D-os enseña a Moshé las leyes sobre la caridad y la prohibición de cobrar intereses sobre los préstamos.

El valor del trabajo

אַל תִּקַּח מֵאִתּוֹ נֶשֶׁךְ וְתַרְבִּית וְגוֹ' (ויקרא כה:לו)

[D-os instruyó a Moshé para que dijera al pueblo judío:] "No debéis cobrarle intereses".

Hay una diferencia sutil pero crucial entre un inversor que gana dinero a partir de su inversión y un prestamista que se beneficia por dar su dinero en préstamo. Cuando invertimos en un negocio, el dinero invertido nos sigue perteneciendo: el dinero está "trabajando" para nosotros; lo que obtenemos son las ganancias que genera el negocio. Un préstamo, en cambio, transfiere la propiedad del capital al prestatario; el dinero ahora le pertenece a este, a pesar de que está obligado a devolverlo después. Cobrar interés por un préstamo implica beneficiarse del trabajo de otro sin haber participado en ese esfuerzo. El prestamista cobra interés basado en el solo hecho de que el dinero le *había* pertenecido a él.

Cobrar intereses por un préstamo es algo que está en contra de la forma en que D-os quiere que opere el mundo. D-os pretende que nos perfeccionemos trabajando por nuestros logros, tanto materiales como espirituales. En palabras de los sabios, "Si alguien te dice, 'me he esforzado sin resultados', no le creas. Si dice 'no me he esforzado, pero he visto resultados', tampoco le creas. Si dice 'me he esforzado y he visto resultados', créele".[6]

SEXTA LECTURA

Levítico 25:39–46

A continuación, D-os enseñó a Moshé las leyes relativas al empleo de sirvientes judíos. Si un ladrón judío fue condenado por robo y no puede pagar el valor de lo robado, la corte puede venderlo como esclavo y emplear la suma recaudada en la "venta" para pagar sus deudas. Asimismo, si un hombre judío no tiene otra forma de obtener el sustento, puede venderse como esclavo. En todos los casos, el "amo" tiene que tratar al sirviente en forma humanitaria, proveyéndole alimento y vestimenta apropiados, y no le es permitido asignarle tareas desmoralizantes.

El propósito de la recompensa

לֹא־תִרְדֶּה בוֹ בְּפָרֶךְ וְגוֹ' (ויקרא כה:מג)

[Instruyó D-os a Moshé para que dijera al pueblo judío: "Cuando alguien es tu esclavo,] no debes subyugarlo con trabajos innecesarios".

Trabajar sin un objetivo no solo desmoraliza sino que hasta puede llegar a enloquecer a la persona; trabajar por un propósito constructivo – aun si la tarea demanda un gran esfuerzo – resulta altamente gratificante. La satisfacción que deriva del logro puede ser mayor que la satisfacción por el dinero obtenido.

El esfuerzo que tenemos que hacer en estudiar la Torá y cumplir con los mandamientos de D-os puede ser elevado, pero se nos ha enseñado que nuestros esfuerzos aquí abajo tienen una influencia profunda en el mundo cósmico superior. Tener esto en mente nos permite estudiar la Torá y cumplir con los mandamientos de D-os con entusiasmo, alegría y sentido de propósito.[7]

---

7. *Likutei Sijot*, vol. 3, pág. 1010.

SÉPTIMA LECTURA

Levítico 25:47–26:2

Dado que el pueblo judío debe enseñar los caminos de D-os al resto del mundo, D-os prohibió a todo judío venderse a sí mismo como esclavo a personas no judías. No obstante, si aun así un judío se vende a sí mismo, la venta es válida pero sus parientes cercanos tienen la obligación de volver a comprarlo ("redimirlo") en la primera oportunidad posible.

¿De quién somos esclavos?

כִּי לִי בְנֵי יִשְׂרָאֵל עֲבָדִים עֲבָדַי הֵם אֲשֶׁר הוֹצֵאתִי

אוֹתָם מֵאֶרֶץ מִצְרַיִם וְגוֹ' (ויקרא כה:נה-נה)

[Instruyó D-os a Moshé para que dijera al pueblo judío: "Los parientes del esclavo deben redimirlo] porque los israelitas son Mis siervos, a quienes Yo he sacado de Egipto".

Algunos de nosotros estamos tan absorbidos por el trabajo durante los seis días de la semana que parece que nos hubiéramos vuelto esclavos de él. Incluso en Shabat – el "séptimo año" semanal en el que se supone que debemos "salir en libertad" – nos es difícil liberarnos de lo absorbidos que estamos por el trabajo.

La Torá nos enseña que esta no es la forma correcta de vivir. Fuimos creados para servir a D-os: para estudiar Su Torá y cumplir con Sus mandamientos. Dado que D-os nos creó con ese propósito, sin duda alguna también nos proveyó de la capacidad de cumplirlo. Incluso cuando trabajamos durante la semana no debemos considerarnos esclavos de nuestro trabajo, sino que debemos trabajar para usar los frutos de nuestra labor con fines sagrados. Y en Shabat debemos elevarnos completamente por encima de toda asociación con nuestras vidas mundanas.

Al liberarnos así de nuestra esclavitud personal aceleramos la Redención general, momento en que todo el mundo será libre para dedicarse a la espiritualidad y a la divinidad sin obstáculo alguno.[8]

8. *Likutei Sijot*, vol. 11, págs. 97–98.

Bejukotai

La recompensa y el castigo correctivo; las donaciones

Levítico 26:3–27:34

LA DÉCIMA Y ÚLTIMA SECCIÓN DEL LIBRO LEVÍTICO COMIENZA narrando el momento en que D-os promete al pueblo judío ser recompensado con bienestar y riquezas materiales si cumplen con sus estatutos (en hebreo, *bejukotai*). También es verdad lo opuesto: si abandonan las leyes de D-os, los judíos perderán sus bendiciones. A continuación, D-os instruye al pueblo judío con respecto a qué donaciones pueden hacer al Templo o a los sacerdotes, de qué manera y bajo qué circunstancias.

PRIMERA LECTURA

Levítico 26:3–5

La promesa de prosperidad y riquezas materiales depende especialmente de que el pueblo judío cumpla Sus "estatutos", es decir, aquellos mandamientos para los que no existe una explicación racional.

Experimentar la bondad divina

אִם בְּחֻקֹּתַי תֵּלֵכוּ וגו' (ויקרא כו:ג)

"Si avanzan en Mis estatutos".

Los "estatutos" de D-os son aquellos mandamientos que desafían toda explicación racional. La palabra hebrea para "estatuto" (*juká*) significa también "grabado". Cuando una letra se *graba* sobre un objeto, se vuelve parte permanente del mismo (a diferencia de lo que ocurre cuando se *escribe* una letra sobre un objeto, ya que permanece sobre él como una entidad separada). De la misma forma, es por medio del cumplimiento de los "estatutos" de D-os como nos unimos verdaderamente con Él. La razón para esto es que, así como las letras se graban en la piedra *quitando* lo que había antes allí, cumplir con los "estatutos" de D-os requiere que "*quitemos*" – es decir, que neguemos – nuestros egos. Despejados nuestros egos del camino, podemos conectarnos con D-os de la forma más completa posible.

Es por ello que D-os condiciona Sus bendiciones específicamente a nuestro cumplimiento de este tipo de mandamientos. Cuando nos vaciamos de nuestro ego podemos ver las recompensas de D-os no como motivaciones para cumplir Su voluntad, sino como componentes intrínsecos de nuestra relación con Él. D-os es bondad absoluta, por lo que, cuando nos relacionamos con Él sin la interferencia de nuestros egos, podemos experimentar Su bondad en su forma pura, como una revelación de Él mismo hacia nosotros.[1]

1. *Likutei Sijot*, vol. 22, págs. 159–165.

SEGUNDA LECTURA
_____

Levítico 26:6–9

D-os instruyó a Moshé para que dijera al pueblo judío que, como parte de la recompensa por cumplir con Sus estatutos, Él los protegería de las bestias salvajes eliminándolas de sus tierras.

Domar lo salvaje

וְהִשְׁבַּתִּי חַיָּה רָעָה מִן־הָאָרֶץ וגו' (ויקרא כו:ו)

"Eliminaré las bestias salvajes [dañinas] de la tierra".

Esta bendición se cumplirá de su máxima expresión en la Era Mesiánica, era en la cual "el lobo morará con el cordero" en paz. Seguirán existiendo lobos, pero ya no serán predadores.

Tanto para prepararnos para el futuro mesiánico como para acelerar su llegada, debemos intentar vivir vidas "mesiánicas" en la mayor medida posible. Por lo tanto, en vez de destruir los elementos salvajes (no domesticados) presentes en nuestro mundo y en nosotros mismos, debemos transformarlos y usarlos para bien.[2]

2. *Likutei Sijot*, vol. 7, págs. 188–197.

TERCERA LECTURA

Levítico 26:10–46

Luego de describir las recompensas por cumplir con la voluntad de D-os, la Torá describe las consecuencias de ser negligentes en el cumplimiento de Su voluntad.

Bendiciones disfrazadas

וְאִם לֹא תִשְׁמְעוּ לִי וְגו' (ויקרא כו:יד)

[Dijo D-os:] *"Si no Me escucháis…"*

El misticismo judío nos enseña que D-os, la Torá y el pueblo judío poseen dimensiones ocultas y dimensiones reveladas. En la dimensión "revelada" de la Torá, los castigos correctivos descritos en sus versículos son efectivamente maldiciones; pero en la dimensión oculta, estos "castigos" en realidad son bendiciones. Esto no significa que sean meras bendiciones "figurativas", es decir, experiencias dolorosas que debamos atravesar para lograr un bien mayor. Se trata de bendiciones reales y en absoluto comunes, sino que son de las bendiciones mayores, las sublimes.

De hecho, son específicamente las bendiciones sublimes las que tienen que ser expresadas (y a veces experimentadas) como maldiciones. Esto es así porque siempre que D-os nos otorga una bendición, esta debe pasar primero por la "corte" celestial, quien juzga al eventual receptor para determinar si él o ella es merecedor de recibirla. En cambio, cuando una bendición se "disfraza" de maldición, "pasa por encima" de los "fiscales acusadores" y llega directamente a nosotros, sus receptores.

Cuando experimentamos lo que parece ser una maldición de D-os, debemos saber que esta es, en realidad, una bendición de Él disfrazada. La conciencia de este hecho transforma las bendiciones ocultas de D-os en bendiciones reveladas.[3]

---

3. *Tania*, cap. 26; *Iguéret HaKódesh* 11, 22; *Likutei Sijot*, vol. 7, pág. 233, vol. 19, págs. 136–139.

CUARTA LECTURA

Levítico 27:1–15

A continuación, D-os instruyó a Moshé acerca de los diversos tipos de donaciones que puede hacer una persona al Templo o a los sacerdotes. Un tipo de donación es la promesa del valor monetario de una persona o artículo. En dichos casos, el sacerdote debe evaluar primero la capacidad de pago del donante antes de cobrar la donación.

Nuestro valor infinito

עַל פִּי אֲשֶׁר תַּשִּׂיג יַד הַנֹּדֵר יַעֲרִיכֶנּוּ הַכֹּהֵן (ויקרא כז:ח)

[**D-os instruyó a Moshé para que dijera al pueblo judío]** *"El sacerdote debe evaluar [al donante] según cuánto puede pagar".*

La riqueza del donante se evalúa de acuerdo con lo que efectivamente posee, independientemente de si haya elegido hacer uso de toda su riqueza o solo de parte de ella. D-os nos evalúa de modo semejante. Todos los judíos hemos recibido la Torá cuando nuestras almas estuvieron presentes en el monte Sinaí, por lo que la Torá en su totalidad es nuestra herencia y posesión. Por lo tanto, independientemente de cuánta Torá hayamos estudiado o internalizado, D-os nos considera ricos en sentido espiritual. Esta evaluación favorable que hace D-os de nuestra riqueza y valor se filtra a la conciencia de las demás naciones. Es por ello que los no judíos – sean o no conscientes de esto – tienen una elevada y profunda estima por el pueblo judío.

Sin embargo, no basta con poseer riqueza espiritual inherente; tenemos que hacer uso del infinito poder de la Torá para perfeccionarnos así como para perfeccionar al mundo, estudiando todos sus aspectos e internalizándola al máximo de nuestra capacidad, y más aún.[4]

QUINTA LECTURA

Levítico 27:16–21

Bajo circunstancias específicas, una persona también puede donar su terreno al Templo o a sus sacerdotes.

Honrar a nuestros hijos

וְאִם מִשְּׂדֵה אֲחֻזָּתוֹ יַקְדִּישׁ אִישׁ לַה' (ויקרא כז:טז)

[D-os instruyó a Moshé para que dijera al pueblo judío:] "Si un hombre consagra a D-os parte de su campo heredado..."

¿Por qué la Torá nos permite donar al Templo o a sus sacerdotes posesiones que D-os nos ha otorgado? ¿No se considerará que estamos siendo desagradecidos con D-os o, quizás, eludiendo la responsabilidad que Él ha depositado en nosotros al poner esos recursos a nuestra disposición? La respuesta es que, en realidad, todas nuestras posesiones pertenecen a D-os. Él las ha puesto a nuestro cargo durante nuestras vidas solo para que las perfeccionemos y para que, al perfeccionarlas, perfeccionemos al mundo y a nosotros mismos. Por lo tanto, no tenemos "derechos" inherentes sobre aquello que poseemos; no es nuestro para que abusemos o desperdiciemos a discreción.

Si esto es verdad en cuanto a nuestras posesiones externas, cuanto más cierto es en lo relativo a nuestro cuerpo y nuestro talento. Debemos hacer un uso apropiado de ambos y dirigirlos hacia fines positivos; no son nuestros para abusar de ellos o darles mal uso. Y esto es más cierto aún con respecto a nuestros hijos, a quienes valoramos más que a nosotros mismos. Nuestros hijos pertenecen a D-os, quien los ha confiado a nuestro cargo para que los criemos para que sean buenos y santos. Está en nuestra naturaleza como padres no escatimar ningún esfuerzo en pos de lo que es lo mejor para ellos. Nuestra mayor prioridad, entonces, debe ser proveerles una educación judía basada en los eternos valores de la Torá. Esta es la mejor forma de asegurar su verdadera y mayor felicidad.[5]

5. *Likutei Sijot*, vol. 22, págs. 166–172; *Sijot Kódesh 5741*, vol. 1, págs. 567–575.

SEXTA LECTURA

Levítico 27:22–28

A continuación, D-os instruyó a Moshé acerca de las leyes especiales que se aplican a los animales primogénitos y a cada décimo animal nacido.

Responder al llamado de D-os

אַךְ בְּכוֹר אֲשֶׁר יְבֻכַּר לַה' בִּבְהֵמָה לֹא יַקְדִּישׁ

אִישׁ אֹתוֹ ... לַה' הוּא (ויקרא כז:כו)

[D-os instruyó a Moshé para que dijera al pueblo judío:] "Ningún hombre puede consagrar su animal primogénito [como cualquier otro tipo de sacrificio] ... dado que debe ser para D-os".

Los dos temas finales de esta sección de la Torá tratan de lo que se debe hacer con nuestros animales primogénitos y con uno de cada diez animales nuestros en general. Los animales primogénitos deben ser ofrendados como sacrificios (a los sacerdotes se les ofrenda parte de su carne para consumir); el diezmo de los animales debe ser comido por sus propios dueños en Jerusalem. Estos dos mandamientos reflejan las dos facetas complementarias de la institución de los sacrificios: santificar el mundo y santificarnos a nosotros mismos.

Así pues, estos dos mandamientos conforman una conclusión apropiada al libro Levítico, libro en el que escuchamos el llamado de D-os, quien nos desafía a vivir con total conciencia en nuestro potencial innato como pueblo elegido por Él. Vivir de esta manera nos transforma en un "reino de sacerdotes", ya que santificamos la realidad mundana. Cumplimos así el propósito de la Creación: hacer que el mundo sea la verdadera morada de D-os.[6]

---

6. *Ibid.*, vol. 17, págs. 332–339.

SÉPTIMA LECTURA

Levítico 27:29–34

Cada décimo animal nacido de entre nuestros bovinos, ovinos y caprinos debe ofrendarse en sacrificio, y su carne debe ser comida por el dueño y su familia. El dueño no tiene permitido sustituir otro animal por el del diezmo, pero si aun así lo hiciera, ambos animales deberán ser tratados como si fueran parte del diezmo.

Protección contra daños

וְאִם הָמֵר יְמִירֶנּוּ וְהָיָה הוּא וּתְמוּרָתוֹ יִהְיֶה קֹדֶשׁ וגו' (ויקרא כז:לג)

[Insruyó D-os a Moshé para que dijera al pueblo judío:] "Si [el dueño del animal diezmado] lo sustituye, entonces tanto él como su reemplazo serán santos".

Santificar un animal es una buena acción. ¿Por qué entonces la Torá prohíbe al dueño sustituir otro animal por el original, si al hacerlo ambos animales quedan santificados?

Cada vez que una persona diezmaba sus animales, se elevaba de este mundo material y participaba del santo proceso de tener que llevar el animal a Jerusalén y comerlo allí con su familia. Esto le daba la oportunidad de renovar su inspiración religiosa en el sagrado Templo. La Torá quiere que el dueño aproveche esa oportunidad y la lleve a su culminación, y no que se distraiga con otro animal no consagrado.

En líneas generales nosotros también debemos seguir ese consejo: si estamos ocupados en una actividad santa debemos mantenernos concentrados en ella. No debemos sacrificar nuestro momento espiritual por ninguna distracción de tipo material.

Sin embargo, cuando otras personas están en peligro espiritual debemos dejar de lado esta prohibición y acercarnos a ellas. En casos así, la Torá nos asegura que D-os nos protegerá. Tanto nosotros como aquellos a quienes elevamos a la santidad permaneceremos santos.[7]

NÚMEROS

Bemidbar

El ejército judío

Números 1:1–4:20

NÚMEROS, EL CUARTO LIBRO DE LA TORÁ, DESCRIBE EL VIAJE del pueblo judío desde el pie del monte Sinaí hasta el límite con la Tierra de Israel. La primera sección comienza en el momento en que D-os ordena a Moshé en el desierto (*Bemidbar,* en hebreo) realizar un censo de los varones judíos adultos. El propósito del censo es organizar a los varones adultos en un ejército por si fuera necesario luchar contra los ocupantes paganos de la Tierra de Israel.

PRIMERA LECTURA

Números 1:1–19

El día 1.º de Iyar de 2449, D-os encargó a Moshé la realización del censo de los varones judíos, preparando así la incorporación de estos en el ejército judío. El censo excluía a la tribu de Leví, que se hallaba eximida del servicio militar para dedicarse a los servicios religiosos en el Templo. Los hombres fueron contados por familias, y estas, agrupadas en tribus.

Amor y familia

שְׂאוּ אֶת רֹאשׁ כָּל עֲדַת בְּנֵי יִשְׂרָאֵל לְמִשְׁפְּחֹתָם וְגוֹ׳ (במדבר א:ב)

[Dijo D-os a Moshé:] "Haz un censo de toda la congregación de los israelitas por familias".

La Torá registra solamente el número total de hombres y no el número de familias por cada tribu. Sin embargo, D-os ordenó contar cada familia para subrayar la centralidad de esta en el judaísmo.

Sin duda alguna, los objetivos individuales y nacionales son importantes, pero la Torá también nos exige el altruismo necesario para forjar una unidad familiar. Un esposo y una esposa son dos personas distintas, cada una con su propia naturaleza, deseos y misiones en la vida; pero cada uno debe trabajar por y con el otro, completándose y complementándose entre sí y fusionándose en una unidad armoniosa basada en el amor.

El disenso y la falta de comunicación que sufre el mundo tiene por fuente el egoísmo. En cambio, la Torá nos ordena amar a nuestro prójimo como a nosotros mismos. El contexto primario en donde se cumple este mandamiento es la familia. Dado que amar al prójimo es una expresión de nuestro amor por D-os, amar al prójimo mejora nuestro amor por Él. A su vez, el amor a D-os nos lleva a amar la Torá y a estudiarla, no solamente por nuestra obligación de hacerlo sino por amor. Este triple amor, a nuestro prójimo judío, a D-os y a la Torá repercute desde el seno familiar hacia el exterior y afecta a todo el mundo en forma benéfica.[1]

---

1. *Likutei Sijot*, vol. 8, págs. 209–215.

SEGUNDA LECTURA

Números 1:20–54

La Torá registra el número total de hombres de cada tribu. Por milagro, todos los censados se hallaban en condiciones de ir a la guerra; eran todos hombres fuertes y sanos.

Salud y curación

וַיִּהְיוּ בְנֵי רְאוּבֵן ... כֹּל יֹצֵא צָבָא (במדבר א:כ)

[La cuenta] de la tribu de Reuvén ... todos los que eran aptos para servir en el ejército.

Todos los judíos que se encontraban enfermos o lisiados se curaron en forma milagrosa cuando fue entregada la Torá; asimismo, gracias a la protección de las Nubes de Gloria, los judíos se mantuvieron sanos a lo largo de su viaje hacia la Tierra de Israel a pesar de las adversas condiciones del desierto.

Vemos aquí que el pueblo judío, en virtud de su conexión con D-os – expresada a través del estudio de la Torá y el cumplimiento de Sus mandamientos – , no se encuentra limitado por las leyes de la naturaleza. Es más, era evidente la capacidad que poseía de estar por encima de la naturaleza, y esta capacidad no solamente se expresaba en cuestiones espirituales, sino también en su salud y bienestar físico.

Esto es tan cierto hoy como cuando fuera dada la Torá en el monte Sinaí. En la medida en que vivamos nuestras vidas de acuerdo con los dictados de la Torá, también seremos bendecidos con salud espiritual y física, a pesar de los muchos obstáculos presentes en las leyes de la naturaleza.[2]

2. *Likutei Sijot*, vol. 8, págs. 220–222.

TERCERA LECTURA

Números 2:1–34

D-os instruyó a Moshé para que organizara al pueblo judío en una formación militar específica. El Tabernáculo se ubicaría en el centro, rodeado por tres tribus a cada uno de sus cuatro lados. (Para esto, los descendientes de las dos tribus de Iosef, Menashé y Efraim fueron contados como tribus separadas, lo que lograba así el número de doce tribus sin contar la tribu de Leví).

Custodiar nuestro santuario interior

מִנֶּגֶד סָבִיב לְאֹהֶל מוֹעֵד יַחֲנוּ (במדבר ב:ב)

*[Dijo D-os a Moshé, "Los israelitas] deben acampar
alrededor de la Tienda del Encuentro [el Tabernáculo]"*

La disposición del campamento del pueblo, alrededor de los cuatro lados del Tabernáculo, simbolizaba su protección del santo edificio y la Torá, que residía en su recinto más interior. Desde luego, la Torá no necesita de nuestra protección; por el contrario, son la Torá y sus mandamientos los que nos protegen *a nosotros*. De todos modos, D-os eligió confiarnos la noble misión de proteger la Torá.

De manera análoga, debemos proteger nuestro santuario interior personal, que se halla dentro de nuestro corazón y nuestro hogar, de las amenazas provenientes de cuatro lados: la fría indiferencia a la espiritualidad, al norte; las ardientes pasiones sensuales, al sur; la autogratificación por nuestros logros (representados por el amanecer), al este; y la oscura desesperación (representada por el ocaso), al oeste.[3]

---

3. *Hitvaaduiot 5745*, vol. 4, pág. 2103; *Reshimot 62* (pág. 15); *Or HaTorá, Bemidbar*, vol. 4, págs. 1360–1361, 1396–1397; *Zohar* 2:156a; *Igrot Kódesh*, vol. 6, pág. 185.

CUARTA LECTURA

Números 3:1–13

D-os instruyó a Moshé en el recuento de los levitas. Se eximía a estos del servicio militar por estar reclutados para el servicio en el Tabernáculo. Ellos custodiaban el Tabernáculo, lo desmantelaban cuando el pueblo judío levantaba campamento, lo reconstruían donde acamparan y asistían a los sacerdotes en los rituales del Tabernáculo.

Aspiraciones espirituales

הַקְרֵב אֶת מַטֵּה לֵוִי וְהַעֲמַדְתָּ אֹתוֹ לִפְנֵי אַהֲרֹן הַכֹּהֵן וְשֵׁרְתוּ אֹתוֹ (במדבר ג:ו)

[Dijo D-os a Moshé:] "Acerca a la tribu de Leví y preséntalos ante Aharón el sacerdote para que lo sirvan".

Los levitas habían sido seleccionados de entre el resto del pueblo judío para actuar como los sirvientes personales de D-os. Sin embargo, el sabio judío medieval Rabí Moshé Maimónides señala que cualquiera que desee dedicarse al servicio a D-os puede hacerlo. Quien lo hiciera pasará a ser un "levita espiritual", un "sacerdote espiritual" o incluso hasta ¡"sumo sacerdote espiritual"!, independientemente de su linaje tribal.[4]

4. *Hitvaaduiot 5745*, vol. 4, págs. 2115–2116.

QUINTA LECTURA

Números 3:14–39

Los levitas se subdividían en cuatro grupos: tres clanes, descendientes de cada uno de los tres hijos de Leví, y los sacerdotes. Mientras que las demás doce tribus acampaban a una distancia de aproximadamente novecientos metros del Tabernáculo, los levitas tenían la orden de acampar junto a él. Los sacerdotes (Aharón y sus hijos), junto con Moshé, acampaban al este del Tabernáculo. Los tres clanes levitas acampaban a los otros tres flancos del Tabernáculo.

Evitar la discordia

וְהַחֹנִים לִפְנֵי הַמִּשְׁכָּן קֵדְמָה ... מֹשֶׁה וְאַהֲרֹן וּבָנָיו וְגוֹ' (במדבר ג:לח)

***Acampando en frente del Tabernáculo ... estaban
Moshé, Aharón y sus hijos [de Aharón].***

Los jefes de las tribus que descendían de Iehudá, Isajar y Zevulún, se convirtieron en grandes estudiosos de la Torá en virtud de haber acampado en proximidad a Moshé y Aharón. En cambio, la tribu de Reuvén acampaba al mismo lado del Tabernáculo que el clan levita al que pertenecía Kóraj, primo de Moshé, y terminó siendo arrastrada hacia el motín que Kóraj encabezó contra Moshé, como habrá de narrar la Torá más adelante.

Esto nos enseña que la forma de evitar ser arrastrados hacia una disputa es estudiando la Torá y viviendo de acuerdo con sus enseñanzas, y la forma de conectarnos con D-os a través del estudio de la Torá es distanciarnos de toda forma de disputa.[5]

SEXTA LECTURA

Números 3:40–51

A diferencia del resto de los varones judíos, quienes fueron contados a partir de los veinte años de edad, los levitas fueron censados a partir de la edad de un mes. D-os luego dijo a Moshé que contara a todos los varones primogénitos no levitas que tuviesen al menos un mes de vida. Los levitas reemplazaron a los primogénitos como servidores en el Tabernáculo debido a que los primogénitos habían perdido ese privilegio por su participación en el episodio del becerro de oro.

Conocer a D-os en todos tus caminos

קַח אֶת הַלְוִיִּם תַּחַת כָּל בְּכוֹר בִּבְנֵי יִשְׂרָאֵל וְגוֹ' (במדבר ג:מה)

[Dijo D-os a Moshé:] "Toma a los levitas en lugar de todos los primogénitos israelitas".

Las otras tribus fueron contabilizadas a partir de los veinte años de edad, edad a partir de la cual podían servir en el ejército. La tarea de los levitas, sin embargo, era proteger el Tabernáculo, y cualquier aumento en su población – incluso los bebés recién nacidos – contribuía a esa tarea. Es por ello que eran censados a poco de nacer.

Todos podemos unirnos a los levitas en un sentido espiritual, nutriendo nuestra conexión intrínseca con D-os. Esta conexión no resulta afectada por variación alguna en tiempo, edad o ambiente. Nos permite "conocer a D-os en todos tus caminos", hasta en aquellos aspectos simples de la vida que el adulto maduro comparte con el niño más pequeño.[6]

6. *Likutei Sijot*, vol. 2, págs. 558–559.

SÉPTIMA LECTURA

Números 4:1–20

Una vez que Moshé contabilizó a la tribu de Leví como un todo, D-os pidió contar cada clan levita por separado, y asignó a cada uno la tarea de cargar componentes específicos del Tabernáculo cada vez que el pueblo judío debía trasladarse.

El poder de la paz

בְּגִשְׁתָּם אֶת קֹדֶשׁ הַקֳּדָשִׁים אַהֲרֹן וּבָנָיו יָבֹאוּ וְשָׂמוּ אוֹתָם

אִישׁ אִישׁ עַל עֲבֹדָתוֹ וְאֶל מַשָּׂאוֹ (במדבר ד:יט)

[Dijo D-os a Moshé:] "Cuando [los miembros de la tribu de Kehat] se acerquen al recinto más sagrado del Tabernáculo, Aharón y sus hijos deben [primero] venir y designar a cada hombre su tarea".

Algunas veces, cuando intentamos alcanzar nuestro potencial en asuntos espirituales, ocurre que encontramos formas de oposición. A veces hay personas que nos ridiculizan o nos son hostiles; a veces nos asaltan las voces internas de la duda en nosotros mismos. La Torá nos enseña aquí que la respuesta apropiada a estos desafíos no es luchar contra ellos sino hacer uso del poder de Aharón, quien dedicó su vida a construir la paz. Nuestro amor y nuestra bondad neutralizarán la negatividad al punto de llegar a eliminarla por completo. Y transformar un adversario en un aliado es la más completa y efectiva de las victorias.[7]

7. *Hitvaaduiot 5748*, vol. 3, págs. 405–407.

Nasó

Los preparativos para el viaje

Números 4:21–7:89

EN LA SEGUNDA SECCIÓN DEL LIBRO NÚMEROS, LA NARRATIVA comienza cuando D-os instruye a Moshé en el completamiento del censo (en hebreo, *nasó*) de los clanes levitas. Posteriormente, la Torá registra diversas leyes relativas al proceso de purificación que deben cumplir los judíos antes de partir del monte Sinaí hacia la Tierra de Israel. Por último, la Torá registra las ofrendas donadas por los príncipes de cada tribu el día en que se inauguró el Tabernáculo y tuvo lugar el primer oficio religioso. Sus ofrendas resaltan el hecho de que el viaje del pueblo judío en el desierto – como también el viaje por la vida de cada individuo para cumplir con su propia misión divina – debe ser una experiencia tanto individual como colectiva.

PRIMERA LECTURA

Números 4:21–28

Luego de haber ordenado a Moshé censar el clan levita de Kehat, D-os le ordena contar el clan levita de Guershón.

Evitar lo negativo, buscar lo positivo

נָשֹׂא אֶת רֹאשׁ בְּנֵי גֵרְשׁוֹן וגו' (במדבר ד:כב)

[Dijo D-os a Moshé:] "Toma un censo del clan de Guershón".

Hay dos pasos necesarios en la preparación de nuestro hogar en ocasión de recibir a un huésped distinguido. Primero se limpian los cuartos; luego se decoran con bellos muebles y obras de arte. Los mismos dos pasos se aplican para convertir nuestras vidas y a nosotros mismos en un hogar para D-os. Primero debemos liberarnos de lo que es negativo e indeseable y luego hacer lo que es bueno y justo.

El clan de Guershón acarreaba las coberturas externas del Tabernáculo, que lo protegían de elementos indeseables. Esto tiene correspondencia con nuestra labor de evitar actividades e influencias dañinas. El clan de Kehat, por su parte, trasladaba el equipamiento del Tabernáculo, donde cada elemento representa un atributo o actividad positiva particular.

Así como Guershón nació antes que Kehat, necesitamos eliminar las conductas negativas que se hallen en nosotros para luego estar en capacidad de buscar el bien del modo apropiado. Sin embargo, el clan de Kehat fue censado antes que el de Guershón porque la eliminación de la negatividad es apenas una preparación para lo que constituye el verdadero trabajo: la búsqueda del bien.[1]

---

1. *Likutei Sijot*, vol. 13, pág. 19.

SEGUNDA LECTURA

Números 4:29–49

D-os luego ordenó a Moshé contar el tercero y último clan levita, el de Merari.

El fundamento de todo

בְּנֵי מְרָרִי . . . תִּפְקֹד אֹתָם (כמדבר ד:כט)

[Dijo D-os a Moshé:] "Debes contar el clan de Merari".

El clan de Merari transportaba los elementos estructurales del Tabernáculo, es decir, los tablones que conformaban las paredes junto con las bases y las varas de conexión. Las paredes eran el componente menos "funcional" del Tabernáculo pero constituían su estructura esencial, el ambiente dentro del cual tenían lugar todas las demás actividades "agradables".

En la vida personal, la estructura y base de nuestra relación con D-os es nuestra devoción desinteresada a Su voluntad. Aunque este sea el aspecto menos atractivo de nuestra relación con D-os, es el fundamento sobre el que se asientan todos los demás aspectos de la misma.[2]

---

2. *Hitvaaduiot 5748*, vol. 3, págs. 457 ff.

TERCERA LECTURA

Números 5:1–10

A continuación, D-os repasó las leyes acerca del robo para estimular al pueblo judío a asegurarse de que no eran culpables de ese pecado de modo alguno antes de iniciar su viaje hacia la Tierra de Israel.

Contrarrestar la negatividad

אִישׁ אוֹ אִשָּׁה כִּי יַעֲשׂוּ מִכָּל חַטֹּאת הָאָדָם . . . וְאָשְׁמָה הַנֶּפֶשׁ

הַהוּא: וְהִתְוַדּוּ אֶת חַטָּאתָם אֲשֶׁר עָשׂוּ וְגוֹ' (במדבר ה:ו-ז)

[Ordenó D-os a Moshé que dijera al pueblo judío:]
"Cuando un hombre o una mujer peca, y se siente
culpable y confiesa el pecado que haya cometido".

Si hemos hecho daño a alguien de alguna manera, debemos primero pedir perdón; luego debemos devolver el objeto o pagar por cualquier perjuicio que hubiéramos causado. A continuación, debemos "pedir perdón" a D-os a través del arrepentimiento. El arrepentimiento consiste en tres pasos:

• el remordimiento por el pasado,
• la resolución positiva para el futuro, y
• la confesión verbal a D-os por el pecado.

Cada mala acción crea una energía negativa, y esta energía posee un "cuerpo" y un "alma". El "cuerpo" de esta energía es la mala acción misma, en tanto que su "alma" es el deseo que causó y acompañó dicha acción. Sentir remordimiento por haber cometido un pecado destruye el "alma" de esta energía negativa; confesarse verbalmente, a través de nuestros labios físicos, destruye el "cuerpo" de la misma.[3]

---

3. *Dérej Mitzvoteja, Vidui* (págs. 38a y ss).

CUARTA LECTURA

Números 5:11–6:27

A continuación, D-os instruyó a Moshé sobre las leyes relativas a la mujer sospechada de adulterio. Si un esposo tiene motivos para sospechar de la infidelidad de su esposa, primero tiene que plantear el tema con ella en privado; si las acciones de la mujer continúan despertando sospecha, el marido puede hacerla atravesar una prueba especial en la que D-os indica si es inocente o culpable. Esta prueba únicamente funcionaba si los motivos del esposo eran totalmente puros, si él mismo no era culpable de adulterio, y si la sociedad como un todo se hallaba horrorizada por este pecado. (En consideración a todos estos factores, este ritual fue interrumpido tiempo antes del siglo II de la Era Común).

¿Quién en su sano juicio…?

אִישׁ אִישׁ כִּי תִשְׂטֶה אִשְׁתּוֹ וּמָעֲלָה בוֹ מָעַל (במדבר ה:יב)

[Ordenó D-os decir al pueblo:] "Si la esposa de un hombre se desvía, [haciendo que el sospeche] que fue infiel para con él".

Cometer un pecado es un hecho terrible porque el pueblo judío está "casado" con D-os. Si las personas que cometen adulterio no estuvieran casadas, su comportamiento no se juzgaría en forma tan dura; es el hecho de haber traicionado una relación contractual lo que los hace merecedores de castigo. Lo mismo vale para el pueblo judío. Un pecado no es una mera transgresión técnica: es una afrenta personal a nuestro amado Esposo Divino.

Como judíos, nuestra conexión con D-os es tan fuerte que nos es inherentemente imposible transgredir Su voluntad. La única forma en la que podemos cometer una transgresión semejante es si nos engañamos a nosotros mismos y pensamos que eso no pondrá en peligro nuestra conexión con D-os. Recordarnos a nosotros mismos que D-os es nuestro "esposo" nos ayuda a evitar los pecados.[4]

4. *Likutei Sijot*, vol. 2, págs. 311–314.

QUINTA LECTURA

Números 7:1–41

Luego D-os enseñó a Moshé las leyes relativas a la abstención temporaria de vino, como también la forma en que los sacerdotes debían bendecir al pueblo cada día luego de los sacrificios matinales. A continuación, la Torá regresa a los acontecimientos del primer día en que el Tabernáculo comenzó a funcionar en forma oficial. Los príncipes de cada tribu se comprometieron a ofrendar una serie de sacrificios para la inauguración del altar. A pesar de que los sacrificios de cada uno de los doce príncipes eran idénticos, la Torá los enumera a todos por separado.

Un mismo acto, intenciones diferentes

וְקָרְבָּנוֹ קַעֲרַת כֶּסֶף אַחַת שְׁלֹשִׁים וּמֵאָה מִשְׁקָלָהּ וְגוֹ' (במדבר ז:יג)

La ofrenda [del primer príncipe] consistió de una fuente de plata que pesaba 130 shékels...

La Torá podría haberse conformado con detallar la ofrenda de uno de los príncipes e informar luego que esa misma ofrenda fue repetida por los doce líderes. La razón de no hacerlo es que cada príncipe inauguró el Altar con un modo particular de elevar el mundo físico y a través de este acto hizo descender un tipo especial de energía espiritual, una energía que se hallaba en correspondencia con la naturaleza espiritual de su tribu.

De manera afín, en nuestras plegarias todos recitamos las mismas palabras y cumplimos más o menos los mismos mandamientos. Sin embargo, al mismo tiempo somos individuos, y por ello no solamente se nos permite expresar sentimientos e intenciones personales en los rezos y el cumplimiento de los mandamientos, sino que se nos *exige* que lo hagamos.

Tal como la Torá repite las mismas palabras con un significado cada vez distinto, así también debemos proveer un nuevo significado a las acciones y palabras que repetimos diariamente. Las plegarias y acciones de cada día deben reflejar los logros espirituales alcanzados desde la última vez que las rezáramos o realizáramos.[5]

5. *Hitvaaduiot 5743*, vol. 1, pág. 528.

SEXTA LECTURA

Números 7:42–83

La Torá continúa con el detalle de las ofrendas que aportó cada uno de los príncipes tribales.

La Torá hace que el mundo viva

קָרְבָּנוֹ קַעֲרַת כֶּסֶף אַחַת שְׁלֹשִׁים וּמֵאָה מִשְׁקָלָהּ וגו' (במדבר ז:מג)

**La ofrenda [del sexto príncipe] consistió de una
fuente de plata que pesaba 130 shékels**

Los príncipes aportaron dos tipos de ofrendas: objetos (recipientes de plata y oro, harina, aceite e incienso) y animales (toros, ovejas y chivos). El fuego celestial que descendía hacia el altar no incineró los objetos inanimados, pero sí lo hizo con los animales, consumidos por ese fuego en todo o en parte.

Los objetos inanimados simbolizan la era "sin vida" que existía antes de la Entrega de la Torá, cuando el mundo físico no podía ser infundido de divinidad. La incineración de los animales por el fuego divino simboliza nuestra presente era post sinaica, en la que los objetos y el mundo físico en general pueden ser santificados. A través del Tabernáculo (y su sucesor, el Templo Sagrado), como también del santuario para D-os que todos construimos a partir de nosotros mismos, nuestra vida y nuestras esferas de influencia, la vitalidad divina se revela en el mundo físico.[6]

SÉPTIMA LECTURA

Números 7:84–89

Luego de concluir el relato de las ofrendas de los príncipes, la Torá describe cómo D-os hablaba a Moshé dentro del Tabernáculo. D-os lo hacía con la misma fuerza que en el monte Sinaí, pero el sonido milagrosamente se detenía a la salida de la Tienda del Encuentro, por lo que nadie podía oírlo desde afuera.

Escuchar la voz

וּבְבֹא מֹשֶׁה אֶל אֹהֶל מוֹעֵד לְדַבֵּר אִתּוֹ וַיִּשְׁמַע אֶת הַקּוֹל וְגוֹ' (במדבר ז:פט)

Cuando Moshé entraba a la Tienda del Encuentro
para que D-os hablara con él, escuchaba Su voz.

Por más que queramos, no nos es permitido escuchar la voz de D-os todo el tiempo en todas partes. Si esto ocurriera, nos privaría de nuestra libertad de acción. Un mundo en donde se escucha constantemente la voz de D-os es un mundo que no pone en desafío a su población. El deseo de D-os fue crear un mundo de silencio divino, en el cual podemos descubrir la voz oculta de Él a través de nuestros esfuerzos. Es nuestra tarea apropiarnos de la voz que escucháramos durante un breve lapso en el monte Sinaí y dentro del pequeño espacio del Tabernáculo – ya que cada uno de nosotros ha escuchado la voz de D-os en algún momento y lugar, aunque sea fugazmente – y transmitirla al resto del tiempo y el espacio.[7]

Behaalotejá

Comienza el viaje

Números 8:1–12:16

LA TERCERA SECCIÓN DEL LIBRO NÚMEROS COMIENZA CON EL momento en que D-os pide a Moshé instruir a Aharón en el encendido (*behaalotejá* en Hebreo) de las lámparas del Candelabro del Tabernáculo. Continúa con las preparaciones finales para la partida del pueblo judío del monte Sinaí y los acontecimientos que tuvieron lugar en la primera parada en el desierto.

PRIMERA LECTURA

Números 8:1–14

Los príncipes de las tribus no incluyeron a Aharón cuando llevaron sus ofrendas para la inauguración del Altar. D-os reconfortó a Aharón señalándole que había sido él quien inaugurara el Candelabro, hecho tanto o más importante que la inauguración del Altar.

Encender el alma

בְּהַעֲלֹתְךָ אֶת הַנֵּרֹת וגו' (במדבר ח:ב)

[Instruyó D-os a Moshé para que dijera a Aharón:]
"Cuando enciendas las lámparas…"

D-os instruyó a Moshé para que dijera a Aharón que cada vez que encendiera las lámparas del Candelabro, debía mantener el fuego sobre la mecha hasta que esta ardiera en forma estable por sí sola.

Desde la perspectiva espiritual, esto significa que cuando "encendemos la llama" de nuestra propia alma o del alma de otra persona, no debemos conformarnos con dar apenas una rápida inspiración e irnos sin más. Debemos permanecer cerca para nutrir esa llama del alma hasta que genere una luz uniforme y autosuficiente.[1]

1. *Likutei Sijot*, vol. 2, pág. 316–317.

SEGUNDA LECTURA

Números 8:15–26

La Torá relata el modo en que los levitas fueron instalados en sus funciones. Primero debían librarse de toda impureza ritual y luego ofrendar todos juntos ciertos sacrificios previamente establecidos. Además D-os informó a Moshé que los levitas debían empezar su formación para el servicio religioso a los veinticinco años de edad, y servir en forma efectiva desde los treinta hasta los cincuenta años.

Comenzar de nuevo

מִבֶּן חָמֵשׁ וְעֶשְׂרִים שָׁנָה וָמַעְלָה יָבוֹא לִצְבָא צָבָא וגו' (במדבר ח:כד)

[Dijo D-os a Moshé:] "Desde los veinticinco años de edad para arriba [los levitas] deben entrar en servicio".

A los levitas le fue confiada la responsabilidad de transportar el Tabernáculo y sus componentes a través del desierto. D-os dirigía a los judíos por el desierto a través del Tabernáculo – en donde se manifestaba abiertamente Su presencia – , y subyugaba así las fuerzas del mal que representaba el desierto, tierra deshabitada, inculta, desolada y peligrosa.

Del mismo modo, nuestro propio entorno puede parecer a veces una suerte de "desierto" espiritual, carente de divinidad, y podemos llegar incluso a pensar que nosotros mismos nos hemos convertido en un "desierto", es decir, que hemos desarrollado hábitos contrarios a nuestra tarea de difundir conciencia divina. ¿Cómo podemos esperar el cambio personal (sin mencionar el del mundo a nuestro alrededor) con esos hábitos y comportamientos arraigados en nuestro interior?

Aquí contamos con la lección de los levitas. Ellos no comenzaban siquiera a formarse para su futura ocupación hasta llegar a los veinticinco años de edad, y aún así se los autorizaba a comenzar su servicio sagrado a partir de esa edad. D-os también nos da la capacidad de rehacernos a nosotros mismos y comenzar nuevos caminos en la vida, a pesar de que podamos no sentirnos calificados, preparados o merecedores de hacerlo.[2]

2. *Likutei Sijot*, vol. 13, págs. 16–19.

TERCERA LECTURA

Números 9:1–14

El 14 de Nisán de 2449 – pasadas dos semanas desde la inauguración del Tabernáculo – D-os ordenó al pueblo judío observar la festividad de Pésaj (como D-os previamente había dicho que no tenían que observar las festividades hasta entrar en la Tierra de Israel, este caso excepcional requería de una orden explícita). Sin embargo, algunas personas que se hallaban en estado de impureza ritual y por ello no podían participar en la festividad se quejaron por esta exclusión. En respuesta a ello, D-os informó al pueblo que todo aquel que no hubiera podido cumplir con los rituales de Pésaj en la fecha de la festividad estaría autorizado a hacerlo un mes después, el 14 de Iyar.

Nunca es demasiado tarde

בַּחֹדֶשׁ הַשֵּׁנִי בְּאַרְבָּעָה עָשָׂר יוֹם . . . יַעֲשׂוּ אֹתוֹ וְגוֹ' (במדבר ט:יא)

[Dijo D-os a Moshé:] "Si alguien no puede ofrendar el sacrificio de Pésaj el 14 de Nisán] debe ofrendarlo en la tarde del día 14 del segundo mes [Iyar]".

La existencia de un segundo Pésaj enseña que nunca es demasiado tarde para hacer las cosas bien. Incluso si uno no se encuentra espiritualmente limpio o bien se ha alejado demasiado del ámbito de la santidad, D-os vuelve a brindar la oportunidad de reescribir el pasado y corregir todos sus errores.[3]

CUARTA LECTURA

Números 9:15–10:10

La Torá describe el modo en que D-os señalaba al pueblo judío que era momento de proseguir viaje. Cuando la nube que estaba siempre posada por sobre el Tabernáculo se expandía sobre todo el campamento, el pueblo empezaba a prepararse para el viaje. Cuando ya estaban preparados, la nube comenzaba a marcar el camino a través del desierto.

La permanencia de las situaciones temporarias

עַל פִּי ה' יַחֲנוּ וְעַל פִּי ה' יִסָּעוּ וְגוֹ' (במדבר ט:כג)

Por orden de D-os acampaban y por orden de D-os viajaban.

El pueblo judío nunca sabía por adelantado cuánto tiempo permanecería en un campamento dado: podía ser un día; podían ser años. Sin embargo, en cada campamento erigirían el Tabernáculo en su totalidad, siguiendo las instrucciones de D-os de mantenerlo en funcionamiento de manera permanente.

Esto nos enseña dos importantes lecciones. Primero: debemos reconocer que es D-os quien nos guía a través de todos nuestros viajes en la vida, sean estos geográficos, emocionales, mentales o espirituales. Desde luego, formulamos nuestros propios planes según nuestros objetivos de vida, pero al mismo tiempo debemos ser conscientes del hecho de que D-os sabe cuándo es mejor para nosotros quedarnos en una estación de la vida o movernos hacia la siguiente, y que Él dispone las cosas en función de eso.

Segundo: no debemos "poner la vida en pausa" cuando nos encontramos en una situación temporaria. Puesto que D-os está más allá del tiempo y el espacio, la conexión que establecemos con Él, aunque sea por un momento, dura para siempre. Nuestro viaje personal, ya dure un día o una década, puede ser convertido por nosotros en un santuario imbuido de la eterna y permanente presencia de D-os.[4]

QUINTA LECTURA

Números 10:11–34

El día 20 de Iyar de 2449, a la señal de D-os, el pueblo emprendió la partida del monte Sinaí. Además del Arca de oro que contenía el segundo juego de tablas y era transportada junto con el resto del Tabernáculo, Moshé construyó una segunda arca para contener el primer juego de tablas, rotas. Esta Arca, que encabezaba el contingente, seguía a su vez la Nube de D-os, que marcaba el camino.

Seguir el Arca de la Torá

וַאֲרוֹן בְּרִית ה' נֹסֵעַ לִפְנֵיהֶם וגו' (במדבר י:לג)

El Arca del Pacto de D-os viajaba delante de ellos.

A lo largo de todos sus viajes por el desierto, siempre precedían al pueblo judío el Arca y la Nube de D-os, que guiaban y despejaban el camino de obstáculos y animales potencialmente dañinos. Y esto ha sido así durante toda la larga historia del pueblo judío: a través de nuestros viajes, siempre que hemos seguido el "Arca" – es decir, la luz de la Torá – hemos encontrado descanso físico y espiritual. La Torá nos protege de los peligros emocionales y físicos del mundo, y nos permite encontrar el verdadero propósito de nuestra existencia.[5]

SEXTA LECTURA

Números 10:35–11:29

Durante el primer día de viaje a través del desierto, el pueblo judío, por obra de milagro, cubrió el trayecto que requería tres días en uno solo, ya que D-os estaba ansioso por llevarlos a la Tierra de Israel. No obstante, a poco de iniciada la travesía algunos de los ex gentiles que habían acompañado a los judíos en su Éxodo de Egipto y se habían convertido al judaísmo comenzaron a dudar con respecto a someterse a las leyes de D-os. Buscando una excusa para esta actitud, los recientes conversos se quejaron de haber viajado tanto durante ese día.

Rectificar rebeliones

וַיְהִי הָעָם כְּמִתְאֹנְנִים וגו' (במדבר יא:א)

El pueblo buscó un pretexto [para rebelarse contra D-os].

Es indudable que no nos debemos permitir (o siquiera considerar) rebelarnos contra D-os. Si esto requiere que nos "obliguemos" a adquirir una segunda naturaleza, esta de orden divino, que así sea.

Sin embargo, el modo más profundo de suprimir la rebelión contra D-os es exponer la verdadera naturaleza de la misma, que no es otra cosa que nuestro rechazo a encontrar satisfacción en nuestro actual entendimiento de D-os y nuestra repulsión por lo superficial que está siendo nuestra relación con Él. Lo que nuestra rebelión expresa es desesperación: "Si esto es una vida divina, ¡nada quiero de ella!"

Vistas bajo este cariz positivo, al igual que las rebeliones del pueblo judío a poco de iniciada su travesía, nuestras rebeliones representan el desesperado clamor por retornar a D-os con sinceridad y por reestablecer nuestra relación con Él en un nivel mucho más profundo que el anterior.[6]

---

6. *Sefer HaSijot 5751*, vol. 2, págs. 598–610.

SÉPTIMA LECTURA

Números 11:30–12:16

D-os designó a setenta ancianos para asistir a Moshé. La esposa de Moshé comentó a su hermana Miriam que esos ancianos probablemente habrían de separarse de sus esposas, así como Moshé se separó de ella para estar preparado para la llegada de la profecía en cualquier momento. Al escuchar esto, Miriam y Aharón desaprobaron el comportamiento de Moshé. D-os dijo a Miriam y Aharón que Moshé había actuado correctamente, dado que debía estar pronto en todo momento para la comunicación divina, lo que no era el caso de los demás profetas. D-os afligió a Miriam con *tzaraat* cutánea, la cual tiene por origen específico la calumnia. Moshé rezó por la recuperación de Miriam y D-os la curó.

Humildad verdadera

וְהָאִישׁ מֹשֶׁה עָנָו מְאֹד מִכֹּל הָאָדָם אֲשֶׁר עַל פְּנֵי הָאֲדָמָה (במדבר יב:ג)

*Moshé era muy humilde, más que cualquier
otra persona sobre la Tierra.*

La humildad no es el resultado de subestimar el verdadero valor de uno. Moshé sabía muy bien que él era una persona extraordinaria y que había sido elegido por D-os para sacar de Egipto al pueblo judío y recibir la Torá en Su nombre. Sin embargo, Moshé también pensaba que si D-os hubiese dado esas grandes virtudes a otra persona, esa persona habría sido capaz de alcanzar un nivel aún más elevado que el suyo.

La humildad generalmente se malentiende como mera falta de jactancia: podemos "ser humildes" y a la vez sentirnos superiores a los demás ¡siempre y cuando no nos jactemos de eso! Sin embargo, la verdadera humildad es la que aprendemos de Moshé. Debemos ser plenamente conscientes de todo rasgo de grandeza que poseamos, pero debemos atribuirlo a D-os en vez de a nosotros mismos. Esto nos permite respetar a los demás y verlos bajo una luz positiva, ya que D-os los ha bendecido con sus propias y singulares cualidades.[7]

7. *Séfer HaMaamarim 5710*, pág. 236.

Shelaj

La exploración de la Tierra

Números 13:1–15:41

LA CUARTA SECCIÓN DEL LIBRO NÚMEROS TRATA SOBRE LA orden que diera D-os a Moshé de enviar (*shelaj*, en hebreo) exploradores para espiar la Tierra de Israel en preparación para su conquista por parte del pueblo judío.

PRIMERA LECTURA

Números 13:1–20

Hacia el día 29 de Sivan de 2449, el pueblo judío alcanzó el límite con la Tierra de Israel. Parte del pueblo pidió a Moshé enviar espías para explorar la Tierra. Moshé consultó esto a D-os y D-os estuvo de acuerdo con el plan. Para la misión, Moshé eligió doce hombres, uno por cada tribu. Estos hombres estaban entre los más distinguidos líderes del pueblo judío. Sin embargo, salvo dos de ellos, Caleb y Iehoshúa – este, el principal discípulo de Moshé –, todos los demás cometieron el error de sobrepasar los límites de su misión.

Los límites de la razón

שְׁלַח לְךָ אֲנָשִׁים וְיָתֻרוּ אֶת אֶרֶץ כְּנַעַן וְגו' (במדבר יג:ב)

*[Dijo D-os a Moshé:] "Si deseas, envía hombres
para explorar la tierra de Canaán.*

D-os quiere que entendamos con la mayor claridad posible cuáles son los objetivos de nuestra misión divina y los métodos por medio de los cuales Él quiere que la llevemos a cabo, ya que esto nos ayuda a cumplirla de una manera más entusiasta. Es por ello que Moshé consideró apropiado el envío de exploradores para indagar cuál sería la mejor manera de conquistar la tierra. Pensó que de esa forma el pueblo sentiría más entusiasmo por entrar y conquistarla.

El error de los espías consistió en ir más allá del alcance de su misión y extraer conclusiones a partir de lo visto. Moshé les había pedido nada más que vieran *cómo* se debería conquistar la tierra, no *si* se podía conquistar.

De los espías aprendemos lo siguiente: aun cuando nos servimos de nuestro entendimiento para cumplir con nuestra misión divina, debemos tener en mente que lo estamos haciendo porque D-os lo quiere, que lo estamos haciendo por Él. Así es como podemos tener la certeza de estar haciendo uso del intelecto con el único fin de llegar a la verdad objetiva, en vez de para obtener evidencias que apoyen alguna agenda subjetiva, sea esta consciente o inconsciente.[1]

1. *Likutei Sijot*, vol. 23, pág. 92–95.

SEGUNDA LECTURA

Números 13:21–14:7

Pasados cuarenta días, los espías regresaron al campamento y transmitieron el informe de lo que habían descubierto. Pero entonces – a excepción de Caleb y Iehoshúa – cometieron el fatal error de extraer sus propias conclusiones a partir de la evidencia recogida en lugar de dejar que Moshé la interpretara. La conclusión a la que habían llegado era que la tierra no podía ser conquistada.

Las trampas de la vida espiritual

הָאָרֶץ אֲשֶׁר עָבַרְנוּ בָהּ לָתוּר אֹתָהּ אֶרֶץ אֹכֶלֶת יוֹשְׁבֶיהָ הִוא וְגוֹ' (במדבר יג:לב)

[*Los espías dijeron:*] *"La tierra que hemos ido a explorar es una tierra que consume a sus habitantes".*

La orientación espiritual de los espías era muy elevada pero se encontraba a la vez mal orientada, y esto fue lo que precipitó su equivocación. En el desierto, el pueblo judío gozaba de la protección de las Nubes de Gloria, se alimentaba de maná, bebía de la fuente de Miriam, y todas sus necesidades físicas se hallaban cubiertas por completo. Allí dedicaban todo su tiempo al estudio de la Torá, la meditación y la plegaria. Los espías sintieron rechazo ante la idea de entrar al mundo real y perder el tiempo trabajando por el pan de cada día.

El anhelo de una vida dedicada a expandir nuestra conciencia divina y liberada de distracciones materiales sin dudas es digno de admiración. Esta visión nos ha inspirado a lo largo de la historia en el anhelo de la Era Mesiánica, era en la cual la materialidad del mundo ya no habrá de distorsionar nuestro enfoque espiritual.

Sin embargo, este anhelo debe tener por equilibrio una humilde sumisión al plan de D-os. El propósito de la vida es vivir dentro de la realidad mundana y revelar la divinidad en ella oculta. El único modo de encontrar la esencia de D-os es participando del mundo material y cumpliendo Sus mandamientos en dicho plano.[2]

2. *Likutei Sijot*, vol. 23, págs. 92 y ss.; *Séfer HaSijot 5751*, vol. 2, págs. 617 y ss.; *Likutei Sijot*, vol. 13, págs. 39–40 y ss.

TERCERA LECTURA

Números 14:8–25

La enorme mayoría del pueblo judío aceptó la conclusión de los espías e increpó a Caleb y Iehoshúa por disentir. Puesto que el pueblo había demostrado carecer de la fe en D-os que hacía falta para lograr conquistar la Tierra de Israel y vivir allí, D-os informó a Moshé que esa generación debía morir en el desierto. Solo la generación siguiente entraría en la Tierra Prometida.

Aprender de los milagros

אִם יִרְאוּ אֶת הָאָרֶץ אֲשֶׁר נִשְׁבַּעְתִּי לַאֲבֹתָם וְגוֹ' (במדבר יד:כג)

[Dijo D-os a Moshé: "Todos aquellos … que no escucharon Mi voz] no verán la tierra que juré a sus padres".

La generación del Éxodo no trabajó en medida suficiente como para extraer en su totalidad las lecciones de los milagros divinos que habían presenciado. Por tal razón, quedaron sujetos a su "mentalidad de esclavos", ya que presumían que la realidad es esclava de las leyes de la naturaleza, y que D-os no quiere ni puede suprimirlas a voluntad. Así, los espías y sus seguidores perdieron el privilegio de entrar a la Tierra Prometida porque, para lograr guardar fidelidad a la misión divina mientras llevamos adelante la vida material, es menester creer que realmente es posible.

Nosotros también debemos garantizar el reconocimiento de las implicancias de todos los milagros divinos que hemos presenciado tanto a lo largo de la historia judía como en nuestra vida personal. Recién entonces estaremos en condiciones de cumplir con la misión divina de convertir el mundo en una morada para D-os, en cuyo mérito, liderados por el Mesías, viviremos en la Redención final el regreso milagroso a la Tierra Prometida.[3]

3. *Likutei Sijot*, vol. 23, pág. 112.

CUARTA LECTURA

Números 14:26–15:7

Tras escuchar que D-os planeaba dejarlos en el desierto durante cuarenta años, parte del pueblo judío se arrepintió de haber creído que la Tierra de Israel era conquistable. Entonces organizaron su propio ejército e intentaron entrar a la tierra por su propia cuenta. Sin embargo, como fueron en contra de la voluntad de D-os y carecían del liderazgo de Moshé, resultaron expelidos por las naciones próximas a la frontera.

Dudar de las dudas

הִנֶּנּוּ וְעָלִינוּ אֶל הַמָּקוֹם אֲשֶׁר אָמַר ה' כִּי חָטָאנוּ וְגוֹ' (במדבר יד:מ)

*[Parte del pueblo judío dijo:] "Estamos preparados
para ir al lugar que D-os dijo [que nos daría]".*

Al comienzo, el pueblo se rehusó seguir viaje hacia la Tierra de Israel porque creía que la conquista sería imposible, incluso con la ayuda de D-os. ¿Qué fue entonces lo que causó el repentino abandono de su escepticismo inicial? Después de todo, Moshé no había enseñado ningún nuevo milagro, ni se había aparecido D-os con exhibición alguna de Su celestial poderío.

Nuestros sabios indican que la creencia en D-os es inherente a cada judío. Por lo tanto, aun cuando expresaba su escepticismo, el pueblo judío creía en Él; su creencia se vio temporariamente oscurecida por sus emociones. Es por ello que apenas D-os los reprendió y les informó acerca de las severas consecuencias del olvido de la fe, la fe inherente en ellos despertó de inmediato.

Lo mismo vale para muchas de las dudas que suelen acosarnos. Nuestras preguntas por lo general obedecen a una perspectiva de la vida exageradamente material. En lo profundo de nuestros corazones creemos realmente en D-os. En casos así, la forma de sobreponernos a nuestras dudas no es intentar responderlas directamente; basta con despertar la pura fe que se halla dormida en nuestro interior.[4]

---

4. *Tania*, fin del capítulo 29 (37b).

QUINTA LECTURA

Números 15:8–16

Ocurrido el episodio de los espías, D-os consoló al pueblo judío recordándole que sus hijos lograrían entrar a la Tierra de Israel y tomar posesión de la misma. Hizo esto dictando ciertas leyes que solamente se habrían de aplicar una vez que los judíos llegaran a la tierra. La primera de las leyes plantea que los sacrificios de animales tenían que acompañarse de ofrendas de grano, aceite y vino.

Evitar el deseo de eludir la responsabilidad

כְּמִסְפָּר אֲשֶׁר תַּעֲשׂוּ כָּכָה תַּעֲשׂוּ לָאֶחָד כְּמִסְפָּרָם (במדבר טו:יב)

[Instruyó D-os a Moshé a que dijera al pueblo judío:] "De acuerdo al número [de animales] que ofrendéis, debéis presentar [ofrendas de grano, vino y aceite] por cada uno".

D-os dio precisamente estas leyes al pueblo judío porque contrarrestan el error de los espías. Los espías querían permanecer en el desierto estudiando Torá sin padecer las distracciones de la vida material. Este enfoque parcial sobre la espiritualidad se asemeja a los sacrificios animales, que *ascienden* en humo. El aceite y el vino, en cambio, eran vertidos hacia *abajo*.

Así, al instruir al pueblo judío con respecto a las ofrendas de aceite y vino, D-os transmitía la idea de que el período de su "incubación" espiritual en el desierto lograría llegar a su fin. La entrada de sus hijos a la Tierra de Israel marcaría el descenso del pueblo judío al mundo físico para cumplir con el propósito de la Creación: transformarlo en una morada para D-os.

De manera análoga, siempre que nos veamos poco preparados o reacios a enfrentar los desafíos de la vida, debemos recordar que nuestra vida necesita equilibrar la necesidad de elevarnos por encima del mundo y la devoción para descender hacia él con el fin de depurarlo y elevarlo.[5]

---

5. *Séfer HaSijot 5751*, vol. 2, pág. 617, nota 9.

SEXTA LECTURA

Números 15:17–26

La próxima ley que D-os enseñó al pueblo judío fue el requisito de separar una porción de la masa con la que se hacía el alimento cotidiano y entregarla a los sacerdotes.

Autoridad

רֵאשִׁית עֲרֹסֹתֵכֶם חַלָּה תָּרִימוּ תְרוּמָה וגו' (במדבר טו:כ)

[Instruyó D-os a Moshé para que dijera al pueblo judío:] "[De] la primera porción de toda masa habréis de donar [una parte a un sacerdote]".

La Torá otorgó los privilegios y responsabilidades de los sacerdotes exclusivamente a los descendientes de Aharón. Es un hecho que todos los judíos tienen el mismo valor inherente y merecen por igual nuestro amor y respeto. No obstante, cuando se trata de quién puede ser una autoridad religiosa – tanto sea un sacerdote o un rabino – debemos comprender que D-os ha determinado quién puede y quién no puede asumir esos cargos. Así como solo los descendientes de Aharón pueden ordenarse como sacerdotes, los rabinos y maestros solo pueden ser personas que hayan alcanzado el nivel de conocimientos necesario, sean verdaderamente temerosos de D-os, observen *todos* los dictados de la Torá y hayan absorbido las tradiciones transmitidas a lo largo de las generaciones.

Al igual que requerimos estricta idoneidad de aquellos a quienes confiamos la conducción de nuestra vida religiosa exterior, debemos requerir estricta idoneidad de parte de las voces interiores que pretenden decirnos cómo comportarnos. Debemos cuestionar constantemente nuestras voces interiores para estar seguros de que nos guían únicamente motivos puros y positivos.[6]

SÉPTIMA LECTURA

Números 15:27–41

A continuación, D-os instruyó a Moshé con respecto a los tres mandamientos cuyo cumplimiento se considera equivalente a la observancia de toda la Torá: no adorar ídolos, observar el Shabat y anudar flecos (*tzitzit*) a los cuatro extremos de las prendas de vestir que así lo requieren. El valor numérico de la palabra hebrea *tzitzit* es seiscientos; si sumamos a esta cifra los medios hilos (ocho) y los nudos (cinco) de cada fleco, el resultado es seiscientos trece, el número de los mandamientos de la Torá.

Recordar la fuente

וּרְאִיתֶם אֹתוֹ וּזְכַרְתֶּם אֶת כָּל מִצְוֹת ה' וַעֲשִׂיתֶם אֹתָם וְגוֹ' (במדבר טו:לט)

[Instruyó D-os a Moshé para que dijera al pueblo:]
"Cuando veáise [los flecos], recordaréis todos los
mandamientos de D-os, para que los cumpláis".

Entendemos la necesidad de los flecos para recordarnos los seiscientos trece mandamientos, pero ¿por qué necesitamos también la prenda a la que se anudan los flecos? ¿Por qué no llevar únicamente los flecos?

La respuesta se halla en el significado de la vestimenta. La diferencia entre esta y la comida – nuestras dos necesidades principales – es que la comida se vuelve parte de nosotros cuando la ingerimos, mientras que la vestimenta siempre permanece fuera de nosotros. La comida, entonces, alude a los aspectos de la Torá que podemos comprender y "digerir", en tanto que la vestimenta refiere a lo que queda más allá de nuestra captación.

La orden de anudar los flecos a una prenda indica que no basta con apenas recordar los mandamientos. El vestir dicha prenda nos ayuda a recordar que la Torá y los mandamientos se originan en la sabiduría de D-os, que trasciende las limitaciones del intelecto humano.[7]

---

7. *Likutei Sijot*, vol. 2, pág. 324–325.

Kóraj

El motín

Números 16:1–18:32

LA QUINTA SECCIÓN DEL LIBRO NÚMEROS RELATA LA REBELIÓN
de Kóraj – primo hermano de Moshé – y sus repercusiones.

PRIMERA LECTURA

Números 16:1–13

El episodio de los espías, relatado en la sección anterior, subrayó la importancia de entrar en la Tierra de Israel para cumplir los mandamientos de D-os en el mundo físico. Poco después, un primo hermano de Moshé de nombre Kóraj instigó una rebelión contra su autoridad.

El peligro de los falsos dilemas

וַיָּקֻמוּ לִפְנֵי מֹשֶׁה וגו' (במדבר טז:ב)

[Kóraj y sus partidarios] enfrentaron a Moshé.

A consecuencia de lo acaecido con los espías, Kóraj arribó a la conclusión de que el estudio de la Torá no es intrínsecamente superior al cumplimiento de los mandamientos. Por lo tanto – razonó – aquel que trabaja para ganarse la vida no necesita aspirar a instancias de "reconexión" con la espiritualidad. Concluyó, además, que tampoco era necesario que una élite de individuos – la tribu de Leví, los sacerdotes y en especial el sumo sacerdote – se dedicara en forma exclusiva a la vida espiritual con el objeto de inspirar al resto.

Moshé respondió a los planteos de Kóraj explicándole que un clero dedicado al puro servicio de D-os es sumamente necesario para inspirar a todos aquellos que se encuentran ocupados en tareas mundanas e instruirlos en lo relativo a lo permitido y lo prohibido. Sin dicha guía e inspiración, resulta muy fácil perder de vista los ideales y terminar como esclavos del materialismo en lugar de ser amos del mismo.[1]

---

1. *Likutei Sijot*, vol. 8, págs. 108 y ss.

SEGUNDA LECTURA

Números 16:14–19

D-os pidió a Moshé que demostrara el error de Kóraj y sus seguidores
por medio de una prueba. La ofrenda de incienso era una parte del
servicio realizado en el Tabernáculo que solo los sacerdotes tenían
permitido ejecutar, y en momentos específicos. El pueblo judío ya
había sido testigo de la muerte de los dos hijos mayores de Aharón
por realizar una ofrenda de incienso desautorizada. D-os entonces
instruyó a Moshé a que ordenara a Kóraj y sus seguidores realizar la
ofrenda de incienso al mismo tiempo que Aharón. Todo aquel cuyo
incienso no fuera aceptado por D-os habría de morir.

Santos rebeldes

וּקְחוּ אִישׁ מַחְתָּתוֹ וּנְתַתֶּם עֲלֵיהֶם קְטֹרֶת וְהִקְרַבְתֶּם
לִפְנֵי ה' אִישׁ מַחְתָּתוֹ וְגו' (במדבר טז:יז)

**Que cada hombre tome su incensario y ponga incienso sobre
él, y que cada hombre presente su incienso ante D-os.**

A pesar de que eran sabedores de que el uso no autorizado del
incienso podría ocasionarles la muerte, Kóraj y sus seguidores aceptaron el desafío. Querían experimentar el elevado ritual, exclusivo
del sumo sacerdote, aunque les costara la vida.

En este sentido, las motivaciones de ellos eran puras, y podemos
aprender de su ejemplo, que no era otro que aspirar a las más elevadas
experiencias espirituales. Ahora bien, el error – del cual también
debemos aprender – consistió en no pensar en lo absurdo de ir en
contra de la voluntad de D-os para acercarse a Él.[2]

2. *Likutei Sijot,* vol. 18, págs. 190–191.

TERCERA LECTURA

Números 16:20–17:8

Doscientas cincuenta personas se decidieron a realizar la ofrenda de incienso. A Kóraj y sus seguidores se sumaron otros muchos a quienes habían logrado convencer con ayuda de dos miembros de la tribu de Reuvén, los hermanos Datan y Aviram. Por su parte, Moshé intentó convencer a esos otros rebeldes de abandonar el motín.

Nunca perder la esperanza por nadie

וַיָּקָם מֹשֶׁה וַיֵּלֶךְ אֶל דָּתָן וַאֲבִירָם וגו' (במדבר טז:כה)

Moshé se levantó y fue a lo de Datán y Aviram.

Datán y Aviram demostraron abiertamente su animosidad contra Moshé, a quien acusaban de déspota e impostor. Es más, D-os mismo ya había definido su castigo y ordenó a Moshé salvar solamente a los demás rebeldes del inminente destino reservado a aquellos. Aun así, Moshé guardaba la esperanza de que sus "enemigos" terminaran por arrepentirse, e hizo todo lo que estuvo a su alcance para que reconsideraran su postura.

Aprendemos de Moshé que siempre debemos hacer cuanto esté a nuestro alcance para volver a acercar a nuestros hermanos a D-os y Su Torá, incluso cuando parece haberse perdido toda esperanza. Esto, que vale para cuando desconocen su fe en forma intencional, vale más aún para cuando actúan por ignorancia.[3]

3. *Likutei Sijot*, vol. 28, págs. 102–103.

Números 17:9–15

Cuando Kóraj y sus seguidores se negaron a retractarse, D-os envió un fuego que consumió a todos aquellos que habían realizado ofrendas de incienso; el resto de los rebeldes fueron devorados por pozos que súbitamente se abrieron a sus pies. Al día siguiente el pueblo judío criticó el destino que habían sufrido los rebeldes y afirmó que el incienso era un instrumento mortífero. Para demostrar el error y castigar a aquellos que aún adherían a las erróneas ideas de Kóraj, D-os desató una epidemia que comenzó a desencadenar muertes fulminantes. Luego ordenó a Aharón neutralizar la epidemia a través de una ofrenda de incienso realizada por él mismo, probando así que cuando se usa al servicio de D-os, el incienso promueve la vida y salva de la muerte.

Matar la muerte

וַיִּתֵּן אֶת הַקְּטֹרֶת וַיְכַפֵּר עַל הָעָם וְגוֹ' (במדבר יז:יב)

[Aharón] colocó incienso [sobre el incensario] y expió por el pueblo.

El olfato es el más "espiritual" de los cinco sentidos; puede transportarnos a los más elevados niveles de conciencia, y puede emplearse para devolver esta a personas que se hayan desmayado. Por esta razón, el incienso que ardía en el Tabernáculo expresaba nuestra unidad interna con D-os.

Cuando esta elevada experiencia de unidad con D-os tiene el contrapeso de la sumisión humilde a Su voluntad, es una experiencia positiva; cuando la experiencia pesa más que nuestra devoción a la voluntad de D-os, se vuelve suicida y, por tanto, negativa. Es por ello que el incienso ofrendado por el deseo egoísta de escapar de la realidad y la responsabilidad probó ser fatal.

El antídoto para este erróneo impulso "suicida" es canalizarlo positivamente. Si elegimos de manera persistente "sacrificar la vida" – es decir, nuestra participación egoísta en tentaciones impuras – en favor de estudiar Torá con humildad, esta se vuelve parte nuestra y permanece así con nosotros para siempre.[4]

4. *Or HaTorá, Shemot,* vol. 5, pág. 1761.

QUINTA LECTURA

Números 17:16–24

Para demostrar en forma tajante que la tribu de Leví (de donde prove-
nían los sacerdotes y los levitas) había sido apartada por D-os mismo
del resto del pueblo para realizar su tarea, D-os ordenó a Moshé
tomar un bastón de cada uno de los príncipes de las doce tribus y
disponerlos junto al Arca en el Sanctasanctórum, la cámara interna
del Tabernáculo. Así hizo Moshé, y en el transcurso de la noche del
bastón de Aharón milagrosamente florecieron almendras, mientras
que los demás bastones permanecieron tal cual eran.

La necesidad de la rapidez

וְהִנֵּה פָּרַח מַטֵּה אַהֲרֹן לְבֵית לֵוִי וַיֹּצֵא פֶרַח

וַיָּצֵץ צִיץ וַיִּגְמֹל שְׁקֵדִים (במדבר יז:כג)

**El bastón de Aharón – para la casa de Leví – floreció; echó
flores, frutos en flor y produjo almendras maduras.**

De todas las frutas, las almendras son las más rápidas en florecer,
madurar y estar listas para el consumo humano. Esta diligencia era
un atributo que caracterizaba la función de los levitas en el Tabernáculo de dos formas:

• Los sacerdotes bendecían al pueblo cada mañana. El propósito
de sus bendiciones era lograr que la bondad de D-os alcanzara al
pueblo judío en forma rápida y directa.

• Los sacerdotes hacían sus tareas en forma diligente y activa.

Dado que el pueblo judío es "un reino de sacerdotes y una nación
santa", aprendamos todos de la diligencia con la que los sacerdotes
cumplían sus tareas. No debemos encarar nuestra misión divina en la
vida con desgano o resignación, sino responder a cada oportunidad
en forma rápida, enérgica y con todo nuestro corazón. Cuando así
lo hacemos, no demoran en llegar a nosotros la bendición de D-os
y el éxito por todos nuestros esfuerzos.[5]

Números 17:25–18:20

El pueblo judío terminó por aceptar la distinción ordenada por D-os entre sacerdotes y levitas, por un lado, y personas comunes, por el otro. Sin embargo, luego se quejaron de que, dado que el ingreso a determinadas áreas del Tabernáculo constituía una ofensa capital para quienes no eran levitas, se veían constantemente expuestos a un peligro mortal. D-os entonces asignó a sacerdotes y levitas la responsabilidad de evitar que personas no levitas ingresaran en áreas prohibidas para ellas.

Extasiado amor por D-os

עֲבֹדַת מַתָּנָה אֶתֵּן אֶת כְּהֻנַּתְכֶם וְגוֹ' (במדבר יח:ז)

[Mientras describe las obligaciones de los sacerdotes, D-os ordenó a Moshé decir a los sacerdotes:] "Os he entregado como regalo el derecho del sacerdocio".

Vemos aquí que existe un nivel de relación con D-os al que no podemos llegar por nosotros mismos; solo nos lo puede dar D-os como un regalo. El Cantar de los Cantares (la descripción poética escrita por rey Salomón acerca del amor entre D-os y el pueblo judío) describe ese estado maravilloso como un "amor de delicias"[6], comparado por los sabios del Talmud con el placer que nos provocará la Revelación divina al final de la vida.

Los sacerdotes solían vivir cotidianamente este extasiado amor por D-os. En la medida en que el pueblo judío es "un reino de sacerdotes y una nación santa", todos nosotros también podemos aspirar a ese extasiado amor por D-os, al menos en algunas ocasiones.[7]

6. Cantar de los Cantares 7:7.
7. *Tania,* cap. 14.

SÉPTIMA LECTURA

Números 18:21–32

SHABAT

Por último, para certificar que la distinción entre los sacerdotes y el resto del pueblo es Su voluntad explícita, D-os enumera los bienes que aquellos tenían derecho a recibir del pueblo judío. La enumeración incluía porciones específicas de los sacrificios, cosechas y rebaños. También los levitas recibían porciones específicas de las cosechas del pueblo judío, parte de las cuales debían entregar a su vez a los sacerdotes.

Las porciones de los sacerdotes

כִּי תִקְחוּ מֵאֵת בְּנֵי יִשְׂרָאֵל אֶת הַמַּעֲשֵׂר ...

וַהֲרֵמֹתֶם מִמֶּנּוּ תְּרוּמַת ה' וגו' (במדבר יח:כו)

[Ordenó D-os a Moshé decir a los levitas:] "Cuando toméis del diezmo de los israelitas ... debéis apartar una porción para D-os, [que daréis a los sacerdotes]".

A pesar de que el sacerdocio físico fue reservado para los descendientes de Aharón, el sacerdocio espiritual se encuentra al alcance de todos los judíos. D-os llama al pueblo judío "reino de sacerdotes." Como explica el Rabí Moshé Maimónides: "Todo ser humano cuyo espíritu mueva y cuyo intelecto motive a distinguirse poniéndose de pie ante D-os, sirviéndolo y conociéndolo ... será santificado como el Santo de los Santos ... y le serán concedidas todas sus necesidades físicas, tal como les eran provistas a sacerdotes y levitas."[8]

En otras palabras, cuando reconocemos que el propósito de nuestra vida es servir a D-os y nos dedicamos a lograrlo, se nos asegura en todo momento lo mejor, tanto en sentido material como espiritual.[9]

8. *Mishné Torá, Shemitá Veiovel,* 13:3
9. *Likutei Sijot,* vol. 2, págs. 690–691.

Jukat

Los últimos viajes por el desierto

Números 19:1–22:1

LA SEXTA SECCIÓN DEL LIBRO NÚMEROS COMIENZA CON LA LEY o "decreto" (en hebreo, *jukat*) relativa al proceso de eliminación del estado de impureza ritual que contrae una persona en el contacto con un cadáver humano. A continuación, la narrativa de la Torá avanza hasta los años finales de los viajes del pueblo judío en el desierto, cuando llegan a la frontera de la Tierra de Israel.

PRIMERA LECTURA

Números 19:1–17

El día en que fue inaugurado el Tabernáculo, el 1.º de Nisán de 2449, D-os enseñó a Moshé cómo purificar al pueblo judío de la impureza ritual contraída por el contacto con un cadáver humano. Primero, se sacrifica una vaca totalmente pelirroja y se la quema hasta convertirla en cenizas. Luego se prepara una solución líquida compuesta de agua de manantial y cenizas de vaca. La persona ritualmente impura comienza una cuenta de siete días. Un sacerdote esparce una pequeña cantidad de dicho líquido sobre la persona impura en el tercero y el séptimo día. Luego, la persona impura debe sumergirse en una pileta ritual (*mikve*) y esperar hasta la noche para completar el proceso de purificación.

Misericordia y altruismo

בַּיּוֹם הַשְּׁלִישִׁי וּבַיּוֹם הַשְּׁבִיעִי יִטְהָר וגו' (במדבר יט:יב)

En el tercero y el séptimo día [la persona impura] debe purificarse.

Para purgar la impureza de la muerte – que en términos psicológicos significa la parálisis causada por la depresión o la insensibilidad hacia la dimensión espiritual de la vida – debemos invocar dos atributos emocionales del alma: el tercero y el séptimo. La tercera emoción es la piedad; la séptima, la humildad. Cuando percibimos el dolor que sufre nuestra alma divina por tener restringida su conciencia como consecuencia de estar nosotros inmersos en el mundo material, nos vemos impulsados a rescatarla por medio del estudio de la Torá de D-os y el cumplimiento de Sus mandamientos. Cuando no somos egocéntricos, el flujo de energía y vitalidad divina que debe energizar nuestras vidas no padece el bloqueo de nuestros intereses egoístas.[1]

1. *Likutei Torá*, 3:61cd.

SEGUNDA LECTURA
Números 19:18–20:6

D-os ordenó al pueblo judío permanecer acampando en el límite con la Tierra de Israel durante los diecinueve años posteriores a la rebelión de Kóraj. A continuación, los judíos deambularon por el desierto otros diecinueve años hasta que llegaron al borde del reino de Edom. El 10 de Nisán de 2487 falleció la hermana de Moshé, Miriam. La fuente de agua del pueblo judío – el manantial milagroso que los seguía por el desierto – súbitamente desapareció, porque existía por el solo mérito de ella. D-os luego lo restauró para el pueblo judío en mérito a Moshé.

Hacer lo que no es nuestro trabajo

וְלֹא הָיָה מַיִם לָעֵדָה וַיִּקָּהֲלוּ עַל מֹשֶׁה וְעַל אַהֲרֹן (במדבר כ:ב)

La comunidad no tenía agua, por lo que se congregaron contra Moshé y Aharón.

El alimento nutre el cuerpo, pero el cuerpo necesita agua para absorber los nutrientes de aquel. De forma análoga, el "alimento" del alma es la Torá y su "agua" es la capacidad de la Torá para influir en todas las facetas de nuestra personalidad, a todo tipo de personas y en todos los aspectos de la vida.

Cuando la existencia del pueblo judío en Egipto se halló amenazada, fue Miriam quien aseguró el surgimiento de una nueva generación que habría de continuar la misión de D-os. Alentó al pueblo judío a seguir engendrando hijos y salvó a los recién nacidos del decreto del faraón. Sus esfuerzos por asegurar que la Torá continuara "fluyendo" hacia la siguiente generación dieron origen al manantial, que existía por su solo mérito.

Cuando falleció, Moshé tuvo que asumir el papel de Miriam. Esto nos enseña que cuando otros judíos se hallan en peligro físico o espiritual debemos ir en su ayuda, incluso ofreciendo un tipo de asistencia que no sea nuestro fuerte. Cuando ayudamos a los demás, D-os a su vez nos ayuda en todas nuestras necesidades.[2]

2. *Likutei Sijot*, vol. 2, pág. 335; *Séfer HaArajim Jabad*, vol. 2, 186–187.

TERCERA LECTURA
Números 20:7–13

D-os ordenó a Moshé restaurar el manantial hablándole a la roca de la cual anteriormente fluía el agua. Sin embargo, Moshé confundió la piedra correcta con otra piedra, y cuando habló a esta última nada ocurrió. Moshé y Aharón pensaron que quizás D-os pretendía que *golpearan* la roca como hicieron la primera vez que D-os proveyó agua al pueblo. Actuaron bajo esa conjetura sin consultar a D-os. Por Providencia divina, Moshé golpeó la roca original y esta dio agua. D-os pretendía que el pueblo judío aprendiera a reverenciarlo al ver a Moshé hablar a la roca: "Si una roca autosuficiente y sin discernimiento obedece la voluntad de D-os, cuánto más debemos hacer nosotros, que podemos entender por qué debemos obedecer a D-os y necesitamos Su asistencia." Pero como Moshé acabó golpeando la roca, esa lección ya no era evidente. En consecuencia, D-os tuvo que enseñar al pueblo judío la misma lección y castigar a Moshé y Aharón por su desobediencia: decretó que ambos habrían de morir en el desierto, sin poder entrar nunca a la Tierra de Israel.

Las implicaciones de nuestras acciones

וַיֹּאמֶר ה' אֶל מֹשֶׁה וְאֶל אַהֲרֹן יַעַן לֹא הֶאֱמַנְתֶּם בִּי וְגוֹ' (במדבר כ:יב)

Dijo D-os a Moshé y Aharón: "Dado que no han tenido suficiente fe en Mí…".

Más allá de las justificaciones que puedan hallar para su conducta, los líderes judíos deben decidir cómo actuar basados en si sus acciones habrán de inspirar al pueblo a una mayor devoción por la Torá y sus caminos.

De manera análoga, cuando interactuamos con los demás siempre debemos considerar el impacto potencial que nuestras palabras o acciones puedan tener para con el pueblo judío en general y el mensaje de la Torá en particular.[3]

---

3. *Likutei Sijot*, vol. 28, págs. 127–128.

CUARTA LECTURA

Números 20:14–21

Moshé pidió autorización al rey de Edom para que el pueblo judío pasara a través de su territorio hacia la Tierra de Israel. Los edomitas se rehusaron y Moshé tuvo que dirigir al pueblo hacia el sur, bordeando su territorio.

El alma nunca está en exilio

דֶּרֶךְ הַמֶּלֶךְ נֵלֵךְ לֹא נִטֶּה יָמִין וּשְׂמֹאול עַד אֲשֶׁר נַעֲבֹר גְּבֻלֶךָ (במדבר כ:יז)

[En su mensaje al rey de Edom, dijo Moshé:] "Pasaremos a través del camino del rey sin desviarnos ni a derecha ni a izquierda hasta que hayamos pasado a través de tu territorio".

El mensaje de Moshé al rey edomita es el mismo mensaje que nuestras almas divinas deben transmitir al mundo material mientras aún estamos en exilio: "Es verdad: físicamente los judíos somos iguales al resto de la gente; tenemos las mismas necesidades físicas, que debemos satisfacer trabajando y viviendo en el mundo físico. Sin embargo, no dejaremos que este hecho opaque nuestro verdadero propósito en la vida: cumplir con nuestra misión divina de elevar y depurar el mundo físico. Seguiremos la senda del Rey divino; ¡no nos desviaremos de los caminos de D-os ni a derecha ni a izquierda!".

Al mantenernos fieles tanto a nuestro ser interior como a nuestra misión divina, tendremos el mérito de ver la Redención máxima del mundo y su transformación en la verdadera morada de D-os.[4]

---

4. *Likutei Sijot*, vol. 18, pág. 468.

QUINTA LECTURA

Números 20:22–21:9

Moshé pidió permiso al reino de Moab, ubicado al este de Edom, para pasar a través de sus tierras, pero él también se rehusó. A continuación fallece Aharón – el hermano de Moshé – y la nación de Amalek ataca al pueblo judío por segunda vez.

Las dos caras de la indiferencia

וַיִּלָּחֶם בְּיִשְׂרָאֵל וַיִּשְׁבְּ מִמֶּנּוּ שֶׁבִי (במדבר כא:א)

[Amalek] hizo guerra contra Israel y tomó un cautivo de ellos.

Amalek atacó al pueblo judío por primera vez cuando estaba por recibir la Torá y volvió a atacarlo cuando se preparaba para entrar en la Tierra de Israel.

De manera análoga, nuestro Amalek interior primero intenta enfriar nuestro entusiasmo hacia D-os y Su Torá. En la medida en que cumplamos con nuestras obligaciones religiosas, esto no parecería ser un problema muy grande. Pero si encaramos nuestra misión divina sin calidez y entusiasmo, acabaremos por perder interés en ella, y buscaremos diversiones que nos ofrezcan una gratificación material o espiritual más inmediata.

Si nuestro Amalek interior fracasa en enfriar nuestro entusiasmo, intentará tomar control de nuestra vida "en la tierra", es decir, en la vida material a la que entramos luego de nuestra plegaria y estudio diarios. Argumentará: "Sé santo mientras estás rezando y estudiando Torá, pero cuando estás ganando el sustento y tratando con el mundo físico, vive según *mis* reglas."

Esta voz, que puede sonar como la de un comerciante astuto, es en realidad la voz de Amalek. Sus concesiones a nuestros emprendimientos espirituales no tienen otro objetivo más que destruirnos. Hacia Amalek la única respuesta apropiada es exterminarlo renovando constantemente nuestro entusiasmo por D-os y Su Torá, y nuestro deseo de que D-os sea nuestro guía en todos los aspectos de la vida.[5]

SEXTA LECTURA

Números 21:10–20

El pueblo judío viajó bordeando el reino de Moab y luego se dirigió hacia el norte. Los amorreos, que vivían al norte de Moab, planearon hacerles una emboscada mientras cruzaban su territorio, pero D-os provocó un terremoto que mató a los amorreos en sus escondites. Así, los judíos pudieron continuar a salvo su viaje a través del territorio amorreo hacia el norte.

Vivir en el futuro

מִשָּׁם נָסָעוּ וַיַּחֲנוּ מֵעֵבֶר אַרְנוֹן וגו' (במדבר כא:יג)

[El pueblo judío] viajó [hacia el norte] y acampó al otro lado del río Arnón.

Originalmente D-os había prometido a Abraham los territorios de diez naciones: siete ubicadas en Canaán y tres, al este del río Jordán. En ese momento el pueblo judío solo tenía por misión conquistar la tierra de Canaán, y dejar el margen oriental del río Jordán para la Era Mesiánica. Sin embargo, como Edom y Moab les habían negado el paso, los judíos tuvieron que ingresar a Canaán por los territorios cuya posesión D-os había prometido para el futuro. Así, las circunstancias permitieron la conquista de gran parte de esas tierras antes de entrar en Canaán. El orden planteado originalmente se invirtió, y comenzaron a consumar el futuro antes de realizar el presente.

La nueva generación no reclamó el envío de espías ni cuestionó el liderazgo de Moshé. Como habían crecido inmersos en la presencia de D-os y sus enseñanzas en la "academia" del desierto, no sometían su conexión con D-os a la aprobación del intelecto humano.

De manera análoga, si aspiramos incondicionalmente a cumplir con nuestra misión divina, concentrados en nuestro objetivo final y llenos de optimismo, D-os nos dará la oportunidad de hacer realidad nuestros sueños y nos conducirá hacia la Redención final.[6]

---

6. *Séfer HaSijot 5750*, vol. 2, págs. 541–550; *Likutei Sijot*, vol. 4, pág. 1056.

SÉPTIMA LECTURA

Números 21:21–22:1

Moshé pidió permiso a Sijón, rey de los amorreos, para atravesar su territorio de camino a Canaán. Sijón se rehusó y Moshé lideró al pueblo judío en su contra, conquistando en batalla el territorio amorreo que se extendía hasta el río Iabok. Otro tanto ocurrió con Og, rey de Bashán: el pueblo judío lo derrotó y conquistó también el territorio amorreo septentrional.

La necesidad de liderazgo

וַיִּשְׁלַח יִשְׂרָאֵל מַלְאָכִים אֶל סִיחֹן מֶלֶךְ הָאֱמֹרִי וגו' (במדבר כא:כא)

Israel envió mensajeros a Sijón, rey de los amorreos.

Según el sabio medieval Rabí Shlomo Yitzjaki (universalmente conocido como "Rashi") la Torá dice que Moshé envió mensajeros a Edom y que Israel envió mensajeros a Sijón, a pesar de que en ambos casos fue Moshé quien envió mensajeros en nombre de todo el pueblo judío. Como señala Rashi, esto nos enseña que Moshé y el pueblo judío son esencialmente equivalentes. El verdadero líder judío no representa apenas al pueblo, sino que comparte con él una misma unidad y esencia. Las ocupaciones del líder no se dividen en privadas y públicas, porque es en su misma esencia un servidor público.

La absoluta identificación del líder judío con su pueblo y su devoción desinteresada al mismo lo convierten en el canal a través del cual D-os provee todas las necesidades materiales y espirituales. Por lo tanto, no es solo que él es uno con ellos; ellos también son uno con él. Así es como el pueblo puede alcanzar la perspectiva de la realidad propia del líder y compartir la conciencia divina y la vida elevada de este, aunque los individuos aún no se hayan depurado lo suficiente como para ser merecedores de esto por sí mismos.[7]

---

7. *Likutei Sijot*, vol. 33, págs. 131–136.

Balak

Transformar maldiciones en bendiciones

Números 22:2–25:9

LA SÉPTIMA SECCIÓN DEL LIBRO NÚMEROS DESCRIBE EL PLAN de Balak – rey de Moab – y su brujo Balaam para invocar la desgracia del pueblo judío y evitar así un eventual ataque de los judíos a Moab. D-os frustra el plan y fuerza a Balaam a conceder la bendición al pueblo judío.

PRIMERA LECTURA

Números 22:2–12

Balak, rey de Moab, escuchó que el pueblo judío había derrotado a los reyes amorreos Sijón y Og por obra de milagros. A pesar de que era de público conocimiento que D-os no había prometido a los judíos el territorio de Moab, Balak temió que esas victorias los alentaran a vengarse contra su pueblo por no haberles permitido atravesar su territorio.

Liderazgo responsable

וַיָּגָר מוֹאָב מִפְּנֵי הָעָם מְאֹד וגו' (במדבר כב:ג)

[Debido a las predicciones de Balak,] Moab sintió terror por el pueblo [judío].

Balak no tenía motivos para infundir en los moabitas temor por el pueblo judío. No ordenó a su pueblo hacer cosa alguna para contrarrestar la supuesta amenaza que presentaban. Pero el hecho es que no pudo contenerse e innecesariamente infundió temor en su pueblo.

Moshé, por su parte, efectivamente temía al rey Og, pero no reveló su temor al pueblo judío. Comprendió que debía refrenarse de hacer cualquier cosa que debilitara el ánimo del pueblo, y reforzó en cambio su propia moral interna. Gracias a su actitud positiva y su firme confianza en D-os, logró preservar la autoimagen del pueblo judío y el orgullo por su misión divina. Moshé sabía que es posible ganar la eficaz intervención de D-os en nuestra vida cuando confiamos en que Él la proveerá. Moshé pautó así el valiente comportamiento de todos los líderes judíos que habrían de sucederle.

En una u otra medida, todos somos líderes, ya sea en el contexto de nuestro trabajo, nuestras familia o nuestro círculo de amigos. Debemos, por lo tanto, aprender del ejemplo de Moshé y ocuparnos activamente de fomentar en los demás el optimismo y la confianza en la misión divina y no lo opuesto, como hiciera Balak.[1]

1. *Likutei Sijot*, vol. 8, págs. 148–149.

SEGUNDA LECTURA

Números 22:13–20

Balak convocó al brujo Balaam y le pidió que maldijera a los judíos. Balaam aceptó el encargo, pero aclaró a los enviados de Balak que solo lograría la maldición efectiva de los judíos si antes lograba convencer a D-os al respecto.

D-os tiene el control

לֹא אוּכַל לַעֲבֹר אֶת פִּי ה' אֱלֹקָי לַעֲשׂוֹת קְטַנָּה אוֹ גְדוֹלָה (במדבר כב:יח)

[Dijo Balaam a los enviados de Balak:] "No puedo hacer nada, pequeño o grande, que transgreda la palabra de D-os".

El mal no es autónomo; es apenas la herramienta que usa D-os para ocultarse del mundo y permitirnos elegir libremente entre el bien y el mal. El Zohar, la obra clásica del misticismo judío, compara el mal a una prostituta que es contratada por un rey para seducir al príncipe. A pesar de que hace uso de todos sus poderes seductores para atraer al príncipe, la prostituta – al igual que el rey – en realidad espera que el príncipe sea lo suficientemente fuerte como para resistir sus avances. Del mismo modo, el mal intenta confundirnos y engañarnos para que actuemos equivocadamente, pero lo cierto es que solamente está haciendo su trabajo y preferiría que no nos fijáramos en él.

Cuando somos conscientes de la verdadera naturaleza del mal, nos es mucho más sencillo resistirnos a él.[2]

---

2. *Hitvaaduiot 5743*, vol. 4, pág. 1763; *Tania*, cap. 9 (14b); *ibid.* cap. 29 (38a); *Zohar* 2:163a.

TERCERA LECTURA

Números 22:21–38

Balaam supuso que D-os accedería a maldecir al pueblo judío si le "recordaba" cuán pronta y frecuentemente se había rebelado este contra Él durante sus cuarenta años en el desierto.

El amor conquista el odio

וַיָּקָם בִּלְעָם בַּבֹּקֶר וַיַּחֲבֹשׁ אֶת אֲתֹנוֹ וגו' (במדבר כב:כא)

Balaam se levantó en la mañana y ensilló su asna.

Balaam odiaba con pasión a D-os y sus emisarios, el pueblo judío. Temprano en la mañana buscó acometer su maléfica misión: se dirigió a D-os para "recordarle" cuán rápidamente se habían rebelado los judíos en contra de Él. A esto, D-os le replicó que esa rapidez había sido precedida por la del patriarca Abraham: Abraham se había levantado temprano por la mañana para cumplir con amor y devoción la orden que Él le diera de sacrificar a su hijo Itzjak. El mérito del amor de Abraham por D-os contrarrestó el odio de Balaam. El pueblo judío recibió en herencia el amor de Abraham; sus rebeliones en el desierto fueron apenas raptos temporales en su inherente y eterna devoción a D-os.

De manera análoga, cada vez que intentemos reparar el daño que podamos haber causado por desatender deliberadamente la voluntad de D-os, la forma más segura de compensar dichos pecados es fortaleciendo nuestro amor por Él. Este amor transformará a su vez los pecados del pasado en motivación para realizar buenas acciones. Así como D-os transformó las maldiciones de Balaam en bendiciones, también nosotros podemos siempre transformar "maldiciones" en bendiciones.[3]

3. *Likutei Sijot*, vol. 28, pág. 163–164.

CUARTA LECTURA

Números 22:39–23:12

Balaam llegó a Moab. Balak procedió a acompañar al brujo a un lugar que creyó propicio para llevar a cabo la maldición a los judíos. En vez de ello, D-os obligó a Balaam a alabar y bendecir a los judíos.

Tesoro oculto

מִי מָנָה עֲפַר יַעֲקֹב וְגוֹ' (במדבר כג:י)

[Balaam dijo:] "¿Quién puede contar el polvo de Iaacov?".

Aquí el pueblo judío es comparado con el polvo en forma positiva. Así como en la tierra hay tesoros ocultos, así también hay tesoros de pura fe en D-os, y profundo amor y temor por Él, ocultos en cada judío. Estos tesoros a veces pueden ser difíciles de descubrir, al igual que los tesoros sepultados en la tierra, que suelen encontrarse muy por debajo de la superficie. A pesar de ello, siguen allí, y con esfuerzo suficiente pueden salir a la luz.[4]

---

4. *Kéter Shem Tov* (ed. Kehot, 2004), *addendum* 57 (*addendum* 44 en ediciones anteriores).

QUINTA LECTURA

Números 23:13–26

Balak llevó a Balaam a un otro sitio con la esperanza de que le resultara más sencillo maldecir al pueblo judío desde allí. Pero una vez más, D-os forzó a Balaam a bendecir a los judíos en lugar de maldecirlos.

Nuestro infinito potencial divino

לֹא הִבִּיט אָוֶן בְּיַעֲקֹב ... ה' אֱלֹקָיו עִמּוֹ וְגוֹ' (במדבר כג:כא)

[Balaam dijo: "D-os] no ve mal en Iaacov [es decir el pueblo judío] ... D-os, su D-os, está con ellos".

La razón por la que D-os no ve mal en nosotros es que Él nos ve como si ya hubiéramos desarrollado nuestro potencial y reorientado nuestro lado animal hacia la divinidad, es decir, como si ya hubiéramos utilizado la fuerza bruta de nuestro animal interior para buscar una conciencia divina más elevada. Lo que nos permite lograr esta transformación es nuestra alma divina. Dentro de cada uno de nosotros se halla una "chispa" de conciencia divina que contiene una "chispa" del poder irresistible de D-os, y es por ello que puede prevalecer por sobre nuestro animal interno.

Así, dijo Balaam *"Él no ve mal en Iaacov"*, con lo que quiso decir que D-os ve que podemos conquistar nuestro animal interior porque *"D-os está con él"*, es decir, con el alma divina que nos permite transformar nuestro animal interior.[5]

SEXTA LECTURA

Números 23:27–24:13

A continuación, Balak conduce a Balaam a un tercer sitio con la idea de que desde allí quizás le sería más fácil maldecir al pueblo judío. Balaam se encontraba a punto de proferir su maldición cuando al punto se puso a observar cómo era el campamento del pueblo judío. Distinguió en primer lugar que los judíos estaban organizados en tribus, lo que era únicamente posible porque habían sido fieles en sus matrimonios. Segundo, las carpas estaban dispuestas de forma tal que nadie podía ver por accidente el interior de la carpa de otra familia. El cuidado por los detalles presente en la conducta modesta del pueblo judío impresionó tanto a Balaam que, por su propia cuenta, en vez de maldecirlos los bendijo.

El poder de la modestia

מַה טֹּבוּ אֹהָלֶיךָ יַעֲקֹב מִשְׁכְּנֹתֶיךָ יִשְׂרָאֵל (במדבר כד:ה)

[Dijo Balaam:] "Cuán buenas son tus tiendas,
Iaacov, y tus campamentos, Israel".

Aquí, la lección para nosotros es que nunca debemos pensar que es importante preocuparse por los "grandes" temas de la modestia y la intimidad y que a la vez podemos ser laxos en detalles "pequeños" e "inocentes". Todos los detalles, hasta los más pequeños, son importantes, al punto tal de transformar una maldición en bendición (o una situación maldecida en otra bendecida).

Para que no pensemos que la atención por los detalles relativos a la modestia es un requisito en nuestro comportamiento cotidiano pero no en situaciones temporarias (como cuando estamos de vacaciones), vemos aquí que el enorme poder de los pequeños detalles de la conducta modesta quedó demostrado precisamente cuando nuestros antepasados vivían en tiendas, sus hogares temporarios en el desierto.[6]

6. *Likutei Sijot*, vol. 13, pág. 84.

SÉPTIMA LECTURA

Números 24:14–25:9

Tras bendecir en tres ocasiones al pueblo judío, Balaam profetizó el futuro destino del pueblo de Balak, como también el de otras naciones. En esas profecías mencionó que el futuro rey del pueblo judío – el Mesías – llevará a la humanidad entera a servir a D-os.

Soñar los sueños de D-os

וְיֵרְדְּ מִיַּעֲקֹב וגו' (במדבר כד:יט)

[Dijo Balaam:] "Un gobernante saldrá de Iaacov".

Nos podemos preguntar: "Una vez que sabemos qué es lo que D-os requiere de nosotros aquí y ahora, ¿para qué necesitamos saber cuáles son nuestro propósito y recompensa finales? ¿Por qué no confiar en que D-os nos otorgue la recompensa llegado el momento en vez de preocuparnos en estos momentos sobre el qué y cuándo?"

La respuesta a esto es que contar con una clara visión del propósito de nuestro trabajo genera una diferencia sustancial en la calidad del mismo, como también en el esfuerzo que invertimos. D-os quiere que lo sirvamos imbuidos de inspiración; quiere que la visión nuestra sea la visión de Él, que los objetivos nuestros sean los objetivos de Él. Desde luego, nuestra relación con D-os debe basarse en la absoluta e incondicional devoción que toda criatura debe a su Creador, pero eso es solo la base, el comienzo. Idealmente, D-os quiere que soñemos lo que Él sueña; y es por ello que Él comparte con nosotros el sueño de un Futuro Mesiánico.

Por consiguiente, resulta vital estudiar las profecías y las afirmaciones de nuestros sabios sobre el Mesías y la inminente Redención, ya que nos permitirán llegar a una clara imagen mental de cómo debe ser el mundo efectivamente y de cómo podemos transformar este sueño en realidad.[7]

---

7. *Likutei Sijot,* vol. 21, pág. 18; *ibid.,* vol. 22, pág. 76; *Séfer HaSijot 5751,* vol. 2, págs. 497–498, 501–503, 747–749, etc.

Pinjas

Los preparativos para la conquista

Números 25:10–30:1

LA OCTAVA SECCIÓN DEL LIBRO NÚMEROS COMIENZA CON EL relato del nombramiento que hiciera D-ios de Pinjas, sobrino nieto de Moshé, como sacerdote. Continúa con el último censo en el desierto, las leyes de herencia, la transferencia del liderazgo de Moshé a Iehoshúa, y los sacrificios diarios y los relativos a las festividades.

PRIMERA LECTURA

Números 25:10–26:4

Balaam aconseja a Balak seducir al pueblo judío para que este caiga en pecado. Balak hace que mujeres midianitas y moabitas atraigan a los hombres judíos y los induzcan a la idolatría. D-os desata una epidemia fatal contra el pueblo judío. Moshé lleva a juicio a los ofensores pero Zimri, príncipe de la tribu de Shimón, lo desafía manteniendo relaciones con la princesa medianita Kozbi en público. El nieto de Aharón, Pinjas, recuerda que dichos ofensores pueden ser ejecutados sin juicio, y mata a Zimri y su amante. Acto seguido, Pinjas reza a D-os y Él detiene la epidemia. Como Pinjas había nacido después de que los hijos de Aharón fueran consagrados como sacerdotes, él no lo era. Como recompensa por su celo, D-os confiere a Pinjas la condición sacerdotal.

Evitar la falsa modestia

הִנְנִי נֹתֵן לוֹ ... בְּרִית כְּהֻנַּת עוֹלָם וְגוֹ' (במדבר כה:יב-יג)

[Dijo D-os con respecto a Pinjas:] **"He aquí que le he dado ... el pacto eterno del sacerdocio".**

El hecho de que Pinjas fuera mucho más joven que Moshé no le impidió actuar en su presencia una vez que se hizo evidente que Moshé había olvidado cómo debía hacerlo. Del mismo modo, no debemos sentirnos intimidados cuando vemos que aquellos de mayor relieve pasan por alto algo que debe ser corregido. Es posible que, como en el caso de Pinjas, la Providencia divina los haga guardar silencio para que una persona "menos calificada" aproveche el momento y responda al llamado del destino. Cuando la Providencia divina nos presenta la oportunidad de rectificar algo en el mundo, debemos hacerlo con total sacrificio de sí, como hiciera Pinjas.[1]

---

1. *Likutei Sijot,* vol. 2, pág. 342.

SEGUNDA LECTURA

Números 26:5–51

D-os ordenó a Moshé la realización de un censo del pueblo judío tras las muertes causadas por la epidemia y la administración de justicia. Los hijos de Kóraj, el instigador del motín contra Moshé treinta y ocho años atrás, también aparecían inscriptos en el censo.

Pensar en el arrepentimiento

וּבְנֵי קֹרַח לֹא מֵתוּ (במדבר כו:יא)

Y los hijos de Kóraj no murieron [*en el motín de su padre*].

Los hijos de Kóraj desempeñaron un papel clave en la rebelión de su padre, y por ello fueron devorados por la tierra junto a los demás rebeldes. A pesar de esto, a diferencia de los demás, los hijos de Kóraj se arrepintieron de corazón y fueron salvados de la pena de muerte: D-os les permitió permanecer vivos en una cueva subterránea hasta la muerte del resto de la generación. Una vez ocurrida esta, los hijos de Kóraj abandonaron su escondite y regresaron a sus vidas en la comunidad. Si hubieran actuado desde un primer momento guiados por el arrepentimiento, habrían evitado incluso ese castigo menor. De todas formas, su supervivencia nos muestra el inmenso poder del arrepentimiento, aún cuando no se actúa en base a él en la medida en que corresponde.

Esta idea debería acallar toda duda que pudiéramos abrigar sobre la posibilidad de la redención en nuestros tiempos. En realidad, el solo hecho de pensar en el arrepentimiento basta para aproximar la Redención final, y más aún cuando se suma a los méritos que hemos acumulado en nuestro largo exilio: la Torá que hemos estudiado, los mandamientos que hemos cumplido, y el martirio que hemos sufrido.[2]

---

2. *Likutei Sijot*, vol. 33, pág. 170 y ss.

TERCERA LECTURA

Números 26:52–27:5

Una vez completado el censo, D-os instruyó a Moshé sobre cómo dividir la Tierra de Israel entre el pueblo judío.

Nuestra triple relación con D-os

לְאֵ֖לֶּה תֵּחָלֵ֣ק הָאָ֑רֶץ וגו' (במדבר כו:נג)

[Dijo D-os a Moshé:] "La tierra será dividida entre aquellos [a quienes has contado]".

La Tierra de Israel fue dividida entre el pueblo judío de tres formas: (1) por población, es decir, la tribu recibía más tierra cuanto mayor fuera; (2) por sorteo, el cual determinaba qué área recibiría cada tribu; y (3) por herencia, o sea, las propiedades de los padres se transferían a los hijos.

Estos tres métodos reflejan las tres distintas facetas de nuestra relación con D-os: (1) Estamos conectados a Él por una relación de servicio y recompensa. Esto refleja la división lógica de la tierra por población. (2) Fuimos elegidos por D-os para ser su pueblo independientemente de cuán bien cumplamos con nuestra parte en la relación contractual con Él. Esto refleja la división de la tierra por sorteo, el cual no está dictado por la lógica. (3) Estamos conectados con D-os porque somos parte de Él; dado que somos parte de D-os, Él no necesita elegirnos. Esto refleja la división de la tierra por herencia, porque un heredero recibe la herencia de sus padres de manera automática; no tiene que ganarla, como tampoco su padre necesita nombrarlo como heredero.

Estas tres facetas de nuestra relación con D-os son todas importantes, pero en el futuro Mesiánico nuestra relación de herencia será la de orden superior. Es este aspecto de nuestra relación el que debemos enfatizar en estos momentos, en que nos preparamos para la inminente Redención Mesiánica.[3]

3. *Likutei Sijot,* vol. 28, págs. 176–181.

Números 27:6–23

En preparación a su muerte inminente, Moshé recibió la orden de D-os de designar a Iehoshúa como su sucesor.

Humildad en la afirmación

וַיֹּאמֶר ה' אֶל מֹשֶׁה קַח לְךָ אֶת יְהוֹשֻׁעַ בִּן נוּן אִישׁ
אֲשֶׁר רוּחַ בּוֹ וְסָמַכְתָּ אֶת יָדְךָ עָלָיו (במדבר כז:יח)

Dijo D-os a Moshé: "Toma a Iehoshúa hijo de Nun,
hombre de espíritu, y pon tus manos sobre él".

Iehoshúa fue elegido como sucesor de Moshé en virtud de su total perseverancia por incorporar sus enseñanzas, tanto las que enseñaba Moshé a partir de la Torá como las derivadas de su conducta personal. Sus liderazgos diferían en que el de Moshé se basaba principalmente en milagros, mientras que el de Iehoshúa era de orden natural. Es por ello que fue justamente a través del liderazgo de Iehoshúa que el propósito de la Creación – la santificación del mundo material y natural – logró su cumplimiento. Pero el éxito de Iehoshúa obedeció exclusivamente al hecho de ser él un reflejo desinteresado de Moshé; su abnegación permitía que la naturaleza milagrosa del liderazgo de Moshé se trasladara a su liderazgo natural. Así fue como la primera conquista de Iehoshúa, la ciudad de Jericó, ocurrió por obra de milagro.

Aprendemos de Iehoshúa el compromiso total con la incorporación y transmisión de la herencia y las lecciones de la Torá tales como nos han sido legadas por nuestros predecesores, como también con la aplicación de las enseñanzas de la Torá a las nuevas situaciones de nuestra generación.[4]

QUINTA LECTURA

Números 28:1–15

A continuación, D-os instruyó a Moshé con respecto a los sacrificios comunales diarios y festivos que se debían ofrendar regularmente en el Tabernáculo.

Nutrir a D-os

אֶת קָרְבָּנִי לַחְמִי לְאִשַּׁי . . . תִּשְׁמְרוּ וְגוֹ' (במדבר כח:ב)

[Ordenó D-os a Moshé decir al pueblo judío:] "Debéis guardar Mi ofrenda, Mi alimento para Mis ofrendas ígneas".

D-os llama a los sacrificios Su "alimento" diario porque, así como la comida sustenta el cuerpo, así también los sacrificios aportan la fuerza vital divina que sustenta el mundo. Además, la constancia de los sacrificios diarios expresaba el eterno lazo existente entre D-os y el pueblo judío.

Las plegarias diarias fueron instituidas en paralelo con los sacrificios diarios y para sustituirlos en ausencia del Tabernáculo o Templo. Así, nuestras plegarias diarias también "sustentan" a D-os. Si alguna vez dudamos de cuán importantes pueden ser nuestras plegarias, debemos recordar que D-os las considera vitales para la existencia y conservación del mundo. Son tan importantes para Él como nuestro pan diario lo es para nosotros.[5]

Números 28:16–29:11

Luego de detallar los procedimientos relativos a los sacrificios diarios, D-os instruyó a Moshé con respecto a los sacrificios semanales de Shabat, los correspondientes al primer día de cada mes judío, y los propios de las festividades. En el transcurso de dichas instrucciones D-os hace referencia a Rosh Hashaná – el Año Nuevo judío – como "el Día del Toque del Shofar" (o cuerno de carnero).

Renovación

וּבַחֹדֶשׁ הַשְּׁבִיעִי בְּאֶחָד לַחֹדֶשׁ . . . יוֹם תְּרוּעָה יִהְיֶה לָכֶם (במדבר כט:א)

[Ordenó D-os a Moshé decir al pueblo judío:] "El primer día del séptimo mes ... será para vosotros un día de hacer sonar el shofar".

La renovación anual es necesaria para que la vida mantenga su frescura y novedad. Si cultivamos permanentemente un solo y mismo tipo de conciencia divina quedaremos atrapados por sus limitaciones, y terminaremos haciendo que nuestras vidas religiosas parezcan repetitivas y deslucidas. Rosh Hashaná es una oportunidad para que demos el salto hacia un nuevo nivel de conciencia divina que inspire nuestras vidas para el año siguiente.

Sin embargo, para alcanzar este logro no podemos depender de las palabras de nuestras plegarias, ya que ellas poseen en nuestra mente significados específicos, limitados por el conocimiento y las experiencias que hemos adquirido a lo largo de la vida. Es por ello que, para liberarnos de nuestros necesariamente limitados modos de expresión, empleamos los llantos del shofar, los cuales trascienden los confines del lenguaje verbal. De esta manera, recapturamos la inocencia y la inspiración de un alma recién nacida, tal como la del pueblo judío al recibir la Torá en el monte Sinaí. Esta renovada inspiración fortalece nuestra relación con D-os para el año que se inicia.[6]

---

6. *Séfer HaMaamarim Melukat*, vol. 1, pág. 426.

SÉPTIMA LECTURA

Números 29:12–30:1

Durante los siete días de la festividad de Sucot se ofrendaban sacrificios comunitarios especiales. Pero mientras que el número de carneros y ovejas permanecía constante a lo largo de los siete días, el número de toros era de trece el primer día y luego disminuía de uno en uno hasta llegar a siete toros el séptimo día. Al día siguiente, en la festividad de Sheminí Atzéret, se ofrendaba un solo toro.

Desprendernos del materialismo

וְהִקְרַבְתֶּם עֹלָה ... פָּרִים בְּנֵי בָקָר שְׁלֹשָׁה עָשָׂר וְגו' (במדבר כט:יג)

[Ordenó D-os a Moshé decir al pueblo judío:]
"Debéis hacer una ofrenda de ascensión [en Sucot]
de trece novillos [el primer día]…".

Si complacemos sin restricciones la faceta "animal" de nuestras personalidades y le damos siempre lo que postula como sus "necesidades", pronto aprenderá a afirmarse y formularnos demandas cada vez mayores. Debemos acostumbrarla en cambio a conformarse con lo mínimo mientras buscamos una realización cada vez más elevada en el campo espiritual. Por otra parte, si intentamos modificar nuestra faceta animal de forma abrupta, esta simplemente se rehusará a obedecer. Debemos acostumbrarla en forma amable y gradual, mostrándole paso a paso que la realización espiritual es más satisfactoria que la satisfacción material.

Una vez que hayamos entrenado nuestros impulsos materiales de esta forma, podremos dar el salto de pasar a desprenderlos por completo de su orientación material, tal como el salto cuántico que va del último día de Sucot a Sheminí Atzéret, momento en que el número de toros ofrendados descendía de siete a uno.[7]

7. *Sijot Kódesh*, 5727, vol. 2, pág. 303.

Matot

Enfrentar los desafíos

Números 30:2–32:42

LA NOVENA SECCIÓN DEL LIBRO NÚMEROS COMIENZA CON EL momento en que Moshé se dirige a las cabezas de las tribus (*matot*, en hebreo) para enseñarles las leyes de promesas y juramentos. Luego continúa con la narrativa histórica de los acontecimientos ocurridos durante el último año del viaje del pueblo judío por el desierto hasta que se prepara para cruzar el río Jordán hacia la Tierra de Israel.

PRIMERA LECTURA

Números 30:2–17

D-os enseñó a Moshé las leyes que gobiernan los modos en que una persona puede formular promesas y juramentos a D-os.

Conversación sagrada

אִישׁ כִּי יִדֹּר נֶדֶר לַה' וְגוֹ' (במדבר ל:ג)

[Instruyó D-os a Moshé para que dijera al pueblo judío:] "Si alguien hace una promesa a D-os ... no debe violar su palabra".

La palabra hebrea para "violar" (*iajel*) proviene de la que se emplea para decir "profano" o "no sagrado" (*jol*). El significado interno de este versículo es, por tanto, que no debemos volver "profanas" nuestras palabras; aun nuestra conversación mundana debe estar imbuida de intenciones sagradas y ser consistente con el propósito mayor de la Creación: transformar este mundo en una morada para D-os.[1]

---

1. *Likutei Sijot*, vol. 13, pág. 108.

SEGUNDA LECTURA

Números 31:1–12

Aún sin tener conflictos con los judíos, los midianitas se unieron a los moabitas para inducirlos al pecado. Como retribución por este perverso comportamiento, D-os ordenó a Moshé enviar al ejército judío a atacarlos.

Odio insensato

לָתֵת נִקְמַת ה' בְּמִדְיָן (במדבר לא:ג)

[*Dijo Moshé al pueblo judío:*] *"Tomad la venganza de D-os contra Midián".*

Los midianitas no tenían motivos para atacar a los judíos; lo hicieron movidos por puro odio irracional. La raíz del odio sin sentido es el ego. La persona egocéntrica se siente amenazada por los demás, porque la sola existencia de estos amenaza su exacerbado sentimiento de sí. Por lo tanto, aunque no busque dañar a los demás de manera activa, experimentará cierto secreto placer al verlos sufrir o, al menos, su sufrimiento no lo conmoverá en absoluto. Es más, él será ciego a las cualidades positivas de las otras personas. Como no es sincero en su relación con D-os y el mundo, no puede creer que los demás lo sean.

En cambio, la persona no egocéntrica pone el foco exclusivamente en las cualidades positivas de los demás. Sentirá genuina preocupación por su sufrimiento, dado que los juzgará desde una luz favorable y no encontrará justificativos para su dolor.

Del mismo modo, en vez de ver las diferencias de opinión como una afrenta a su individualidad, la persona altruista las considerará como oportunidades para alcanzar perspectivas más acertadas de la verdad. Expondrá sus deficiencias a los demás y buscará su consejo, lo que le permitirá ir resolviendo sus problemas y progresar en su autosuperación.[2]

---

2. *Likutei Torá* 3:85d y ss.; *Séfer HaMaamarim 5659*, pág. 53 y ss.; *Séfer HaMaamarim 5747*, pág. 183 y ss.

TERCERA LECTURA

Números 31:13–24

Los judíos atacaron a Midián y mataron a todos los varones adultos. Moshé ordenó a los soldados librarse de la impureza ritual que habían contraído en el contacto con cadáveres humanos. Eleazar – sobrino de Moshé consagrado como sumo sacerdote tras la reciente muerte de su padre, Aharón – ordenó a los soldados purgar los cubiertos y utensilios de cocina que habían conquistado en batalla.

No basta con Moshé

וַיֹּאמֶר אֶלְעָזָר הַכֹּהֵן אֶל אַנְשֵׁי הַצָּבָא הַבָּאִים לַמִּלְחָמָה וגו' (במדבר לא:כא)

***Dijo Eleazar el sacerdote a los soldados
que regresaron de la batalla...***

La impureza ritual es una condición espiritual que *rodea* al objeto, mientras que los alimentos prohibidos *penetran* en él. Resulta, entonces, que el recipiente que haya absorbido alimentos prohibidos debe purgarse sumergiéndolo en agua hirviente o calentándolo hasta volverlo candente, mientras que un recipiente que se haya vuelto ritualmente impuro debe sumergirse en una pileta ritual (*mikve*), cuyas aguas rodean al recipiente solo por fuera.

Moshé veía la realidad desde la superior perspectiva divina. Él sentía que un cambio general en la actitud de una persona afectaría la totalidad de los aspectos de su vida, incluyendo los detalles más pequeños, por lo que bastaría con eliminar la impureza ritual. Eleazar, sin embargo, había heredado la perspectiva de su padre, Aharón. Mirando la realidad desde una perspectiva terrenal, él sabía que los cambios generales y comprensivos no bastan; también debemos trabajar en los detalles.

De manera análoga, nuestro Moshé interior puede llegar a decirnos que para enmendar el pasado alcanza con adoptar resoluciones generales. Debemos asegurarnos de escuchar también a nuestro Aharón o Eleazar interiores con el fin de adoptar todos los pasos requeridos para depurar la paralizante negatividad.

CUARTA LECTURA

Números 31:25–41

A continuación, D-os instruyó a Moshé sobre el recuento de las personas y los animales que habían sido capturados a los midianitas. A los soldados se les permitió guardar la mitad del botín; la mitad restante fue entregada al pueblo judío. Los soldados tenían que ofrendar a los sacerdotes una parte entre quinientas de su medio botín, y el pueblo debía ofrendar una parte entre cincuenta de su mitad a los levitas. Moshé siguió las instrucciones de D-os: contó los individuos y los animales capturados, y luego dividió y entregó a los sacerdotes y levitas sus respectivas partes.

Asistencia divina

וַיְהִי הַמַּלְקוֹחַ וגו' (במדבר לא:לב)

El botín consistió de . . .

Cuando los soldados contaron las personas y los animales capturados encontraron que milagrosamente los totales eran todos divisibles por cincuenta y quinientos. Esto posibilitó el cumplimiento de la orden de D-os de entregar a los sacerdotes y levitas los porcentajes exactos de lo capturado. Esto resulta aún más asombroso si consideramos todos los detalles que tuvieron que coincidir para la consecución de este milagro: la fertilidad y la expectativa de vida del pueblo y los animales, etc., todo lo cual tuvo lugar mucho antes de que fueran capturados en batalla.

Aprendemos de esto que nunca debe perturbarnos un obstáculo aparente en el cumplimiento de las directivas de D-os o en el llevar a cabo nuestra misión divina. Por el contrario, debemos recordar que D-os ordenó las cosas por adelantado para permitirnos lograr nuestros objetivos divinos de la mejor forma posible.[3]

QUINTA LECTURA

Números 31:42–54

Los oficiales del ejército contaron a los soldados a su cargo y encontraron que milagrosamente no faltaba soldado alguno.

La guerra contra el odio

וְלֹא נִפְקַד מִמֶּנּוּ אִישׁ (במדבר לא:מט)

– *[Dijeron los oficiales a Moshé:]* "Ni un hombre falta de nosotros".

La guerra contra Midián fue una guerra contra el odio gratuito y el disenso. D-os nos ordena librar esta guerra permanentemente para que el odio, la discordia y el rencor sean reemplazados por el amor, la concordia y el altruismo. Además de los evidentes beneficios de esta lucha para nosotros como personas y como sociedad, D-os también se "beneficia" con la misma. Como dijera el sabio talmúdico Rabí Akiva, el amor fraternal es la base de toda la Torá.

    D-os nos asegura que en nuestra incesante guerra contra el odio – tal como sucediera en la guerra original contra Midián – terminaremos sin sufrir pérdidas de ninguna índole, ya sea física, espiritual o siquiera financiera.[4]

SEXTA LECTURA

Números 32:1–19

Al ver que los territorios de los reyes Sijón y Og eran aptos para el pastoreo de grandes rebaños de vacunos y ovinos, las tribus de Reuvén y Gad pidieron a Moshé tomar posesión de esos territorios y no cruzar el río Jordán hacia Canaán. Moshé los reprendió por intentar evitar el enfrentamiento con las naciones que en ese momento ocupaban Canaán. Las tribus de Reuvén y Gad prometieron entonces ayudar a las otras tribus a conquistar los territorios ubicados en el margen occidental del río Jordán antes de establecerse ellos en el margen oriental.

Moderar el ascetismo

וּמִקְנֶה רַב הָיָה לִבְנֵי רְאוּבֵן וְלִבְנֵי גָד עָצוּם מְאֹד וְגוֹ' (במדבר לב:א)

Los descendientes de Reuvén y Gad tenían abundancia de ganado.

Estas dos tribus querían vivir como pastores porque esa ocupación conduce a un estilo de vida meditativo. Moshé inicialmente se opuso a la propuesta porque sabía que, hasta el arribo de la Era Mesiánica, la intención de D-os es que nos enfrentemos al mundo físico – e incluso luchemos en él si es necesario – con el objeto de depurarlo y elevarlo. Moshé accedió tras estipular que ellos primero ayudarían a sus hermanos a conquistar la Tierra de Israel. La experiencia de enfrentamiento al mundo material aseguraría que su posterior regreso al pastoreo no derivara en una huida de la realidad.

Del mismo modo, no debemos ver como una molestia frustrante el tiempo que estamos obligados a pasar elevando y depurando las tareas rutinarias del mundo. Por el contrario, debemos verlas ante todo como nuestra verdadera misión divina y, segundo, como la clave para asegurar que nuestro estudio de la Torá, nuestros rezos y nuestro cumplimiento de los mandamientos de D-os se lleven a cabo con las más puras y apropiadas de las intenciones.[5]

5. *Reshimot 51*; *Likutei Sijot*, vol. 33, pág. 198.

SÉPTIMA LECTURA

Números 32:20–42

Moshé aceptó la propuesta de las tribus de Reuvén y Gad e instaló también a la mitad de la tribu de Menashé en el margen oriental del río Jordán.

Vivir en el futuro

וַיִּתֵּן לָהֶם מֹשֶׁה . . . וְלַחֲצִי שֵׁבֶט מְנַשֶּׁה . . . וְאֶת־

מַמְלֶכֶת עוֹג מֶלֶךְ הַבָּשָׁן וְגו' (במדבר לב:לג)

Moshé dio . . . a media tribu de Menashé . . . el
[anterior] reino de Og, rey de Bashán.

Para asegurar que las tribus de Reuvén y Gad mantuvieran la perspectiva apropiada cuando se asentaran en el margen oriental del río Jordán, Moshé estableció allí también a una mitad de la tribu de Menashé. La tribu de este era conocida por su amor a la Tierra de Israel, es decir, su dedicación a la depuración del mundo material, que se logra ante todo en la Tierra de Israel. Además, al establecer una mitad de esta tribu en el margen occidental del Jordán y otra mitad en el margen oriental, Moshé demostró que la tribu no se asentaba allí para eludir la responsabilidad de su misión en el margen occidental. Por último, Iosef había dado a su hijo el nombre de Menashé – el fundador de esta tribu – porque deseaba recordar que la vida fuera de la tierra de Israel no es la condición natural del judío.

Aprendemos de todo esto que la forma de llevar al mundo a su estado ideal – el Futuro Mesiánico – es abrazando en forma plena el desafío de elevar y depurar el mundo, ya que es este el objetivo último de la Redención Mesiánica.[6]

---

6. *Likutei Sijot*, vol. 28, págs. 210–215.

Mas'ei

Los viajes

Números 33:1–36:13

LA DÉCIMA Y ÚLTIMA SECCIÓN DEL LIBRO NÚMEROS COMIENZA con el repaso de los viajes (*mas'ei*, en hebreo) del pueblo judío desde Egipto hasta la frontera con la Tierra de Israel. Continúa con las instrucciones de D-os relativas a la inminente entrada y conquista de la tierra.

PRIMERA LECTURA

Números 33:1–49

Concluido el relato de las conquistas del pueblo judío en el margen oriental del río Jordán, la Torá repasa todas las estaciones que realizó el pueblo desde su salida de Egipto hasta el acampe final en el desierto.

Los viajes de la vida

אֵלֶּה מַסְעֵי וגו' (במדבר לג:א)

Estos son los viajes . . .

El fundador del jasidismo, Rabí Israel Baal Shem Tov, enseñó que esos cuarenta y dos viajes se corresponden con los cuarenta y dos viajes espirituales que hacemos a lo largo de nuestra vida. Comenzamos con el nacimiento, así como el Éxodo de Egipto fue el nacimiento nacional del pueblo judío. El último viaje es a la Tierra Prometida espiritual, la vida que nos espera después de la muerte.

A pesar de que algunos de los viajes intermedios en el recorrido del pueblo judío a través del desierto se vieron acompañados de adversidades, todas las estaciones de nuestro viaje espiritual a través de la vida apuntan a ser sagrados y positivos. Si elegimos el bien por sobre el mal, realmente viviremos a través de esas fases de la vida de la forma que D-os pretende. Si, como el pueblo judío en el desierto, hacemos las elecciones equivocadas, viviremos esos viajes como retrocesos temporales. Aunque nos esforcemos en cada paso de la vida por adoptar las decisiones correctas, debemos también reconocer que incluso los contratiempos pueden transformarse en positivas experiencias de crecimiento.[1]

---

1. *Likutei Sijot*, vol. 4, pág. 1083.

Números 33:50–53

D-os informa al pueblo judío que para conquistar exitosamente la Tierra de Israel debe cruzar el río Jordán con la intención de expulsar a las naciones idólatras de la tierra.

Destruir los ídolos internos

וְאִבַּדְתֶּם אֵת כָּל מַשְׂכִּיֹּתָם וְאֵת כָּל צַלְמֵי מַסֵּכֹתָם
תְּאַבֵּדוּ, וְאֵת כָּל בָּמוֹתָם תַּשְׁמִידוּ (במדבר לג:נב)

[D-os instruyó a Moshé para que dijera al pueblo judío:]
"Debéis destruir todos los templos [idólatras], destruir sus ídolos de fundición y demoler sus altares [de sacrificios]".

En hebreo, la expresión para 'idolatría' (*avodá zará*) significa literalmente 'servicio ajeno'. Todo tipo de adoración, todo tipo de servicio que sea "extraño" al lado divino de nuestras personalidades es una forma sutil de idolatría. El objeto de nuestro servicio ajeno puede ser cualquier cosa: desde el dinero, el éxito, el control o la fama hasta ídolos más "inocentes" como la seguridad, la sabiduría o la salud. Cualquier objeto u objetivo al que nos dediquemos que no nos ayude a cumplir nuestra misión divina es calificado como "servicio extraño".

D-os desea toda nuestra lealtad por nuestro propio bien. Quiere salvarnos del dolor y el trauma que surgen a consecuencia de intentar servir múltiples amos. Cuando aprendemos a orientar aun las actividades más mundanas hacia la divinidad de forma tal que cada parte de nuestra vida se vuelve parte de nuestra misión divina, podemos vivir libres de los conflictos internos que desafortunadamente hacen estragos en la salud espiritual y mental de muchas personas. Por ende, es crucial que nos convirtamos en guerreros espirituales desarraigando y destruyendo nuestros ídolos internos, para entrar en la "Tierra Prometida" de una vida íntegra orientada hacia la divinidad.[2]

2. *Hitvaaduiot 5719*, vol. 2, págs. 116–117; *Likutei Sijot*, vol. 1, pág. 190;. *ibid* vol. 30, pág. 158; etc.

TERCERA LECTURA

Números 33:54–34:15

Dado que son numerosos los mandamientos que se cumplen únicamente dentro de la Tierra de Israel, D-os procedió a describir los límites exactos de la misma.

Aprovechar el día

זֹאת הָאָרֶץ אֲשֶׁר תִּפֹּל לָכֶם בְּנַחֲלָה וגו' (במדבר לד:ב)

Esta es la tierra que caerá para vosotros
[por sorteo] como herencia.

El uso del verbo "caer" (*tipol*) para describir cómo la Tierra de Israel se vuelve nuestra nos enseña una lección importante.

El hecho de estar obligados a cumplir ciertos mandamientos únicamente dentro de la Tierra de Israel alude al hecho de que podemos cumplir los mandamientos de D-os y elevar la realidad material solamente durante nuestra vida física. No tenemos esta oportunidad ni antes ni después del tiempo en que nuestra alma está alojada en nuestro cuerpo, a pesar de que está viva desde antes de nuestro nacimiento y continúa viviendo después de nuestra muerte.

En comparación con la existencia idílica que disfruta el alma en su morada celestial antes de nacer, la difícil y conflictiva vida que debemos llevar en el mundo físico realmente puede verse como una suerte de "caída" desde una altura previa. Sin embargo, si utilizamos todos nuestros poderes para aprovechar la oportunidad única que tenemos en este mundo, ayudamos a D-os a lograr su propósito en la Creación, cumplimos con el propósito de nuestra existencia y, también, aumentamos en gran medida nuestra capacidad de absorber las revelaciones divinas que nos esperan más allá de la vida.[3]

---

3. *Likutei Sijot*, vol. 13, págs. 126–127; *Tania*, capítulo 37 (48b).

CUARTA LECTURA

Números 34:16–29

A continuación, D-os especificó los nombres de los líderes de cada una de las tribus que habrían de asumir la propiedad de sus respectivos territorios en nombre de ellas para luego dividir la Tierra de Israel entre sus miembros particulares.

Lograr el calce perfecto

אֵלֶּה שְׁמוֹת הָאֲנָשִׁים אֲשֶׁר יִנְחֲלוּ לָכֶם אֶת הָאָרֶץ וְגוֹ' (במדבר לד:יז)

[D-os ordenó a Moshé decir al pueblo judío:] "Estos son los nombres de los hombres que heredarán la tierra en nombre de vosotros".

Todos somos líderes, ya sea en nuestras familias, en nuestros círculos de amigos, o entre nuestros compañeros de trabajo. En nuestros roles como líderes debemos seguir el ejemplo de los líderes de las tribus del pueblo judío. Así como ellos asignaron una parcela de tierra a cada miembro de la tribu de acuerdo con sus necesidades y capacidades, debemos garantizar que nuestros "seguidores" estén activos de la mejor forma posible, tanto para beneficio de ellos mismos como para beneficio del grupo. Aprendemos de los líderes de las tribus cómo lograrlo: así como ellos asumieron la propiedad de sus respectivos territorios en nombre de sus prójimos judíos, nosotros nos debemos poner mentalmente en el lugar de cada uno de nuestros seguidores para apreciar la personalidad y fortaleza únicas de cada cual.

El líder máximo y único verdadero es, desde luego, D-os mismo. Cuando Él nos asigna una tarea en la vida, lo hace en función de nuestras fortalezas, facultades y talentos únicos. Por lo tanto, si alguna vez deseamos que nuestros desafíos específicos en la vida sean diferentes de lo que son, debemos recordar que fue D-os quien nos los asignó, adaptándolos precisamente a nuestras habilidades y según nuestro mejor interés en el largo plazo.[4]

---

4. *Likutei Sijot*, vol. 33, pág. 205.

QUINTA LECTURA

Números 35:1–8

A continuación, D-os ordenó a Moshé y al pueblo judío apartar para los levitas cuarenta y ocho ciudades, ya que no habrían de recibir territorios agrícolas en la Tierra de Israel. Las ciudades levitas servirían también como "ciudades de refugio". Si alguien cometía un asesinato involuntario, los parientes de la víctima tenían permitido matar al asesino a menos que este huyera a una de esas ciudades especialmente designadas.

Embajadores de amor

וְאֵת הֶעָרִים אֲשֶׁר תִּתְּנוּ לַלְוִיִּם אֵת שֵׁשׁ עָרֵי הַמִּקְלָט וְגוֹ' (במדבר לה:ו)

[Ordenó D-os a Moshé:] "Las ciudades que debes dar a los levitas deben [incluir] las seis ciudades de refugio".

La razón por la que las ciudades levitas servían también como ciudades de refugio era que la vida de los levitas era la antítesis del asesinato no intencional. De esta forma, el confinamiento del asesino a dichas ciudades cumplía la función de neutralizar el efecto de su crimen.

Los asesinos involuntarios estaban sujetos a la pena capital solo si el asesinato había sido obra de su negligencia. La negligencia que resulta en la muerte de otra persona implica un descuido flagrante del bienestar de los demás. Esta insensibilidad hacia los demás se opone en forma absoluta a los ideales de hermandad ejemplificados por los levitas. El papel de los levitas es conectar al pueblo judío con D-os a través del servicio del Tabernáculo (y el Templo), y conectar a los judíos entre sí por medio de la enseñanza de la Torá.

Del mismo modo, todos nosotros podemos aprender de los levitas y emularlos. Debemos buscar mejorar nuestra propia conexión con el prójimo, su conexión consigo mismo y su conexión con D-os, y esforzarnos siempre por garantizar de que ningún daño físico o espiritual le ocurra a la otra persona.[5]

Números 35:9–34

Luego, D-os ordenó a Moshé y al pueblo judío designar específicamente seis de las cuarenta y ocho ciudades levitas como refugio para aquellas personas que hubieran cometido un asesinato involuntario.

Señales de arriba

וְהִקְרִיתֶם לָכֶם עָרִים עָרֵי מִקְלָט תִּהְיֶינָה לָכֶם וְגוֹ' (במדבר לה:יא)

[D-os ordenó a Moshé decir al pueblo judío:]
"Debéis designar [seis] ciudades para vosotros que funcionarán como ciudades de refugio".

Los caminos que llevaban a las ciudades de refugio debían ser anchos y despejados, de forma tal que quienquiera necesitara usarlos pudiese hacerlo con facilidad. También se colocaban señales en cada cruce de caminos para indicar claramente el rumbo hacia dichas ciudades de refugio.

Del mismo modo, D-os mantiene el camino hacia el estilo de vida de la Torá (nuestra "ciudad de refugio" espiritual) abierto, accesible y despejado para cada uno de nosotros. Además, nos va enviando indicios y señales para ayudarnos a encontrar el rumbo correcto en la vida.

Sin embargo, para poder escuchar la voz de D-os con más claridad debemos ayudar a los demás a encontrar la dirección correcta en *sus* vidas. Todos debemos considerarnos "señales de tránsito" cuyo trabajo es señalar a los demás la dirección de la vida y la bondad. Cuando D-os nos ve indicar el camino a los demás, Él nos indica el nuestro con más claridad.

En sentido ideal, debemos intentar ser más que "señales de tránsito" inanimadas que ayudan solamente a quienes se acercan en busca del camino correcto. Podemos ser señales *vivientes* y acercarnos a nuestros prójimos para ayudarlos y, si es necesario, hacerlos conscientes del hecho de que una vida sagrada y divina debe ser la más importante de sus búsquedas.[6]

6. *Likutei Sijot*, vol. 2, pág. 363 y ss.

SÉPTIMA LECTURA

Números 36:1–13

D-os concluye dictando las leyes de herencia de la tierra.

Nadie está solo

אִישׁ בְּנַחֲלַת מַטֵּה אֲבֹתָיו יִדְבְּקוּ וְגוֹ' (במדבר לו:ז)

*[Dijo D-os a Moshé:] "Cada persona permanecerá
ligada a la herencia de la tribu de su padre".*

A pesar de ser parte integral de la Torá, las leyes de herencia recién
fueron dictadas por D-os después de que cinco hermanas adultas,
solteras y huérfanas – las únicas hijas de un miembro de la tribu de
Menashé – alegaran ante Moshé que tenían derecho sobre la parcela
paterna en la Tierra de Israel. La petición privada que hicieran a
Moshé llevó a la revelación de secciones de la Torá que luego se
volverían obligatorias para el pueblo judío en su totalidad.

Esto nos enseña que nunca debemos pensar que nuestra vida
"privada" nos concierne solamente a nosotros o a nuestro círculo
cercano de familia o amigos, y que por lo tanto somos libres de
conducirnos en esos asuntos del modo que mejor nos parezca. Así
como esas mujeres consultaron a Moshé con respecto a lo que parecía
ser un asunto estrictamente personal, también nosotros debemos
consultar con autoridades rabínicas calificadas aun sobre los aspectos
aparentemente más insignificantes de nuestras vidas, porque nuestras
acciones "privadas" tienen implicancias más amplias que las que
podemos prever de manera inmediata.[7]

7. *Hitvaaduiot 5747*, vol. 4, págs. 152–153.

DEUTERONOMIO

Devarim

La crítica constructiva

Deuteronomio 1:1–3:22

EL DEUTERONOMIO, QUINTO Y ÚLTIMO LIBRO DE LA TORÁ, ESTÁ dedicado principalmente a los discursos de despedida que dio Moshé al pueblo judío poco antes de su muerte y la entrada del pueblo a la Tierra de Israel. La primera sección del libro registra sus palabras (*devarim,* en hebreo) de crítica al pueblo judío por distintos episodios que tuvieron lugar durante sus cuarenta años en el desierto, y las lecciones que debían aprender de sus errores.

PRIMERA LECTURA

Deuteronomio 1:1–11

Moshé esperó hasta hallarse próximo a fallecer para reprender al pueblo judío. Una de las razones es que prefirió esperar hasta haber derrotado a los reyes amorreos.

El regalo de la crítica

אַחֲרֵי הַכֹּתוֹ אֵת סִיחֹן מֶלֶךְ הָאֱמֹרִי . . . וְאֵת עוֹג מֶלֶךְ הַבָּשָׁן וְגוֹ' (דברים א:ד)

[Moshé reprendió al pueblo judío] luego de haber vencido a Sijón, rey de los amorreos . . . y Og, rey de Bashan.

Las personas aceptan más fácilmente la crítica después de haber recibido algún beneficio material proveniente de quien las critica. Al criticar a alguien le estamos haciendo un favor espiritual; si precedemos este favor espiritual de uno material, aseguramos que ambas partes consideren la crítica desde la perspectiva apropiada y no la entiendan como un acto de mala voluntad.

Con su ejemplo, Moshé nos mostró que este principio se aplica aun en el caso de que la persona o el grupo sea merecedor de crítica por un pecado de tal gravedad como lo fuera la forja del becerro de oro. Aprendemos del ejemplo de Moshé que debemos extender a los demás toda nuestra ayuda – tanto sea material como espiritual – con el fin de reencauzarlos en la senda apropiada de la vida.

Al ayudar así a los demás nos ganamos la ayuda de D-os para encontrar nuestro propio camino apropiado en la vida, como también Su ayuda en la provisión de necesidades materiales tanto para nosotros como para nuestros seres queridos.[1]

---

1. *Likutei Sijot*, vol. 1, págs. 133–134; *Sijot Kódesh 5737*, vol. 1, págs. 155–161, págs. 367–369.

SEGUNDA LECTURA

Deuteronomio 1:12–21

Moshé recordó al pueblo judío que, cuando estaban en el monte Sinaí, D-os le había encomendado compartir su responsabilidad de resolver los pleitos con un sistema de jueces. El pueblo había aceptado rápidamente ese plan, pero no por las razones correctas: esperaban influir en las decisiones de jueces de menor calibre moral que Moshé.

La carga es siempre según el camello

אֵיכָה אֶשָּׂא לְבַדִּי טָרְחֲכֶם וּמַשַּׂאֲכֶם וְרִיבְכֶם (דברים א:יב)

[*Dijo Moshé al pueblo judío en el monte Sinaí:*]
"¿Cómo puedo cargar por mí mismo con vuestros pleitos, vuestras cargas y vuestras peleas?".

A todos nos han encargado la misión asignada a Moshé: educarnos y orientarnos a nosotros mismos – como también a aquellos sobre quienes tenemos influencia – en los caminos de la Torá. Si nos preguntamos cómo podemos llevar adelante tamaña responsabilidad, debemos recordar que, cuando Moshé formuló a D-os idéntica pregunta, Él le suministró al punto una solución práctica. Así como D-os dio a Moshé los medios para cumplir con su misión, también a nosotros Él nos provee los medios y recursos para cumplir con nuestra misión divina, independientemente de cuán difíciles o abrumadoras puedan parecer nuestras responsabilidades.[2]

2. *Sijot Kódesh 5741*, vol. 4, págs. 325–326.

MARTES

TERCERA LECTURA

Deuteronomio 1:22–38

Moshé recordó al pueblo judío el modo en que había reaccionado ante el relato que hicieran los exploradores que habían ido a espiar la Tierra de Israel: acusaron a D-os de mostrar mala voluntad para con el pueblo.

D-os solo ama

וַתֵּרָגְנוּ בְאָהֳלֵיכֶם וַתֹּאמְרוּ בְּשִׂנְאַת ה' אֹתָנוּ
הוֹצִיאָנוּ מֵאֶרֶץ מִצְרָיִם וְגוֹ' (דברים א:כז)

*[Dijo Moshé al pueblo judío:] "Calumniaron a
D-os en vuestras tiendas, diciendo "D-os nos sacó
de Egipto por Su odio hacia nosotros".*

Cuando llegue la Redención Final no habrá más obstáculos que impidan la total revelación de la bondad de D-os; mientras tanto, en algunas oportunidades desafortunadamente confundiremos el amor de D-os hacia nosotros con la crueldad. Hasta la Era Mesiánica, es nuestro desafío mantenernos plenamente conscientes del hecho de que D-os está en todo momento manifestando Su amor por nosotros, incluso si a veces pareciera ser lo opuesto. La conciencia de ese amor nos inspirará a actuar en reciprocidad y cumplir con Su voluntad al máximo de nuestra capacidad, lo que a su vez eliminará el último impedimento que obstruye el camino hacia la Redención Final.[3]

3. *Likutei Sijot*, vol. 34, pág. 23.

CUARTA LECTURA

Deuteronomio 1:39–2:1

A continuación, Moshé recordó al pueblo judío que, tras escuchar el plan de D-os de mantenerlos en el desierto durante cuarenta años, algunos de ellos habían organizado su propio ejército e intentado entrar a la Tierra de Israel por sí mismos. Sin embargo, debido a que habían hecho esto en contra de la voluntad de D-os y a que carecían del liderazgo de Moshé, las naciones que vivían cerca de la frontera los rechazaron.

El camino a la Redención

וַתַּמְרוּ אֶת פִּי ה' וַתָּזִדוּ וַתַּעֲלוּ הָהָרָה (דברים א:מג)

[Dijo Moshé al pueblo:] "Os rebelasteis contra la orden de D-os y obstinadamente ascendieron a la montaña".

Ese grupo de judíos se había arrepentido del pecado de los espías y ahora querían subir a la Tierra Santa. ¿Qué había de mal en ello, si es que se nos enseña que nada se interpone en el camino del arrepentimiento?

La respuesta es que la Tierra de Israel solo podía ser conquistada con la presencia del Arca del Tabernáculo y el liderazgo de Moshé. El arrepentimiento podía borrar los pecados del pueblo, pero no podía cambiar el procedimiento necesario para apropiarse de la tierra. Como esos individuos no estaban dispuestos a someterse al liderazgo de Moshé y querían conquistar la tierra por su propia cuenta, D-os rechazó su iniciativa.

Lo mismo vale para nuestros días. La Torá ha establecido un preciso procedimiento para la Redención Mesiánica, así como para toda forma de redención personal. Todo intento de saltar pasos en el proceso de redención está destinado al fracaso. La posibilidad de acelerar la llegada de la Redención depende exclusivamente de que nuestro enfoque coincida con el plan de D-os. De aquí la importancia de estudiar Torá y buscar la guía de estudiosos calificados en Torá para todos los aspectos de nuestra vida.[4]

4. *Igrot Kódesh*, vol. 7, pág. 280.

QUINTA LECTURA

Deuteronomio 2:2–30

Moshé recordó al pueblo judío que, cuando llegó el momento de prepararse para la conquista de la Tierra de Israel, D-os especificó exactamente qué naciones el pueblo tenía permitido atacar y cuáles no.

Un anticipo del futuro

אַל תִּתְגָּרוּ בָם כִּי לֹא אֶתֵּן לָכֶם מֵאַרְצָם עַד מִדְרַךְ כַּף רָגֶל וְגו' (דברים ב:ה)

[Ordenó D-os a Moshé:] "Ten mucho cudado de no provocar [a Edom], porque no os daré nada de su tierra".

Espiritualmente, las siete naciones cananeas se corresponden con las siete emociones, mientras que las naciones de Edom, Amón y Moab – adyacentes a la Tierra de Canaán pero exteriores a ella – se corresponden con las tres facetas del intelecto. El hecho de que D-os nos ordenara conquistar las siete naciones cananeas pero nos prohibiera conquistar las otras tres antes del futuro Mesiánico significa que hasta entonces podemos depurar por completo solamente nuestras emociones, no así nuestro intelecto.

Dado que nuestras emociones suelen ser gobernadas por nuestro intelecto, podemos hacer uso de este para "enseñarnos" a nosotros mismos qué amar y qué odiar.

Sin embargo, en la actualidad no existe un modo análogo de influir sobre nuestro intelecto. El intelecto está gobernado por aspectos profundamente ocultos de nuestras personalidades, más allá del alcance de la conciencia, y aún no disponemos por completo de las herramientas aptas para controlar este aspecto de nosotros.

Aun así, a medida que nos aproximamos a la Era Mesiánica y comienza a brillar la luz del futuro, podemos "degustar" el futuro a través del estudio en profundidad de las enseñanzas del jasidismo. Estas enseñanzas tocan los aspectos más elevados de nuestras almas; al estudiarlas, podemos comenzar a rectificar nuestro intelecto como también nuestras emociones.[5]

---

5. *Maamarei Admor HaEmtzaí, Devarim*, vol. 1, pág. 1 y ss.; *Séfer HaSijot 5750*, vol. 2, págs. 547–548; *Séfer HaMaamarim 5741*, págs. 86–90.

SEXTA LECTURA

Deuteronomio 2:31–3:14

A continuación, Moshé alentó al pueblo judío recordándoles cómo derrotaron en forma devastadora a los dos reyes amorreos que tenían permitido atacar.

Unidad

לֹא הָיְתָה קִרְיָה אֲשֶׁר שָׂגְבָה מִמֶּנּוּ וגו' (דברים ב:לו)

[Dijo Moshé al pueblo judío:] "No hubo ni una ciudad que fuera demasiado fuerte para nosotros".

La unidad social protege del peligro a la sociedad. Los reyes amorreos, conscientes de esto, tomaron medidas para unir a sus súbditos contra la amenaza de la invasión del pueblo judío.

Sin embargo, la capacidad de unión de una sociedad depende de la medida en que sus miembros puedan negar sus egos individuales para someterse a un objetivo en común. D-os espera que el pueblo judío se someta en forma absoluta a su misión divina, y nos da la capacidad para hacerlo. En consecuencia, la unidad que podían lograr los amorreos no se podía comparar con la de los judíos. Como resultado, el pueblo judío logró vencer a un frente conformado por las ciudades amorreas.

Vemos aquí el inmenso poder inherente a la unidad judía y la necesidad de fomentarla en la mayor medida posible, y más aún dado que, como nos enseñan los sabios del Talmud, nuestro actual exilio es el resultado del odio insensato y la desunión del pueblo judío.[6]

---

6. *Likutei Sijot*, vol. 29, págs. 1–8.

SÉPTIMA LECTURA

Deuteronomio 3:15–22

Moshé recordó al pueblo judío que las tribus de Reuvén y Gad habían pedido para sí el territorio que había sido conquistado en el margen oriental del río Jordán, y que él había aceptado ese pedido bajo la condición de que lideraran las tropas judías en la conquista de la Tierra de Israel, ubicada en el margen occidental del río.

El arte del sacrificio personal

חֲלוּצִים תַּעַבְרוּ לִפְנֵי אֲחֵיכֶם וגו' (דברים ג:יח)

[Dijo Moshé a las tribus de Reuvén y Gad:] "Debéis cruzar armados al frente de vuestros hermanos".

La conquista de la Tierra de Israel se corresponde con la conquista interna del lado animal de nuestra personalidad, conquista que tiene por fin garantizar que conducimos nuestra vida según el orden divino. La fuerza que lidera esta batalla en nuestro interior – es decir, nuestras "tribus internas de Reuvén y Gad" – es la capacidad que tenemos de arriesgar la vida por nuestros principios.

Por lo general, basta con recordar que estamos dispuestos a dar la vida por nuestros principios y que, en esencia, toda amenaza a nuestra misión divina representa un asalto directo a nuestros principios. Este recuerdo nos facilita en gran medida resistir nuestros impulsos animales.

Sin embargo, cuando hacemos frente a un desafío a nuestro estilo de vida judío en general, no basta con evocar el *recuerdo* de nuestra disposición de sacrificar todo por nuestros principios, sino que necesitamos la disposición *misma*. Se trata aquí de la capacidad de afirmar nuestra judeidad por más fuertes que sean la persuasión, el ridículo o la coerción que las fuerzas opuestas tiran contra nosotros. Nuestras tribus internas de Reuvén y Gad deben ir al frente como un solo "batallón" y exterminar la amenaza enemiga de forma radical.[7]

Vaetjanan

Los fundamentos del judaísmo

Deuteronomio 3:23–7:11

LA SEGUNDA SECCIÓN DEL LIBRO DEUTERONOMIO COMIENZA
con las palabras de Moshé al recordar cómo imploró (*vaetjanan,* en
hebreo) a D-os para que le permitiera entrar en la Tierra de Israel.
Moshé dice al resto del pueblo judío que pronto entrarán a la tierra
sin él. A continuación, Moshé continúa la evocación de los cuarenta
años vividos por el pueblo en el desierto, concentrados en la Entrega
de la Torá que les hiciera D-os en el monte Sinaí.

PRIMERA LECTURA

Deuteronomio 3:23–4:4

Moshé describe el perdón de D-os al pueblo judío.

La verdadera individualidad

וְאַתֶּם הַדְּבֵקִים בַּה' אֱלֹקֵיכֶם חַיִּים כֻּלְּכֶם הַיּוֹם (דברים ד:ד)

[Dijo Moshé al pueblo judío que, a diferencia de los
rebeldes entre ellos que habían muerto,] "todos vosotros
que estáis vivos hoy estáis apegados a D-os".

Es posible pensar que, cuanto mayor sea la entrega a D-os, mayor será la pérdida de la individualidad. La Torá nos enseña aquí que no es esa la verdad sino lo opuesto: nuestra verdadera individualidad depende en forma directa de la profundidad de nuestro apego a D-os. Lo que solemos confundir con nuestra personalidad en realidad es nuestra faceta animal, que es secundaria. Dado que compartimos los mismos impulsos animales que el resto de la humanidad, la personalidad que surge de esos impulsos constituye a lo sumo una variación del tema común a todos los seres humanos. Por lo tanto, la individualidad de ese aspecto de nuestra personalidad es de hecho una ilusión.

En cambio, dado que D-os es infinito, infinitas también son las formas en las que se puede manifestar Su divinidad a través nuestro; por lo tanto, lo que nos hace verdaderamente únicos es exclusivamente nuestra personalidad divina. Se deduce de esto que, cuanto más permitamos la disolución de nuestra faceta animal mientras nos acercamos a D-os, tanto más permitimos el brillo de nuestra singular personalidad divina.[1]

1. *Sidur im Daj* 82cd.

SEGUNDA LECTURA

Deuteronomio 4:5–40

A continuación, Moshé procede a describir cómo tuvo lugar la revelación de D-os en la Entrega de la Torá, ocurrida en el monte Sinaí.

Superar los límites de la Creación

אַתָּה הָרְאֵתָ לָדַעַת כִּי ה' הוּא הָאֱלֹקִים אֵין עוֹד מִלְבַדּוֹ (דברים ד:לה)

[Dijo Moshé al pueblo judío que en el monte Sinaí:] "Se les mostró para que supieran que D-os es la única deidad. No hay nada aparte de Él".

Al revelar Su esencia, que se encuentra más allá de la Creación, D-os nos permitió también trascender los límites de la naturaleza. Para superar las pruebas y los desafíos de la vida, basta con recordar que "no hay nada aparte de Él", es decir, que nada representa un obstáculo real para el cumplimiento de nuestras intenciones, dado que en última instancia todo es parte de la esencia de D-os. El recuerdo de esta verdad eleva nuestra conciencia divina al nivel de percibir la esencia de D-os por todas partes, lo que sirve a su vez para acelerar la Redención Mesiánica, momento en que "la Gloria de D-os será revelada y toda carne la verá junta".[2]

---

2. Isaías 40:5; *Likutei Sijot*, vol. 24, págs. 36–46.

TERCERA LECTURA

Deuteronomio 4:41–49

Moshé concluye su primer discurso recordando al pueblo judío que su entrada y permanencia en la Tierra de Israel depende de su lealtad a D-os y Su Torá. Luego designa tres ciudades al este del río Jordán como ciudades de refugio para los asesinos involuntarios.

La Torá es nuestra vida

וְנָס אֶל אַחַת מִן הֶעָרִים הָאֵל וָחָי (דברים ד:מב)

[Se establecieron ciudades de refugio para que un asesino involuntario] pueda huir a una de esas ciudades y viva.

Quien cometiera un asesinato inintencionado debía permanecer en su ciudad de refugio. No tenía permitido abandonarla, porque de hacerlo se exponía a la venganza del pariente de la víctima, quien por ley tenía permitido matarlo. El asesino involuntario no tenía permiso de salir siquiera para salvar la vida de otra persona que se hallara fuera de su ciudad de refugio.

De manera análoga, la Torá es nuestra "ciudad de refugio". Dentro de la Torá y el estilo de vida que D-os prescribe para nosotros, estamos espiritualmente vivos; si nos aventuramos por fuera de los confines del modo de vida de la Torá, nos exponemos al riesgo de la muerte espiritual.

Esto es válido incluso en el caso en que creamos poder salvar la vida de una persona a través de componendas con alguna de las directivas de la Torá. La Torá es sinónimo de vida, por lo que solo a través de la absoluta lealtad a sus principios podemos mantener nuestra propia vitalidad espiritual y preservar y mejorar la de los demás.[3]

CUARTA LECTURA

Deuteronomio 5:1–18

A continuación, Moshé evoca las leyes que el pueblo judío recibiera de D-os en el monte Sinaí. Comienza con los Diez Mandamientos.

Repetir los Diez Mandamientos

פָּנִים בְּפָנִים דִּבֶּר ה' עִמָּכֶם בָּהָר וְגוֹ' (דברים ה:ד)

[Dijo Moshé al pueblo judío: "Cuando Él os dio la Torá,]
D-os habló con vosotros en la montaña cara a cara".

El primer relato de los Diez Mandamientos, en el libro Éxodo, consiste en la descripción de los acontecimientos en "tiempo real". El segundo relato de los Diez Mandamientos es la descripción de Moshé, como parte de su repaso histórico del Éxodo del pueblo judío de Egipto y su viaje a través del desierto.

Revivir el primer relato de la Entrega de la Torá nos permite experimentar la presencia de D-os en la Torá mientras la estudiamos. Esta experiencia hace que no olvidemos que el estudio de la Torá es un encuentro espiritual entre D-os y nosotros, no una mera ocupación intelectual. Escuchar el segundo relato de los Diez Mandamientos, ya como parte del discurso de Moshé al pueblo, nos permite emplear nuestro propio intelecto humano para estudiar la Torá, internalizarla y absorber por entero su mensaje. Así es como se logra el objetivo de hacer de este mundo una morada para D-os.[4]

JUEVES

QUINTA LECTURA

Deuteronomio 5:19–6:3

Moshé luego describe la experiencia de la recepción de la Torá en el monte Sinaí.

Revelación eterna

אֶת הַדְּבָרִים הָאֵלֶּה דִּבֶּר ה' ... קוֹל גָּדוֹל וְלֹא יָסָף וגו' (דברים ה:יט)

[Dijo Moshé al pueblo judío:] "D-os habló estas palabras ... con una gran voz, que no se detenía".

Uno de los significados de la expresión "no se detenía" es que la voz de D-os en el monte Sinaí ha sido y sigue siendo revelada en las profecías y enseñanzas de los profetas y sabios de cada generación. El hecho de que esas profecías y enseñanzas no se expresaran en forma explícita en ocasión de la primera Entrega de la Torá obedece a que el mundo y el pueblo judío no lo necesitaban. Permanecían, no obstante, implícitas en la revelación original de la Torá[5].

SEXTA LECTURA

Deuteronomio 6:4–25

Moshé dijo al pueblo judío que la respuesta apropiada a la revelación de D-os a través de la Torá es cumplir Sus mandamientos por amor.

Cómo amar a D-os

וְאָהַבְתָּ אֵת ה' אֱלֹקֶיךָ בְּכָל לְבָבְךָ וגו' ‏(דברים ו:ה)‏

[Dijo Moshé al pueblo judío que si contemplan la presencia de D-os en sus vidas,] "Amaréis a D-os con todo su corazón".

Si una persona ama a D-os, no es necesario decirle que lo haga; y si no ama a D-os, decirle que lo haga no cambiará sus sentimientos. Por lo tanto, tanto el sabio medieval Rabí Moshé Maimónides como el fundador del jasidismo, Rabí Israel Baal Shem Tov, explican que este versículo es a la vez un mandamiento y una promesa. Se nos ordena contemplar la unidad de D-os, que se describe en el versículo anterior: "Escucha Israel, D-os es nuestro D-os, D-os es uno." Si meditamos profundamente sobre el significado de este versículo, se nos asegura que realmente llegaremos a amar a D-os.[6]

6. *Dérej Mitzvoteja* 199b.

SÉPTIMA LECTURA

Deuteronomio 7:1–11

A continuación, Moshé alienta al pueblo judío a permanecer fiel a D-os bajo toda circunstancia, aun si esto significa enfrentarse a naciones más numerosas y poderosas.

Fisión atómica espiritual

כִּי אַתֶּם הַמְעַט מִכָּל הָעַמִּים (דברים ז:ז)

[Dijo Moshé al pueblo judío:] "Porque vosotros sois el más pequeño de todos los pueblos".

El pueblo judío casi siempre ha sido una pequeña minoría. Esto nos puede llevar a preguntar ¿cómo podemos esperar cumplir con nuestra misión divina? ¿Cómo puede una pequeña minoría influir sobre la mayoría? A estos interrogantes se suma el hecho de que la asimilación y la guerra han disminuido en gran medida nuestra población, sin dejar de destacar que las demandas de la vida moderna nos deja al resto de nosotros cada vez con menos tiempo para búsquedas espirituales y menos sensibilidad para la espiritualidad.

Ahora que hemos aprendido a liberar el poder del átomo, comprendemos que el tamaño no siempre es un indicador de poder. Una vez que sabemos cómo acceder a su energía latente, hasta la más ínfima partícula de materia puede desatar una fuerza increíble.

El proceso básico que se emplea para liberar el poder atómico es la fisión nuclear, que hace que el átomo se parta en componentes más pequeños. Como judíos, esto nos enseña que la clave para liberar nuestro potencial infinito latente es quebrar el ego, lo que permite que nuestra esencia divina interior brille en su máximo potencial. Cuanto mejor dominemos esta "tecnología espiritual", menos intimidados nos sentiremos de ser una minoría aparentemente insignificante, o de contar con tiempo y energía limitados para propósitos sagrados. ¡Dentro nuestro reside el poder de cambiar el mundo entero para bien![7]

7. *Hitvaaduiot 5711*, vol. 1, págs. 313–319; *Igrot Kódesh*, vol. 8, pág. 168, vol. 11, pág. 422.

Éikev

Gratitud y amor

Deuteronomio 7:12–11:25

EN LA TERCERA SECCIÓN DEL LIBRO DEUTERONOMIO, MOSHÉ pronuncia su segundo discurso de despedida al pueblo judío. Exhorta en él a observar incluso los que parecieran ser mandamientos menores, aquellos que – en sentido figurado – una persona podría llegar a pisar con el talón (*éikev,* en hebreo). Luego continúa su repaso de los acontecimientos ocurridos durante los cuarenta años de travesía del pueblo judío por el desierto, enfatizando las lecciones por aprender de estos.

PRIMERA LECTURA

Deuteronomio 7:12–8:10

Moshé dijo al pueblo judío que el cuidado por cumplir todos los mandamientos de D-os, aun los aparentemente menores, hará que D-os les provea todos los medios materiales que necesiten para el cumplimiento de Su voluntad.

Recompensa verdadera

וְהָיָה עֵקֶב תִּשְׁמְעוּן אֵת הַמִּשְׁפָּטִים הָאֵלֶּה
וּשְׁמַרְתֶּם וַעֲשִׂיתֶם אֹתָם וגו' (דברים ז:יב)

[Dijo Moshé al pueblo judío:] "Si escucháis las ordenanzas [de D-os] y las cuidáis y las cumplís…".

Si D-os impartiera Su bondad sobre nosotros aun cuando no la merecemos, nos estaría haciendo un flaco favor. En primer lugar, nos sentiríamos como niños pequeños a quienes sus padres pasan por alto su comportamiento infantil porque no se puede esperar de ellos un comportamiento adulto. Lo que es peor aún, se socavaría nuestra creencia en la justicia divina; viviríamos una vida de vergüenza y confusión.

La recompensa por observar los mandamientos de D-os es tan grande que se encuentra fuera de proporción con el esfuerzo que requiere su cumplimiento. Sin embargo, por las razones citadas, D-os hizo que la recompensa dependa de nuestros esfuerzos, y que el don de su recompensa *infinita* dependa del esfuerzo que refleja su naturaleza infinita e ilimitada.

Es por ello que debemos comprometernos a cumplir los mandamientos en apariencia menos importantes con la misma devoción con que cumplimos los que parecen ser más importantes. Esta actitud demuestra que para nosotros lo que importa es que D-os quiere que cumplamos dichos mandamientos, no nuestra evaluación personal de su nivel de importancia. D-os entonces nos otorga Su bondad más allá de lo que nos hayamos ganado.[1]

1. *Likutei Sijot*, vol. 9, págs. 71–75.

SEGUNDA LECTURA

Deuteronomio 8:11–9:3

A continuación, Moshé advirtió al pueblo judío no tomar por dada la bondad que D-os otorga.

La fuente de nuestro éxito

וְאָמַרְתָּ בִּלְבָבֶךָ כֹּחִי וְעֹצֶם יָדִי עָשָׂה לִי אֶת הַחַיִל הַזֶּה (דברים ח:יז)

[Advirtió Moshé al pueblo judío: "Cuidado, no sea que]
digas para ti mismo, 'es mi propia fuerza y el poder de mi
mano lo que ha acumulado esta riqueza para mí'".

Los hijos suelen superar a sus padres de muchas formas, a pesar de haber heredado de ellos sus habilidades y talentos. La razón por la que los hijos manifiestan capacidades que sus padres no parecen poseer es que esos talentos se hallaban latentes en los padres y se han activado recién en sus hijos.

De manera paralela, D-os llama al pueblo judío Sus "hijos". Él nos ha encomendado llevar al mundo a su completud, y para ello nos ha otorgado una cuota del poder a la que Él ha renunciado. En función de esto, cuando logramos acercar en algo al mundo a su realización máxima, puede ocurrir que erróneamente atribuyamos este logro a nuestro propio poder.

En previsión de esto, la Torá nos recuerda que, así como los hijos deben a los padres sus poderes superiores ya que fue de ellos que los heredaron, también nosotros debemos recordar que todo el poder del que disponemos para alcanzar grandes logros en este mundo lo debemos a D-os.[2]

2. *Hitvaaduiot 5743*, vol. 4, pág. 1857–1859.

TERCERA LECTURA

Deuteronomio 9:4–29

Como ejemplo de la voluntad de D-os de perdonar al pueblo judío
por sus pecados, Moshé relató el episodio del becerro de oro.

Asumir la culpa

וָאֶתְפֹּשׂ בִּשְׁנֵי הַלֻּחֹת וָאַשְׁלִכֵם מֵעַל שְׁתֵּי יָדָי וָאֲשַׁבְּרֵם לְעֵינֵיכֶם (דברים ט:יז)

*[Dijo Moshé al pueblo judío: "Cuando vi que habíais
hecho el becerro de oro,] tomé las dos tablas y las arrojé
de mis manos, destrozándolas ante vuestros ojos".*

Moshé ya cargaba con las dos tablas; no tenía necesidad alguna de
"tomarlas" para romperlas. Las tomó con las manos como un gesto de
propiedad; quería asumirlas como propiedad personal para asumir
toda la culpa por romperlas.

En esta imagen se evidencia la desinteresada devoción de Moshé
por el pueblo judío. No le bastó con romper las tablas para "destruir
la evidencia" del pacto sellado entre el pueblo judío y D-os, roto por
aquel. No le bastó con ofrecer dar la vida para que D-os perdonara al
pueblo judío. Llegó al punto mismo de asumir la culpa por romper la
tablas. Por lo demás, recordemos que Moshé no tuvo participación en
absoluto en el episodio del becerro de oro, no era siquiera "culpable"
de no haberlo evitado: ¡él ni estaba presente cuando ocurrió!

El ejemplo de Moshé es una lección para todos nosotros, porque
todos somos líderes. Todos somos responsables el uno del otro, tanto
en el círculo familiar, de amistades, de socios, del pueblo judío o de
toda la humanidad. Debemos estar preparados y dispuestos a dejar
de lado todo lo que sea necesario – recursos, reputación, hasta la
propia vida – para garantizar la supervivencia del pueblo judío y el
progreso en nuestra misión divina de transformar el mundo en la
verdadera morada de D-os.[3]

CUARTA LECTURA

Deuteronomio 10:1–11

Tras romper el primer juego de tablas, Moshé suplicó a D-os el perdón del pueblo judío. D-os lo perdonó y le ordenó sustituir las tablas rotas por otras nuevas, en las que D-os inscribiría nuevamente los Diez Mandamientos.

Vivir en el pasado

וְאֶכְתֹּב עַל הַלֻּחֹת אֶת הַדְּבָרִים אֲשֶׁר הָיוּ עַל
הַלֻּחֹת הָרִאשֹׁנִים וְגוֹ' (דברים י:ב)

[Dijo D-os a Moshé:] "Inscribiré en [el segundo juego de] las tablas las palabras que estaban en las primeras tablas…".

Moshé partió las primeras tablas cuando vio que el pueblo judío había forjado el becerro de oro. Esas tablas partidas eran guardadas en una caja especial de madera, que D-os ordenó que el ejército judío llevara consigo cada vez que entrara en batalla. Pero ¿cómo puede el eterno testimonio del pecado cometido por los judíos al crear un becerro de oro ser de alguna ayuda, o de algún mérito, cuando están arriesgando sus vidas en la lucha?

Moshé partió las primeras tablas al ver el becerro de oro porque en ese momento habían perdido todo valor. La Torá "voló" de las tablas y regresó al cielo, y en la tierra quedaron apenas dos tablas inanimadas. El propio D-os las había grabado, pero nada eran ahora comparadas con lo que habían sido cuando D-os grabara en ellas los Diez Mandamientos. Por lo tanto, la lección de las tablas partidas es que nunca debemos estar satisfechos con nuestro valor inherente; siempre debemos buscar maximizar nuestro potencial.

La misma lección es válida hoy en día. En vez de darnos por satisfechos con logros pasados, debemos buscar continuamente materializar nuestro potencial personal y nuestra misión divina, reconociendo que sin ella no somos más que una piedra rota, sin vida alguna.[4]

4. *Likutei Sijot*, vol. 14, págs. 30–36.

QUINTA LECTURA

Deuteronomio 10:12–11:19

Moshé dijo al pueblo judío que las exigencias de D-os para con él no
eran excesivas ni desproporcionadas en modo alguno en relación a la
gran misericordia que D-os demostraba una y otra vez.

Canalizar a Moshé

וְעַתָּה יִשְׂרָאֵל מָה ה' אֱלֹקֶיךָ שֹׁאֵל מֵעִמָּךְ כִּי אִם
לְיִרְאָה אֶת ה' אֱלֹקֶיךָ וְגוֹ' (דברים י״ב)

*[Dijo Moshé al pueblo judío:] "¿Qué es lo que D-os
demanda de ti? Solo que reverencies a D-os".*

Esta "reverencia" se refiere al temor a que D-os nos vea hacer algo
que nos avergonzaría que nos viera hacer. Esa conciencia permanente
de vivir ante la presencia de D-os puede haber sido fácil para Moshé,
pero ¿cómo pudo suponer que sería fácil para el resto de nosotros?

La respuesta es que, en realidad, cada judío contiene en su interior
una "chispa" de Moshé. Cuando revelamos nuestro Moshé interno, el
temor a D-os se vuelve realmente algo relativamente simple de lograr.

Nuestro Moshé interior es nuestra habilidad innata de alcanzar
niveles profundos de conciencia divina. El hecho de contar con esta
chispa interior nos permite a todos contemplar y meditar sobre la presencia de D-os en el mundo, percibir que Su Ser está absolutamente
más allá del mundo, y despertar así a una conciencia profunda de
Su presencia. A pesar de que no podamos sostener esta conciencia
todo el tiempo, la profunda huella que dejará en nosotros su intensa
contemplación hará relativamente "fácil" volver a despertarla en
cualquier otro momento.[5]

---

5. *Tania*, cap. 42.

SEXTA LECTURA

Deuteronomio 11:10–21

Moshé dijo al pueblo judío que debía expresar su amor por D-os no solo en forma individual sino también como comunidad.

Dos formas de amar a D-os

וְהָיָה אִם ... לְאַהֲבָה אֶת ה' אֱלֹקֵיכֶם וּלְעָבְדוֹ
בְּכָל לְבַבְכֶם וּבְכָל נַפְשְׁכֶם (דברים יא:יג)

[Dijo Moshé al pueblo judío:] "Si amáis a D-os . . . con todo vuestro corazón y con toda vuestra alma . . .".

Este versículo parece repetir un versículo semejante presente en la sección anterior de la Torá, pero a diferencia de este, en ese versículo se nos pide amar a D-os "con todo tu corazón, con toda tu alma *y con todas tus fuerzas.*" Existen dos niveles de intensidad en el amor a D-os: uno que incluye el "con toda nuestra fuerza" – es decir, nuestra constante elevación por encima de lo que consideramos racional o posible – y otro que no necesita de esa fuerza.

Esto se debe a que no somos todos iguales. Algunos de nosotros podemos mantener una conciencia constante de la presencia de D-os en nuestras vidas que nos inspira a amarlo con "todas nuestras fuerzas", mientras que otros no podemos mantener dicha conciencia con idéntica constancia.

Sin embargo, incluso aquellos de nosotros que servimos a D-os "con todo nuestro corazón y con toda nuestra alma" en forma continua, en algunas ocasiones también podemos llegar a servirlo "con todas nuestras fuerzas". En el Futuro Mesiánico, todos seremos capaces de sostener ese elevado nivel de conciencia divina. Es por ello que ambos versículos – ambas versiones de nuestro amor a D-os – han sido incluidos en el texto de nuestras plegarias cotidianas.[6]

---

6. *Likutei Sijot*, vol. 9, págs. 79–85; *Séfer HaMaamarim Melukat*, vol. 4, págs. 6–7; *ibid.*, vol. 5, pág. 282.

SÉPTIMA LECTURA

Deuteronomio 11:22–25

Moshé prometió al pueblo judío que, si observaran los mandamientos de D-os, imitaran Su bondad, y se apegaran a los sabios de la Torá, D-os les permitiría expulsar exitosamente a las naciones que ocupaban entonces la Tierra de Israel.

Imitar a D-os

לָלֶכֶת בְּכָל דְּרָכָיו וגו' (דברים יא:כב)

[Dijo Moshé al pueblo judío] que camine en los caminos [de D-os].

Los sabios del Talmud explican que esta frase significa que se espera que imitemos la bondad de D-os. "Así como Él es misericordioso, así tú debes ser misericordioso; así como Él hace actos de bondad, tú también debes hacer actos de bondad". Pero si la bondad de D-os es infinita, ¿cómo es posible esperar que lo imitemos?

La respuesta es la siguiente: es por esta misma razón que D-os nos creó a Su imagen y semejanza. Gracias a ello, efectivamente poseemos el potencial infinito de D-os para hacer el bien.[7]

---

7. *Hitvaaduiot 5746*, vol. 2, pág. 387.

Reé

La devoción a D-os

Deuteronomio 11:26–16:17

LA CUARTA SECCIÓN DEL DEUTERONOMIO CONTINÚA EL
segundo discurso de despedida de Moshé al pueblo judío. Moshé
comienza urgiendo al pueblo a ver (*reé*, en hebreo) que D-os da a
elegir entre una vida de bendiciones y otra de maldiciones, y que la
elección depende de cada uno.

PRIMERA LECTURA

Deuteronomio 11:26–12:10

Moshé urgió al pueblo judío a reconocer que D-os da a elegir entre el bien y el mal. De la elección que adopten resultará una vida de bendiciones u otra de maldiciones.

Ver y creer

רְאֵה אָנֹכִי נֹתֵן לִפְנֵיכֶם הַיּוֹם בְּרָכָה וּקְלָלָה (דברים יא:כו)

[Dijo Moshé al pueblo judío en nombre de D-os:] "Ved, hoy pongo ante vosotros la bendición y la maldición".

Una maldición divina es en realidad una bendición que resulta demasiado grande como para revelarse en nuestro limitado mundo y debe, por lo tanto, "disfrazarse" de maldición. Nuestro desafío es verla desde esta perspectiva en lugar de caer en la trampa de enojarnos con D-os. Se infiere de esto que el dolor y la negatividad existen con el fin de darnos libre albedrío, y este existe a su vez para permitirnos ser merecedores de las recompensas por nuestras elecciones y que no nos sintamos indignos de las bendiciones que nos otorga D-os.

Cuando reconocemos que el mal existe exclusivamente para darnos la libertad de rechazarlo, la lucha contra él se vuelve mucho más sencilla.[1]

---

1. *Likutei Sijot*, vol. 4, págs. 1339–1342.

SEGUNDA LECTURA

Deuteronomio 12:11–28

Moshé ordenó al pueblo judío erradicar de la Tierra de Israel todo rastro de idolatría. Luego ordenó establecer un lugar central para los ritos sacrificiales (lo que luego habría de ser el Templo en la ciudad de Jerusalem). Informó a continuación que, aunque la sangre de los sacrificios es "consumida" por D-os en el altar, la sangre animal no debía ser consumida por los judíos cuando comieran carne.

Aspiración del alma

רַק חֲזַק לְבִלְתִּי אֲכֹל הַדָּם וגו' (דברים יב:כג)

[Moshé dijo al pueblo judío que cuando ellos comieran carne, debían] "ser fuertes y no consumir la sangre".

Dado que la sangre de un animal contiene su vitalidad, sería lícito pensar que consumir sangre y utilizar su vitalidad para propósitos sagrados constituiría un admirable esfuerzo por depurar el mundo material. Es necesario, pues, distinguir entre la carne y su sangre. La carne representa el mundo material mismo, que somos capaces de disfrutar de forma sagrada. La sangre, sin embargo, al representar la vitalidad y el entusiasmo por la vida no puede *disfrutarse* por sí sola, porque es imposible *gozar el puro goce* de forma desinteresada y sagrada.

Así, la sangre puede ser ofrendada en el Altar como parte de un sacrificio, porque de esta forma tiene por único objeto la santidad. Pero si es parte del mero acto de comer, es decir, si tiene por único objeto la preservación y mejora del cuerpo, debe ser evitada. Debemos aspirar a entusiasmarnos solo por temas sagrados, en vez de por asuntos exclusivamente materiales.[2]

2. *Likutei Sijot*, vol. 4, pág. 1110; *ibid.*, vol. 14, pág. 51.

TERCERA LECTURA

Deuteronomio 12:29–13:19

Moshé dijo al pueblo judío que cuando se enfrentaran con un desafío a la fe (tal como la prosperidad de los malvados, o las promesas de falsos profetas) ellos debían recordar que D-os estaba probando su lealtad y compromiso para con Él.

Pruebas de fe

כִּי מְנַסֶּה ה' אֱלֹקֵיכֶם אֶתְכֶם לָדַעַת הֲיִשְׁכֶם אֹהֲבִים אֶת
ה' אֱלֹקֵיכֶם בְּכָל לְבַבְכֶם וּבְכָל נַפְשְׁכֶם (דברים יג:ד)

*[Dijo Moshé al pueblo judío:] "D-os os está probando
para determinar si realmente amáis a Él con todo
vuestro corazón y con toda vuestra alma".*

Cuando vemos una falta de favor divino hacia aquellas personas que consideramos que la merecen por seguir la voluntad de D-os, es que nos están poniendo a prueba, mientras que voces internas y externas al doliente se burlan de su supuesta ingenuidad. Cuando en esas situaciones la presencia de D-os se halla oculta, esto significa simplemente que Él desea agraciarnos con una relación más cercana e intensa con Él. Para mantener nuestra fe en D-os frente a situaciones que la ponen a prueba tenemos que recurrir a niveles de compromiso más profundos que los habituales en nosotros.

Una vez superada la prueba, al haber cumplido su propósito esta desaparece, y nuestra anterior conexión con D-os, intensa aunque oculta, se convierte en nuestra nueva conciencia normal.[3]

3. *Séfer HaMaamarim 5708*, pág. 94–103; *Likutei Sijot*, vol. 9, págs. 286–287.

CUARTA LECTURA

Deuteronomio 14:1–21

Moshé instruyó al pueblo judío en lo relativo a los modos de diferenciarse de los demás pueblos para permanecer fieles a la misión divina. Estas instrucciones incluyen las leyes acerca de las mutilaciones corporales y la *kashrut* (es decir, los alimentos permitidos y prohibidos).

El hijo único de D-os

בָּנִים אַתֶּם לַה' אֱלֹקֵיכֶם וְגוֹ' (דברים יד:א)

[*Dijo Moshé al pueblo judío:*] "*Vosotros sois hijos de D-os*".

En palabras del Rabí Israel Baal Shem Tov, fundador del jasidismo, "Para D-os, todo judío es preciado, como lo es para los padres en edad avanzada su único hijo; de hecho, más preciado aún".

D-os creó el mundo en aras del pueblo judío, y se entiende por esto que no es solamente en aras del pueblo judío como un todo sino también en aras de cada judío tomado individualmente. Es por ello que todos deberíamos vivir la vida como si todo el mundo hubiera sido creado para cada uno de nosotros, y esperara nuestra contribución singular para cumplir con su destino.[4]

---

4. *Likutei Sijot*, vol. 3, pág. 982.

QUINTA LECTURA
Deuteronomio 14:22–29

Moshé luego enseñó al pueblo judío que, una vez que estuvieran asentados en la Tierra de Israel y comenzaran a labrar los campos, D-os los obligaría a llevar la décima parte del aceite, el vino y la cosecha obtenidos a la ciudad del Templo y consumirlo allí. Esto aseguraba que el pueblo visitara asiduamente Jerusalem (la ciudad elegida para el Templo) para renovar su inspiración espiritual.

La caridad y la riqueza

עַשֵּׂר תְּעַשֵּׂר אֵת כָּל תְּבוּאַת זַרְעֶךָ הַיֹּצֵא הַשָּׂדֶה שָׁנָה שָׁנָה (דברים יד:כב)

[*Dijo Moshé al pueblo judío:*] *"debéis sacar un diezmo*
del producto de la cosecha del campo cada año".

Este versículo incluye la obligación de donar parte de nuestros ingresos en caridad. Los sabios del Talmud indican que el parecido entre las palabras hebreas para 'diezmar' (*teaseir*) y 'volverse rico' (*titasheir*) alude al hecho de que D-os recompensa con abundantes riquezas a quienes dan caridad.

Más aún: cuando decidimos dar caridad más allá de nuestros medios, D-os nos otorga la riqueza necesaria para que demos la caridad que queremos donar.[5]

5. *Igrot Kódesh*, vol. 14, pág. 211.

SEXTA LECTURA

Deuteronomio 15:1–18

A continuación, Moshé enseñó al pueblo judío la ley referente a la cancelación de las deudas en el año sabático, pero les advirtió que esta no era motivo para evitar seguir prestando dinero. Luego les enseñó que tras liberar a un esclavo debían ofrecerle un regalo. Dijo también que no se preocuparan por el gasto en ninguno de los dos casos, dado que D-os habría de proveerles los medios para cumplir con Sus leyes.

Trabajo

וּבֵרַכְךָ ה' אֱלֹקֶיךָ בְּכֹל אֲשֶׁר תַּעֲשֶׂה (דברים טו:יח)

[Dijo Moshé al pueblo judío:] "D-os te bendecirá en todo lo que hagas".

A pesar de que D-os determina cuánto éxito tendremos en nuestros esfuerzos por ganar el sustento, no debemos confiar únicamente en Su Providencia, sino que debemos hacer esfuerzos razonables para ganarnos la vida.

No obstante, debemos a la vez tener en mente que nuestros esfuerzos no son la causa directa de nuestro éxito material; son apenas el canal por medio del cual nos llega la bendición de D-os. En este contexto, nuestra tarea principal debe ser hacernos merecedores de la bendición de D-os.[6]

---

6. *Likutei Sijot*, vol. 31, págs. 172–173; *Maamarei Admor HaZaken 5565*, vol. 2, págs. 648 y ss.; *Maamarei Admor HaZaken 5568*, vol. 1, págs. 165 y ss.; *Dérej Mitzvoteja* 106a-108a; *Kuntres Umaaian* 17 y ss.; *Séfer Hamaamarim 5657*, págs. 56 y ss.

SÉPTIMA LECTURA

Deuteronomio 15:19–16:17

Moshé repasó junto con el pueblo judío las leyes de las tres festividades de peregrinación – Pésaj, Shavuot y Sucot – que debían celebrar en la ciudad del Templo.

Celebrar la vida

וְשָׂמַחְתָּ בְּחַגֶּךָ וְגוֹ' (דברים טז:יד)

[Dijo Moshé al pueblo judío:] "Debes alegrarte en tu festividad".

El Rabí Shneur Zalman de Liadí, fundador del jasidismo de Jabad, interpretó esta frase de la siguiente forma:

"Debes internalizar el mensaje interno de las festividades. Esto infundirá alegría en tu observancia de las mismas y se convertirán en tu propia celebración personal".[7]

---

7. *Séfer HaSijot 5704*, pág. 82.

Shofetim

Los líderes

Deuteronomio 16:18–21:9

LA QUINTA SECCIÓN DEL DEUTERONOMIO CONTINÚA EL segundo discurso de despedida de Moshé al pueblo judío. Moshé comienza instruyendo al pueblo judío en la designación de jueces (*shofetim*, en hebreo) por toda la Tierra de Israel para juzgar casos en litigio y garantizar el cumplimiento de la ley. Luego provee instrucciones acerca de los demás líderes del pueblo judío: el rey, los sacerdotes y los profetas.

PRIMERA LECTURA

Deuteronomio 16:18–17:13

DOMINGO

Moshé ordenó al pueblo judío designar jueces y policías por toda la Tierra de Israel para juzgar casos en litigio y garantizar el cumplimiento de la ley.

Jueces y policías personales

שֹׁפְטִים וְשֹׁטְרִים תִּתֶּן לְךָ בְּכָל שְׁעָרֶיךָ וְגוֹ' (דברים טז:יח)

[Instruyó Moshé al pueblo judío:] "*Debéis designar jueces y policías para vosotros en todas vuestras ciudades*".

La palabra hebrea para "ciudades" aquí empleada (*sheareja*) significa literalmente 'portones'. Los "portones" de nuestros cuerpos son nuestros oídos, ojos, nariz y boca, a través de los cuales ingresan a nuestro cuerpo y mundo personales los estímulos del mundo exterior. Así, este versículo requiere que establezcamos "jueces y policías" para cuidar esos "portones" contra la intrusión de cualquier estímulo que pueda resultar dañino para nuestra salud espiritual. A través del estudio de la Torá aprendemos cuáles son las influencias benéficas (y, por lo tanto, permitidas) y cuáles son las dañinas (y, por ende, prohibidas). El trabajo del "policía" es hacer cumplir las decisiones adoptadas por el juez. Nuestros "policías" internos son las técnicas que cada uno de nosotros necesita para combatir las voces internas que se oponen a las decisiones de nuestros "jueces" internos.

En el futuro Mesiánico, D-os únicamente promete "restablecer tus jueces como en tiempos pasados", no los policías. Para ese entonces, la negatividad no opondrá resistencia, por lo que no habrá necesidad de medidas protectoras para asegurar la obediencia a la voluntad de D-os.[1]

SEGUNDA LECTURA

Deuteronomio 17:14–20

Además de un sistema de jueces y policías, Moshé ordenó al pueblo judío a nombrar un rey que lo gobierne.

El rey personal

שׂוֹם תָּשִׂים עָלֶיךָ מֶלֶךְ אֲשֶׁר יִבְחַר ה' אֱלֹקֶיךָ בּוֹ וְגו' (דברים יז:טו)

[Dijo Moshé al pueblo judío:] "*Deberéis nombrar rey a quien D-os elija*".

A pesar de que el pueblo judío no ha tenido reyes desde la destrucción del primer Templo y no tendrá otro más que el propio Mesías, aun así se nos ordena designar una autoridad por encima de nosotros – tanto a nivel individual como colectivo – siempre que esta sea relevante. Los sabios dicen a cada uno de nosotros: "Hazte de un maestro [de Torá]" con quien poder consultar todos los temas relativos a la vida espiritual.

Evitemos el engaño de suponer que podemos confiar en nuestros propios "jueces y policías". Tampoco pensemos que no existe nadie capaz de entendernos lo suficiente como para ser nuestro "rey". La Torá nos asegura que, si buscamos en forma apropiada y diligente, encontraremos los mentores más adecuados para nuestras necesidades espirituales.[2]

---

2. *Likutei Sijot*, vol. 24, págs. 104–106. Véase más adelante, 31:11.

TERCERA LECTURA

Deuteronomio 18:1–5

Moshé instruyó al pueblo judío en la honra a los sacerdotes, cuidando de darles su porción correspondiente de la cosecha y los rebaños.

Cultivar el sacerdote interno

וְזֶה יִהְיֶה מִשְׁפַּט הַכֹּהֲנִים מֵאֵת הָעָם מֵאֵת זֹבְחֵי הַזֶּבַח אִם שׁוֹר אִם שֶׂה וְנָתַן לַכֹּהֵן הַזְּרֹעַ וְהַלְּחָיַיִם וְהַקֵּבָה (דברים יח:ג)

[Dijo Moshé al pueblo judío:] *"Los siguientes serán los derechos de los sacerdotes del pueblo, de aquellos que ofrecen un sacrificio de toro, oveja [o cabra]: el hombro, la mandíbula inferior y el estómago".*

A los sacerdotes les fueron asignadas esas partes específicas de nuestros animales en honor a Pinjas, nieto de Aharón. Pinjas utilizó sus *mandíbulas* para rezar por la ayuda de D-os mientras se servía de su *hombro* para atravesar con su espada el *estómago* de quienes desafiaban a D-os.

Dado que el pueblo judío es una "nación de sacerdotes y una nación santa", todos tenemos que aprender del ejemplo de Pinjas. Cuando nos enfrentamos a fuerzas internas o externas que se oponen al continuo progreso del mundo hacia su objetivo divino, debemos invocar a nuestro Pinjas interno para aniquilar la obstinación propia o ajena con todo el poder de la santidad.[3]

3. *Sijot Kódesh 5736*, vol. 2, pág. 237.

CUARTA LECTURA

Deuteronomio 18:6–13

A continuación, Moshé alentó al pueblo judío a dirigirse exclusivamente a D-os para todas sus necesidades y a no buscar formas de predecir el futuro.

Confiar en D-os

תָּמִים תִּהְיֶה עִם ה' אֱלֹקֶיךָ (דברים יח:יג)

[Dijo Moshé al pueblo judío: "En vez de intentar
adivinar el futuro,] sed íntegros con D-os".

Cuando estamos conectados con D-os no nos encontramos sujetos a ninguna especie de predestinación. Por lo tanto, no tenemos por qué preocuparnos de predecir el futuro, librarnos de los "conjuros" de fuerzas reales o imaginarias o abordar la posible influencia de antiguas encarnaciones en nuestras vidas.

La forma más segura de garantizar la felicidad y éxito en la vida es dedicarse en forma absoluta a aprender lo que D-os espera de nosotros (estudiando Su Torá), dirigir nuestras plegarias directamente a Él, y cumplir con Su voluntad.[4]

---

4. *Igrot Kódesh*, vol. 18, pág. 205.

QUINTA LECTURA

Deuteronomio 18:14–19:13

Moshé advirtió al pueblo judío de no escuchar a falsos profetas y repasó las leyes relativas a las ciudades de refugio. Cuando alguien comete un asesinato por accidente, ese golpe de la Providencia divina indica que el involuntario asesino necesita exiliarse a una de las ciudades de refugio para curar algún vicio interno que de otra forma hubiera permanecido sin corregirse. Los parientes cercanos a la víctima tienen permiso para matar al involuntario asesino a menos que este haya huido a una de esas ciudades de asilo especialmente designadas.

Refugio temporal y final

שָׁלוֹשׁ עָרִים תַּבְדִּיל לָךְ וגו' (דברים יט:ב)

[*Dijo Moshé al pueblo judío:*] *"Debéis designar tres ciudades de refugio".*

En sentido alegórico, la búsqueda, por parte de los parientes, de vengar la sangre de la víctima representa nuestra propia inclinación al mal. Esta intenta engañarnos para conducirnos al pecado y hacernos sufrir algún tipo de "muerte" espiritual, es decir, la pérdida de intensidad en nuestra vida espiritual. La Redención Mesiánica será nuestro mayor refugio de este perseguidor, porque el futuro Mesiánico habrá de anular toda inclinación al mal. Asimismo, la futura reanudación del servicio en el Templo permitirá alcanzar la expiación a todos aquellos que la necesiten.

Mientras tanto, el estudio de la Torá constituye nuestro refugio ante nuestra inclinación al mal, porque la santidad de la Torá tiene el poder de neutralizar el efecto que tiene el mal sobre nosotros.[5]

SEXTA LECTURA

Deuteronomio 19:14–20:9

Moshé enseñó al pueblo judío las leyes relativas a los testimonios legales y los falsos juramentos.

Los verdaderos testigos de D-os

עַל־פִּי שְׁנֵי עֵדִים אוֹ עַל פִּי שְׁלֹשָׁה עֵדִים יָקוּם דָּבָר (דברים יט:טו)

[Dijo Moshé al pueblo judío: "En cualquier caso legal,] el asunto [de la inocencia o culpabilidad del demandado] debe ser confirmado por el testimonio de [al menos] dos testigos".

La postura de la Torá es que la Creación misma atestigua la existencia del Creador, como también el hecho de que Su *poder* se encuentra más allá de nuestra capacidad de comprensión. Sin embargo, la noción de que la *esencia* de D-os no solamente se encuentra más allá de nuestra capacidad de comprensión sino más allá de nuestra capacidad de concebirla no se deduce del examen del mundo; esta verdad debe ser establecida por testigos "externos".

El testigo de la naturaleza inconcebible de la esencia de D-os es el pueblo judío. A través del estudio de la Torá y el cumplimiento de los mandamientos de D-os, el pueblo judío introduce el mundo a la inefabilidad de la esencia de D-os, logrando así lo paradójicamente imposible, que es expresar aquello que es inexpresable por naturaleza.[6]

---

6. *Likutei Sijot*, vol. 19, págs. 188–196.

SÉPTIMA LECTURA

Deuteronomio 20:10–21:9

Moshé comenzó a instruir al pueblo judío acerca del modo de llevar adelante la conquista de la Tierra de Israel.

Ser un árbol frutal

כִּי תָצוּר אֶל עִיר ... לֹא תַשְׁחִית אֶת עֵצָהּ וגו' (דברים כ:יט)

[*Dijo Moshé al pueblo judío:*] *"Si sitiáis una ciudad ...*
no debéis destruir sus árboles [*frutales*]*".*

Nuestras emociones son la medida de nuestra madurez. Son muchas las personas dotadas de inteligencia o talentos superiores; sin embargo, las emociones verdaderamente depuradas se logran dejando atrás el narcisismo infantil y contribuyendo al mundo. De manera análoga, los árboles frutales nos proveen de alimento y disfrute a partir de su propio "esfuerzo" como árboles, mientras que los árboles estériles nada más nos impresionan con su presencia majestuosa; quizás den sombra, pero nada sacrifican de sí al hacerlo.

En consecuencia, cuando nos encontramos en busca de instrucción e inspiración, debemos dirigirnos a personas que no solo sean inteligentes y talentosas, sino que utilicen sus dotes de manera consistente para el bien del mundo. Asimismo, también nosotros – desde luego – debemos emular el ejemplo de los árboles frutales.[7]

7. *Likutei Sijot*, vol. 4, págs. 1114–1119; *ibid.*, vol. 24, págs. 115–120.

Teitzéi

Expandir la conciencia divina

Deuteronomio 21:10–25:19

LA SEXTA SECCIÓN DEL LIBRO DEUTERONOMIO CONTINÚA CON el segundo discurso de despedida de Moshé al pueblo judío. Moshé evoca aquí diversos aspectos de la ley judía, comenzando por las leyes que rigen el comportamiento de los soldados judíos cuando salen (*teitzéi*, en hebreo) a la guerra.

PRIMERA LECTURA

Deuteronomio 21:10–21

Moshé dijo al pueblo judío que una vez que expulsaran a los ocupantes de la Tierra de Israel, les estaría permitido – de ser necesario – atacar a los países vecinos que representaran una amenaza para su seguridad.

La guerra contra el mal

כִּי תֵצֵא לַמִּלְחָמָה עַל אֹיְבֶיךָ וּנְתָנוֹ ה' אֱלֹקֶיךָ בְּיָדֶךָ וְשָׁבִיתָ שִׁבְיוֹ (דברים כא:י)

[Dijo Moshé al pueblo judío:] "Si sales a la guerra
sobre tu enemigo, D-os entregará [a tu enemigo]
en tus manos, y tomarás cautivos".

Cuando luchamos contra el mal, estamos "partiendo hacia a la guerra". Estamos "partiendo" de nuestro verdadero ser, porque iniciar una guerra no es un hecho natural. El ambiente natural de nuestra alma es la pacífica e infinita conciencia divina que experimentaba antes de ingresar a nuestro cuerpo.

Dado que nuestras almas se originan en la esencia de D-os y el mal carece de poder alguno contra Su esencia, disfrutamos de ventaja sobre el mal incluso antes de iniciada la batalla. Estamos "arriba", es decir, por encima de nuestros enemigos. Además, D-os creó el mal con el solo fin de que lo conquistemos. Es en base a esto que la Torá nos asegura que "D-os entregará el enemigo en tus manos."

La Torá nos enseña que para ganar la guerra contra el mal debemos identificarnos con nuestra alma divina, porque de esta manera estamos respaldados por todo el poder de la santidad de D-os.[1]

---

1. *Séfer HaSijot 5749*, vol. 2, págs. 677 y ss.

SEGUNDA LECTURA
Deuteronomio 21:22–22:7

A continuación, Moshé evoca junto al pueblo judío las leyes relativas
a la herencia, la responsabilidad parental por el comportamiento de
los hijos, la devolución de objetos perdidos, la ayuda a los demás y
el uso de prendas de vestir del sexo opuesto.

La verdadera igualdad de género

לֹא יִהְיֶה כְלִי גֶבֶר עַל אִשָּׁה וְלֹא יִלְבַּשׁ גֶּבֶר שִׂמְלַת אִשָּׁה וְגו' (דברים כב:ה)

[*Dijo Moshé al pueblo judío:*] *"La ropa de un
hombre no debe ser usada por una mujer; un
hombre no debe vestir una prenda de mujer".*

Esta directiva implica que los hombres deben buscar realizar todo su
potencial dado por D-os como *hombres*, y las mujeres deben buscar
realizar todo su potencial divino como *mujeres*, de acuerdo con los
lineamientos de la Torá para la superación personal. A pesar de que
todos poseemos cualidades masculinas y femeninas, nuestro género
biológico indica claramente cuáles son las cualidades que debemos
manifestar en primer término.

La verdadera "igualdad de derechos" consiste en manifestar
el potencial que nos ha dado D-os en absoluta libertad de toda
presión social por ser lo que no somos. Cuando una mujer erróneamente concluye que se debe comportar como un hombre y seguir
su camino, está afirmando de manera implícita que las mujeres son
intrínsecamente inferiores a los hombres, y a consecuencia de esto
siente que, para cultivar su autoestima, debe competir con ellos. La
Torá prohíbe semejante agravio a la condición de la mujer; por el
contrario, celebra y valora su feminidad, y la alienta a desarrollar
sus cualidades femeninas innatas. De esta forma, las mujeres pueden
hacer una contribución única y crucial a la sociedad, y acercar el
mundo a la suma realización divina.[2]

2. *Hitvaaduiot 5742*, vol. 3, págs. 1660–1661; *Hitvaaduiot 5745*, vol. 1, págs.
128–129.

TERCERA LECTURA

Deuteronomio 22:8–23:7

A continuación, Moshé repasó junto al pueblo judío las leyes que exigen espantar al pájaro antes de tomar sus huevos o pichones, como también aquellas que requieren la construcción de barandas en los techos de las casas para evitar accidentes.

Construir un hogar judío

כִּי תִבְנֶה בַּיִת חָדָשׁ וְעָשִׂיתָ מַעֲקֶה לְגַגֶּךָ וְגוֹ' (דברים כב:ח)

[Dijo Moshé al pueblo judío:] "Cuando construyas una casa nueva, debes hacer una baranda en tu techo".

Esta ley puede interpretarse de modo tal de aplicarla a una pareja de recién casados que se embarcan en el emocionante desafío de construir un hogar. La Torá brinda consejo a la pareja que comienza una etapa de la vida con responsabilidades y tareas que nunca han enfrentado antes. Esta nueva e intensificada focalización en el mundo físico representa un "descenso" comparado con sus anteriores vidas de solteros; por lo tanto, corren el riesgo de caer de su anterior nivel espiritual a menos de adoptar medidas preventivas.

Es por ello que deben "hacer una baranda", es decir, comprometerse a nuevos resguardos espirituales en la observancia de los mandamientos de la Torá, y no confiar solo en los resguardos que tenían antes. Mantener y aumentar el estudio de la Torá y el cumplimiento de sus mandamientos es lo que asegura que la euforia del día del casamiento continúe a lo largo de la vida de casados.[3]

---

3. *Likutei Sijot*, vol. 2, págs. 384 y ss.; vol. 19, págs. 208 y ss.

CUARTA LECTURA

Deuteronomio 23:8–24

A continuación, Moshé repasa junto al pueblo judío las leyes que prohíben la mezcla de lana y lino en las prendas de vestir, así como las relativas a los casos sospechados de comportamiento infiel, el adulterio, la violación, la prostitución, los matrimonios prohibidos, la conducta inapropiada en batalla, la esclavitud, el pago de intereses por préstamos y el incumplimiento de promesas.

Acompañar el primer pensamiento positivo del día

מוֹצָא שְׂפָתֶיךָ תִּשְׁמֹר וְעָשִׂיתָ וגו' (דברים כג:כד)

[*Dijo Moshé al pueblo judío:*] *"Cuida y cumple todo lo que sale de tus labios".*

De acuerdo con el Código legal judío (el *Shuljan Aruj*), apenas despertamos en la mañana, nuestras primeras palabras deben ser: "Doy gracias a Ti, Rey viviente y eterno, pues Tú has restituido misericordiosamente mi alma dentro de mí; Tu fidelidad es grande."

Estas, nuestras primeras palabras al levantarnos, son la expresión de nuestros labios que debemos observar y preservar todo el día. Así, nuestro agradecimiento a D-os influirá en nuestras actitudes y conducta a lo largo de nuestra jornada al infundirles una alegría que afectará a su vez a todos los que se encuentran a nuestro alrededor.[4]

4. *Likutei Sijot*, vol. 24, pág. 296.

QUINTA LECTURA

Deuteronomio 23:25–24:4

A continuación, Moshé repasa junto al pueblo judío las leyes que permiten a los trabajadores del campo o viñedos comer de los alimentos que están cosechando.

Probar las recompensas

וְאָכַלְתָּ עֲנָבִים כְּנַפְשְׁךָ שָׂבְעֶךָ וְגו' (דברים כג:כה)

[Dijo Moshé al pueblo judío: "Si eres un trabajador contratado en un viñedo,] puedes comer la cantidad de uvas que desees, hasta que estés saciado".

La labor en un campo de cereales y la labor en un viñedo representan dos aspectos de nuestra relación con D-os. El cereal, componente básico de la dieta, representa la aceptación de la soberanía de D-os y el cumplimiento de Sus mandamientos. Las uvas, un agregado dulce a los componentes normales de la dieta, constituyen la expresión del aspecto de nuestra relación con D-os que va más allá de la letra de la ley. Cuando contamos con suficiente madurez espiritual como para sentir placer y alegría en la revelación de divinidad, buscamos llevar la conciencia de D-os a todas la facetas de nuestras vidas, y no solo en las formas expresamente requeridas por la Torá.

La Torá permite a los trabajadores de campos y viñedos probar del cereal y de las uvas mientras trabajan. Esto nos enseña que, tanto si nos relacionamos con D-os en el nivel básico del "cereal" como si hemos progresado hacia una relación con Él en el nivel voluntario de las "uvas", recibiremos constantes y cada vez mayores recompensas de revelaciones de divinidad y beneficencia divina.[5]

SEXTA LECTURA
Deuteronomio 24:5–13

A continuación, Moshé repasó junto al pueblo judío las leyes relativas al divorcio, las exenciones al servicio militar, la conducta apropiada al garantizar un préstamo, el secuestro, y la enfermedad de la piel conocida como *tzaraát*. Esta enfermedad afecta principalmente a personas culpables de haber hablado en forma inapropiada, como fue el caso de Miriam, hermana de Moshé, quien resultó afectada tras expresar su desaprobación acerca del divorcio entre su hermano y su esposa Tzipora.

El poder de las palabras

זָכוֹר אֵת אֲשֶׁר עָשָׂה ה' אֱלֹקֶיךָ לְמִרְיָם וְגו' (דברים כד:ט)

[*Dijo Moshé dijo al pueblo judío:*] *"Recuerda
lo que D-os hizo a Miriam".*

Es importante comprender que Miriam no mintió ni criticó a su hermano Moshé. Ella solo expresó desaprobación ante el comportamiento de su hermano sin haberle planteado primero la queja en privado. A pesar de ello, Miriam fue inmediatamente castigada por haber hablado en contra de Moshé.

Esto nos enseña cuán cuidadosos debemos ser cada vez que hablamos (o escribimos) sobre otras personas. Inclusive una conversación aparentemente inofensiva puede muy fácilmente transformarse en un chisme o calumnia. Siempre debemos tener el cuidado de hablar y escribir en forma constructiva. Si el comportamiento del otro nos parece inapropiado, debemos aclarar las cosas con él en privado y evitar a todos el sufrimiento que indefectiblemente resultará del malentendido.[6]

6. *Likutei Sijot*, vol. 18, págs. 145–146.

SHABAT

SÉPTIMA LECTURA

Deuteronomio 24:14–25:19

A continuación, Moshé repasa con el pueblo judío las leyes relativas al salario de los empleados, la justicia legal, la consideración por los marginados, la resolución de disputas, la pena del látigo, los animales de labranza, la obligación de un hermano de casarse con la viuda de un hermano sin hijos (matrimonio "levirato"), la compensación por haber avergonzado a alguien, la honestidad en los negocios, y el deber de recordar cómo la nación de Amalek atacó al pueblo judío cuando salieron de Egipto. Como parte de las leyes relativas a la consideración por los marginados, D-os ordena al pueblo judío dejar para los conversos (que no poseen tierras para cultivo), los huérfanos y las viudas toda espiga de grano que olviden recolectar durante la cosecha.

Nuestro deseo interno

כִּי תִקְצֹר קְצִירְךָ ... וְשָׁכַחְתָּ עֹמֶר ... לֹא תָשׁוּב לְקַחְתּוֹ לַגֵּר לַיָּתוֹם

וְלָאַלְמָנָה יִהְיֶה לְמַעַן יְבָרֶכְךָ ה' אֱלֹקֶיךָ בְּכֹל מַעֲשֵׂה יָדֶיךָ (דברים כד:יט)

[Dijo Moshé al pueblo judío:] "Cuando coseches ... y olvides una gavilla ... no debes volver a recogerla. Debe ser dejada para el converso, el huérfano y la viuda, para que D-os te bendiga en todo lo que hagas".

El deseo más profundo de todo judío, cualquiera sea su grado de observancia de la Torá en su comportamiento externo, es cumplir al máximo con la voluntad de D-os. Por lo tanto, incluso cuando cumplimos con un mandamiento inintencionadamente o hasta por "error", esto es en realidad el resultado de nuestro profundo deseo de hacerlo.

Por lo tanto, si una persona pierde una moneda y un pobre la alza del suelo, D-os recompensa a la persona que la haya perdido. ¡Cuanto más, entonces, nos bendecirá D-os por actos intencionales de caridad y bondad![7]

---

7. *Hitvaaduiot 5751*, vol. 1, pág. 189; *Hitvaaduiot 5750*, vol. 4, pág. 121.

Tavó

Entrar en el Pacto

Deuteronomio 26:1–29:8

EN LA SÉPTIMA SECCIÓN DEL DEUTERONOMIO LLEGA A SU TÉRMINO el segundo discurso de despedida de Moshé al pueblo judío. El discurso comprende el último repaso a algunos mandamientos, comenzando con uno que habría de ser relevante una vez que el pueblo judío entrara (*tavó*, en hebreo) a la Tierra de Israel, el consistente en llevar al Templo Sagrado los primeros frutos de la cosecha de cada año. Luego Moshé continúa con su evocación del pacto entre D-os y el pueblo judío.

PRIMERA LECTURA

Deuteronomio 26:1–11

Moshé enseñó al pueblo judío que los primeros frutos de sus cosechas de trigo, cebada, uvas, higos, granadas, olivas y dátiles tenían que ser llevados al Templo y ofrendados a los sacerdotes. El sacerdote oficiante presentaría los frutos brevemente ante el altar y luego los consumiría él mismo.

Somos uno

וְלָקַחְתָּ מֵרֵאשִׁית כָּל פְּרִי הָאֲדָמָה ... וְהָלַכְתָּ אֶל הַמָּקוֹם

אֲשֶׁר יִבְחַר ה' אֱלֹקֶיךָ לְשַׁכֵּן שְׁמוֹ שָׁם (דברים כו:ב)

[Dijo Moshé al pueblo judío: "Cuando entréis a la Tierra de Israel,] debéis tomar los primeros frutos de la tierra ... e ir al lugar que D-os elegirá para hacer reposar Su nombre [o sea, el Templo Sagrado]".

Este mandamiento no entró en vigencia hasta que la totalidad del pueblo judío no terminó de asentarse en su tierra. Como podemos ver en el libro de Iehoshúa, este fue un proceso que requirió catorce años. Hasta no haber completado la conquista y el asentamiento en la tierra, nadie estaba obligado a llevar sus primeros frutos al Templo año tras año.

La razón de esto es que el ritual de los primeros frutos expresa nuestro agradecimiento por la bondad de D-os, y en la medida en que hubiera un judío – aunque fuera solo uno – sin su parcela en la Tierra de Israel, el pueblo como un todo no podía experimentar pleno gozo y alegría.

Lo mismo se aplica a nosotros hoy en día: mientras exista un solo judío carenciado material o espiritualmente, la alegría del resto de nosotros no puede ser completa. Las dificultades materiales o espirituales de nuestros prójimos judíos – y, por intermedio de ellos, las dificultades de toda la humanidad y la Creación en general – deben inspirar nuestro accionar para remediar esa situación.[1]

---

1. *Likutei Sijot*, vol. 9, págs. 155–156.

SEGUNDA LECTURA

Deuteronomio 26:12–15

A continuación, Moshé repasó junto al pueblo judío los plazos para ofrendar los diezmos anuales de la producción. En dos ocasiones cada siete años, durante la festividad de Pésaj, el agricultor judío tenía que declarar el cumplimiento de su obligación de diezmar su producción y pedir en contrapartida a D-os la bendición de su pueblo.

Ponernos a prueba a nosotros y a D-os

הַשְׁקִיפָה מִמְּעוֹן קָדְשְׁךָ מִן הַשָּׁמַיִם וּבָרֵךְ אֶת

עַמְּךָ אֶת יִשְׂרָאֵל וְגוֹ' (דברים כו:טו)

[La persona que entrega su diezmo al Templo dice:] "Observa desde Tu santa morada, desde los cielos, y bendice a Tu pueblo, Israel".

La persona que manifiesta esta declaración da testimonio de la apasionada dedicación a D-os del pueblo judío, dedicación que supera los límites que dicta la lógica. A cambio de esta devoción "irracional", pedimos a D-os que nos trate "irracionalmente" y corone nuestros esfuerzos con un éxito que sobrepase todo aquello que podríamos esperar de manera racional.

No debiéramos considerar dicha irracional devoción a D-os como voluntaria o complementaria; D-os *exige* que nos pongamos todo el tiempo a prueba, y demostremos tanto a Él como a nosotros mismos que nuestra devoción a Él y a nuestra misión en la vida no conoce límites. A cambio, Él nos colma de bendiciones también sin límite, transformando incluso situaciones difíciles en bondad tangible.[2]

TERCERA LECTURA

Deuteronomio 26:16–19

A continuación, Moshé comenzó a alentar al pueblo judío a sostener el pacto que este sellara con D-os en ocasión de la entrega de la Torá en el monte Sinaí. A cambio de honrar el Pacto – dijo – D-os considerará al pueblo judío como especialmente querido, más allá de Su amor por los demás pueblos.

Qué significa ser apartados

וַה׳ הֶאֱמִירְךָ הַיּוֹם לִהְיוֹת לוֹ לְעַם סְגֻלָּה וגו׳ (דברים כו:יח)

[*Dijo Moshé al pueblo judío:*] *"D-os os ha apartado hoy, para ser Su pueblo preciado".*

D-os nos ha "apartado" del mal y la maldad. Nuestra naturaleza divina y nuestro verdadero ser interno nos colocan absolutamente por encima de toda participación en el mal, lo que nos vuelve inherentemente incapaces de cometer daño.

Es por ello que, cuando hacemos algo que nos distancia de D-os, siempre podemos regresar a Él. Cuando el regreso a D-os está motivado en un apasionado amor a Él, no solo podemos abandonar comportamientos negativos y malos hábitos en cualquier instante (desafiando así las fuerzas naturales de la inercia y el hábito), sino que incluso podemos convertir deliberados pecados pasados en motivación para comportamientos de signo positivo.[3]

---

3. *Likutei Sijot*, vol. 9, pág. 173.

CUARTA LECTURA

Deuteronomio 27:1–10

Para renovar el pacto entre D-os y el pueblo judío al entrar a la Tierra de Israel, D-os ordenó al pueblo judío realizar un ritual entre los montes Guerizim y Eival.

Renovación diaria

הַיּוֹם הַזֶּה נִהְיֵיתָ לְעָם לַה' אֱלֹקֶיךָ (דברים כז:ט)

[Luego de describir la ceremonia de renovación del Pacto, Moshé dijo al pueblo judío:] "Este día os habéis convertido en un pueblo [consagrado] para D-os".

El deseo de novedad es un componente intrínseco a la humanidad. Es por ello que Moshé pidió al pueblo judío que cada día volviera a convertirse en el pueblo de D-os. El pacto entre D-os y el pueblo judío tuvo lugar una sola vez, en la Entrega de la Torá en el monte Sinaí, pero D-os lo renueva con cada uno de nosotros en forma diaria. Por lo tanto, debemos ver la diaria renovación personal de nuestra relación con D-os con tanto interés y entusiasmo como si fuera la primera vez, ¡porque realmente lo es![4]

---

4. *Hitvaaduiot 5745*, vol. 5, pág. 2929.

QUINTA LECTURA

Deuteronomio 27:11–28:6

Moshé agregó sus propias bendiciones y advertencias a aquellas dadas por D-os en el monte Sinaí.

Hacer descender las bendiciones de D-os

וּבָאוּ עָלֶיךָ כָּל הַבְּרָכוֹת הָאֵלֶּה וְהִשִּׂיגֻךָ וְגוֹ' (דברים כח:ב)

[Prometió Moshé al pueblo judío: "Si os mantenéis fieles al pacto con D-os,] todas las siguientes bendiciones os perseguirán y alcanzarán".

Nos enseñan que en el Año Nuevo judío (Rosh Hashaná), D-os dictamina nuestro sustento y salud para el año entrante. Sin embargo, todos los días rezamos por salud, sustento y muchas otras bendiciones divinas. Si todo ya fue decretado en Rosh Hashaná, ¿es realmente necesaria la plegaria diaria?

Este versículo nos da la respuesta a esta pregunta: las bendiciones de D-os nos "persiguen", como también nos "alcanzan". En Rosh Hashaná, descienden ("nos persiguen") todas las bendiciones necesarias para sus respectivos propósitos hasta cierto nivel de realidad, en donde se asientan y esperan hasta poder descender más ("alcanzarnos") a nuestro mundo físico. Los vehículos para lograr que esas bendiciones desciendan hacia nosotros son nuestra plegaria diaria y nuestra devoción a D-os.[5]

SEXTA LECTURA

Deuteronomio 28:7–69

Incluida en las bendiciones de Moshé se encuentra la promesa de que el pueblo judío no será conquistado por sus enemigos si se mantiene fiel a su pacto con D-os.

Por el bien de todo el mundo

בְּדֶרֶךְ אֶחָד יֵצְאוּ אֵלֶיךָ וּבְשִׁבְעָה דְרָכִים יָנוּסוּ לְפָנֶיךָ (דברים כח:ז)

[Dijo Moshé al pueblo judío: "Vuestros enemigos] os atacarán desde una dirección, pero huirán de vosotros en siete direcciones".

Moshé no garantizó que el pueblo judío mataría sus enemigos; solo dijo que impediría el daño proveniente de ellos. Vemos aquí que cuando el pueblo judío sigue las instrucciones de la Torá, genera una bendición divina no solo para nosotros sino también para el mundo entero. Nuestros propios enemigos pueden vivir en paz y seguros en su propia tierra, a la vez que se les impide que nos dañen en forma alguna.[6]

---

6. *Likutei Sijot*, vol. 29, pág. 307.

SÉPTIMA LECTURA

Deuteronomio 29:1–8

Moshé aseguró al pueblo judío que, a pesar de las amenazas proferidas, debían confiar en su capacidad de mantenerse fieles al pacto con D-os y contar con Su protección.

La clave para el éxito

לְמַעַן תַּשְׂכִּילוּ אֵת כָּל אֲשֶׁר תַּעֲשׂוּן (דברים כט:ח)

[*Dijo Moshé al pueblo judío: "Debéis permanecer fieles a vuestro pacto con D-os] para tener éxito en todo lo que hiciereis".*

La palabra hebrea para 'éxito' (*taskilu*) también significa 'comprender'. Así, este versículo implica que al cumplir los mandamientos de D-os, "comprenderemos todo lo que debemos hacer."

Hay muchos aspectos de la vida referentes a los cuales debemos esforzarnos para determinar cuál es la forma de actuar más positiva posible desde el punto de vista espiritual. Cuando vivimos en consonancia con las instrucciones de la Torá, nos volvemos sensibles a la voluntad de D-os. Esto a su vez nos ayuda a comprender cómo actuar de acuerdo con la voluntad de D-os en el contexto de aquellas áreas de la vida que no se hallan directamente gobernadas por mandamientos específicos.[7]

Nitzavim

Sellar el Pacto (1ra parte)

Deuteronomio 29:9–30:12

EN LA OCTAVA SECCIÓN DEL DEUTERONOMIO, MOSHÉ COMIENZA su tercer y último discurso de despedida al pueblo judío, discurso que pronunció el día de su muerte, el 7 de Adar de 2488. Comienza el mismo pidiendo a todos que se pongan de pie (*nitzavim,* en hebreo) ante él para sellar el Pacto entre ellos y D-os.

PRIMERA LECTURA

Deuteronomio 29:9–11

Moshé dijo al pueblo judío que para merecer el amor incondicional de D-os, ellos debían amarse unos a otros de manera incondicional. Es por ello que reunió a todos para sellar el Pacto entre ellos y D-os.

Cómo amar a los demás

אַתֶּם נִצָּבִים הַיּוֹם כֻּלְּכֶם לִפְנֵי ה' אֱלֹקֵיכֶם רָאשֵׁיכֶם שִׁבְטֵיכֶם

זִקְנֵיכֶם וְשֹׁטְרֵיכֶם ... מֵחֹטֵב עֵצֶיךָ עַד שֹׁאֵב מֵימֶיךָ (דברים כט:ט-י)

[Dijo Moshé al pueblo judío:] "Vosotros estáis de pie hoy ante D-os, los líderes de sus tribus, sus ancianos, sus policías ... desde sus leñadores hasta sus aguateros".

¿Cómo podemos unirnos realmente? Después de todo, algunos somos "líderes" mientras que otros somos "aguateros" ... ¿Qué pueden tener en común judíos pertenecientes a tan amplio espectro social?

La respuesta tiene tres aspectos. En primer lugar, ¿quién establece quién se halla más arriba en la escala de logros? Las apariencias engañan, y por otra parte tendemos a sobrevalorarnos y desvalorizar a los demás. Segundo: aunque nos hayamos evaluado correctamente, el hecho de destacarse en un aspecto particular de la vida no significa que no existan otros aspectos de la vida en los que sobresalgan los demás. De una u otra forma, todos somos líderes; por lo tanto, nuestro éxito colectivo depende de la contribución única y especial de cada judío.

Tercero: la diferencia entre el Creador y una criatura humana – quienquiera sea esta – es infinita. El reconocimiento de nuestra pequeñez frente a la realidad absoluta de D-os elimina todo sentimiento de superioridad que podamos experimentar sobre otras personas.

Al considerar estas tres perspectivas resulta evidente que es posible estar juntos y unidos, no solo con sentimientos de amor entre nosotros sino con un comportamiento que atestigüe la veracidad de esos sentimientos.[1]

1. *Likutei Sijot*, vol. 2, págs. 398–400.

SEGUNDA LECTURA
Deuteronomio 29:12–14

Moshé dijo al pueblo judío que D-os estaba sellando Su pacto no solamente con ellos sino también con todas las generaciones de judíos.

Fortaleza numérica

וְאֵת אֲשֶׁר אֵינֶנּוּ פֹּה עִמָּנוּ הַיּוֹם (דברים כט:יד)

[Dijo Moshé al pueblo judío que D-os estaba sellando Su pacto no solo con ellos, sino también] "con aquellos que no están aquí hoy con nosotros".

Aun hoy en día, al afirmar nuestro pacto con D-os decidiendo estudiar Su Torá y cumplir con Sus mandamientos, nos unimos inmediata, espontánea y automáticamente con cada judío del mundo. Esta afirmación también nos une con cada generación del pueblo judío – pasada, presente y futura – . Así, nuestras resoluciones gozan a la vez del apoyo de los judíos de todas las generaciones.

Podemos ser la más pequeña de todas las naciones, pero cuando se trata de temas que involucran a la Torá, los mandamientos o el cumplimiento de nuestra misión divina de transformar el mundo en una morada para D-os, no debemos temer ser pocos. Nos apoyamos en los méritos de todas las generaciones del pueblo judío.[2]

2. *Likutei Sijot*, vol. 19, pág. 273.

TERCERA LECTURA

Deuteronomio 29:15–28

Moshé explicó porque era necesario renovar y fortalecer el pacto que D-os había forjado con el pueblo judío en el monte Sinaí cuarenta años atrás. En los cuarenta años transcurridos, quizás algunos hubieran empezado a pensar que podrían evitar el castigo correctivo de D-os en caso de ser desleales para con Él.

Porque esperamos el futuro con impaciencia

לְמַעַן סְפוֹת הָרָוָה אֶת הַצְּמֵאָה (דברים כט:יח)

[Dijo Moshé al pueblo judío que no intentara]
"agregar lo ebrio a lo sediento".

Poseemos dos almas: un alma divina que busca intensificar su relación con D-os, y un alma animal-humana que busca el confort físico y los placeres de los estímulos intelectuales seculares.

Los placeres que desea nuestra alma animal-humana se encuentran a nuestra disposición en el mundo físico, y es por ello que está "ebria" comparada con nuestra alma divina, que se ve "sedienta" de divinidad. Solo en el Futuro Mesiánico, cuando la divinidad se revele en forma abierta, el alma divina estará "ebria" de divinidad.

Mientras tanto, nuestra alma animal-humana intenta "agregar lo ebrio a lo sediento". Esta faceta de nuestra personalidad es sabedora de que los placeres materiales son demasiado superficiales como para complacernos de forma significativa y duradera. No obstante, argumenta arteramente que la realización espiritual que nuestra alma divina busca a través del estudio de la Torá, la plegaria y el cumplimiento de los mandamientos se obtiene más fácilmente en el mundo de las tentaciones.

Nuestro desafío en la vida consiste en no escuchar esa voz sino la voz interna de nuestra alma divina, y ordenar nuestras prioridades de acuerdo con los verdaderos intereses nuestros y de D-os.[3]

---

3. *Or HaTorá, Devarim*, pág. 1193.

Deuteronomio 30:1–6

Moshé le informó al pueblo judío que en el futuro, pasarán periodos de infidelidad en cuanto al pacto con D-os, y como consecuencia sufrirán. Sin embargo, incluso entonces, el camino de regreso a D-os siempre estará abierto.

Trascender o cavar hondo

וְשַׁבְתָּ עַד ה' אֱלֹקֶיךָ ... בְּכָל לְבָבְךָ וּבְכָל נַפְשֶׁךָ (דברים ל:ב)

[Dijo Moshé al pueblo judío:] "Regresarás a D-os ...
con todo tu corazón y con toda tu alma".

Se nos ordena aquí *regresar* a D-os con todo nuestro corazón y alma, pero anteriormente se nos había ordenado *amar* a D-os no solamente con todo nuestro corazón y nuestra alma sino también con "toda nuestra fuerza". ¿A qué obedece la diferencia?

Amar a D-os con "toda nuestra fuerza" significa dedicarnos a Él más allá de lo que podemos considerar como "normal", es decir, más allá de lo que tiene sentido lógico.

Por otra parte, el arrepentimiento requiere que forjemos una relación con D-os de un orden más profundo que la que vivíamos hasta el momento. Esa relación con D-os era demasiado débil como para evitar que cometiéramos pecados y requerir el posterior arrepentimiento. Es por ello que necesitamos profundizar nuestros sentimientos hacia D-os, para que Él nos importe más que las veleidades que hemos aprendido a justificar.

Así, la Torá nos pide amar a D-os más allá de lo que pareciera "normal" a la vez que nos pide arrepentirnos de modo tal que lo que solía estar "más allá" se convierta en nuestra nueva "normalidad". Los procesos asociados al arrepentimiento y al amor son diametralmente opuestos: el primero nos conduce más allá de nuestras limitaciones innatas, mientras que el segundo aporta trascendencia a la conciencia, por naturaleza limitada.[4]

---

4. *Likutei Sijot*, vol. 14, pág. 120, nota 9.

QUINTA LECTURA

Deuteronomio 30:7–10

Moshé prometió al pueblo judío que en el futuro disfrutarían la materialización de todas las bendiciones de D-os.

Escuchar la voz de D-os

וְאַתָּה תָשׁוּב וְשָׁמַעְתָּ בְּקוֹל ה' וגו' (דברים ל:ח)

[Dijo Moshé al pueblo judío que disfrutarán las bendiciones de D-os, porque] *"regresaréis [a Él] y escucharéis Su voz".*

Al decir "escucharéis la voz de D-os" Moshé no se refería solamente a que obedecerían a D-os, sino a que reconocerían el mensaje interior de Su voz. La creencia de que D-os es bueno y de que todo lo que hace también lo es nos permite agradecerle por todo en la vida, incluso por lo que parece ser opuesto al bien. En el mérito de esta creencia, D-os habrá de demostrarnos que absolutamente todo lo que Él hace es bueno.[5]

---

5. *Hitvaaduiot 5746*, vol. 3, págs. 346–348.

SEXTA LECTURA

Deuteronomio 30:11–14

Moshé aseguró al pueblo judío que por medio del estudio de la Torá siempre podrán saber qué espera D-os de ellos.

Todos podemos estudiar Torá

כִּי הַמִּצְוָה הַזֹּאת . . . לֹא נִפְלֵאת הִוא מִמְּךָ וְלֹא רְחֹקָה הִוא . . . וְלֹא

מֵעֵבֶר לַיָּם הִוא . . . כִּי קָרוֹב אֵלֶיךָ הַדָּבָר מְאֹד וְגו' (דברים ל:יא־יד)

[Dijo Moshé al pueblo judío con respecto al estudio de la Torá:]
"Este mandamiento no está lejos de ti; no está lejano ... no está
más allá del mar ... porque esta cosa está muy cerca de ti".

El pueblo judío ya había estado estudiando Torá por casi cuarenta años cuando Moshé pronunció esas palabras, por lo que ellos sabían de primera mano que la Torá es accesible (es decir, no "remota", "lejana" o "más allá"). Lo que Moshé más bien nos estaba diciendo es que a pesar de que algunas secciones de la Torá son "remotas, lejanas y están más allá", esas secciones no están "remotas, lejanas o más allá" de *ti*. En la medida en que estamos arraigados en la esencia de D-os, que trasciende la Torá, sus aspectos más complejos o místicos no se encuentran más allá de nosotros. Todos somos capaces de estudiar la totalidad de los aspectos de la Torá.[6]

6. *Séfer HaSijot 5752*, vol. 1, pág. 17, nota 61.

SÉPTIMA LECTURA

Deuteronomio 30:15–20

Moshé dijo al pueblo judío que en definitiva lo que D-os les entregaba era la libertad de elegir entre el bien y el mal.

El libre albedrío y la recompensa

רְאֵה נָתַתִּי לְפָנֶיךָ הַיּוֹם אֶת הַחַיִּים וְאֶת הַטּוֹב וְאֶת הַמָּוֶת

וְאֶת הָרָע … וּבָחַרְתָּ בַּחַיִּים וְגוֹ' (דברים ל:טו-יט)

[Dijo Moshé al pueblo judío:] "He aquí que he puesto ante vosotros hoy la vida y el bien, la muerte y el mal … ¡Elegid la vida!".

No siempre es claro que el buen comportamiento lleva a la vida y la bendición mientras que el mal comportamiento lleva a las maldiciones y la muerte. Esto nos permite tener la libertad de elegir ser buenos. Si fuera siempre claro que el buen comportamiento lleva a la bendición y la vida, mientras que el mal comportamiento lleva a lo contrario, ¿qué otra opción tendríamos más que ser buenos? El mismo hecho de que ser buenos no siempre lleva al bien nos fuerza y nos permite apoyar nuestra relación con D-os sobre una base más profunda.

Por esta razón, en un nivel más profundo, D-os (a través de Moshé) nos está pidiendo aquí que elijamos el bien por sí mismo, en vez de por alguna expectativa de recompensa material, incluso cuando vemos claramente que ser bueno da buenos resultados.[7]

---

7. *Likutei Sijot*, vol. 28, pág. 82.

Vaiéilej

Sellar el Pacto (cont.)

Deuteronomio 31:1–30

LA NOVENA SECCIÓN DEL LIBRO DEUTERONOMIO CONTINÚA LA descripción del tercero y último discurso de Moshé al pueblo judío. Comienza con el relato de cómo Moshé fue (*vaiélej*, en hebreo) y consagró a Iehoshúa como su sucesor, y continúa con la escritura de la Torá por parte de Moshé y la orden al pueblo judío de reunirse cada siete años para escuchar su lectura en el Templo Sagrado.

PRIMERA LECTURA

Deuteronomio 31:1–3

Moshé informó al pueblo judío que ese día, el 7 de Adar, cumplía ciento veinte años y que sería también el día de su muerte.

Vivir una vida plena

וַיֹּאמֶר אֲלֵהֶם בֶּן מֵאָה וְעֶשְׂרִים שָׁנָה אָנֹכִי הַיּוֹם וגו' (דברים לא:ב)

Dijo [Moshé al pueblo:] "Hoy tengo exactamente 120 años".

El hecho de que ni siquiera el último año de vida de Moshé quedara inacabado indica que vivió su vida al máximo, sin perder tiempo o dejar sin hacer parte alguna de la tarea que se le había encargado.

El hecho de que la vida física de Moshé reflejara tan perfectamente su vida espiritual indica que él se sobrepuso exitosamente a la división entre lo espiritual y lo material: su perfección espiritual se manifestaba en su perfección física.

La vida de Moshé debe inspirarnos a vivir nuestra vida al máximo, con la conciencia de nuestra misión divina permeando cada minuto y cada hecho de nuestras vidas. Al hacerlo disolvemos la división artificial entre lo espiritual y lo físico, revelando la divinidad innata subyacente a toda realidad.[1]

SEGUNDA LECTURA

Deuteronomio 31:4–6

Moshé aseguró al pueblo judío que a pesar de que él se hallaba próximo a morir, D-os seguiría estando siempre con Su pueblo. Por lo tanto nada tenían que temer de las naciones que ocupaban la Tierra de Israel y que ellos estaban a punto de conquistar.

¡Lo queramos o no!

לֹא יַרְפְּךָ וְלֹא יַעַזְבֶךָּ (דברים לא:ו)

[Moshé dijo al pueblo judío que podía confiar en la ayuda de D-os;] "Él no os fallará ni os abandonará".

Con estas palabras, Moshé nos informó que, aunque se nos ocurriera que la vida sería más fácil si estuviésemos libres de la misión de D-os y Su asistencia, dicha vida no es posible. D-os nunca nos abandonará. Nunca podemos silenciar completamente la voz interior que nos urge a descartar nuestra pasión por ocupaciones superficiales y a que asumamos el cargo de una vida judía responsable.

Por esta misma razón, nunca debemos sentirnos incapaces de cumplir con nuestra misión divina. D-os mismo, quien se niega a dejarnos solos y siempre nos anima a unirnos a Él para perfeccionar el mundo, está a nuestro lado para ayudarnos en nuestros esfuerzos por transformar el mundo en Su morada.[2]

2. *Sijot Kódesh 5732*, vol. 1, pág. 9.

TERCERA LECTURA

Deuteronomio 31:7–9

A continuación, Moshé convocó a Iehoshúa y lo designó su sucesor ante la presencia de todo el pueblo judío.

Cómo buscar inspiración en la Torá

וַיִּקְרָא מֹשֶׁה לִיהוֹשֻׁעַ וַיֹּאמֶר אֵלָיו ... אַתָּה תָּבוֹא אֶת הָעָם
הַזֶּה אֶל הָאָרֶץ אֲשֶׁר נִשְׁבַּע ה' לַאֲבֹתָם וגו' (דברים לא:ז)

**Llamó Moshé a Iehoshúa y le dijo ... "Debes entrar con
este pueblo a la tierra que D-os juró a sus padres".**

La Torá de D-os y Sus mandamientos son eternos e inalterables, pero la forma en que deben ser relevantes y aplicados a cada generación cambia a medida que el tiempo avanza. Para asegurar que vivamos la vida según los deseos de D-os, Él mismo autorizó a los líderes rabínicos de cada generación a aplicar las enseñanzas de la Torá a las circunstancias específicas de la época.

Por lo tanto, cuando las autoridades rabínicas de hoy aplican las enseñanzas de la Torá en formas innovadoras, no podemos intentar vivir en el pasado y quejarnos con el argumento de que los líderes de generaciones anteriores no veían la necesidad de dichas innovaciones. Al contrario: solo leyendo la Torá a través de los ojos de nuestro "Iehoshúa", el Moshé de hoy, podemos estar seguros de que nos proveerá la inspiración necesaria para cumplir con nuestra misión divina y vivir nuestra vida al máximo.[3]

CUARTA LECTURA

Deuteronomio 31:10–13

Moshé transmitió al pueblo judío el mandamiento de D-os de reunirse una vez cada siete años durante la festividad de Sucot para escuchar a su rey leer pasajes específicos de la Torá. A pesar de que de todas formas tenían ordenado estudiar Torá, esta ceremonia estaba diseñada para inspirar un compromiso renovado al pacto de D-os con ellos.

Ser un rey judío

תִּקְרָא אֶת הַתּוֹרָה הַזֹּאת נֶגֶד כָּל יִשְׂרָאֵל בְּאָזְנֵיהֶם (דברים לא:יא)

[Dijo Moshé a Iehoshúa: en la asamblea de Sucot, como futuro "rey"] "Tú debes leer esta Torá ante todo Israel".

El objetivo de dicha asamblea era fortalecer los fundamentos de la educación y observancia judías. Nosotros podemos cumplir hoy ese mandamiento "reuniendo" primero las diversas facetas de nuestras personalidades para imbuirlas del conocimiento y reverencia a D-os. Luego, debemos reunir a nuestras familias periódicamente y fortalecernos unos a otros en un espíritu de amor familiar y camaradería. Finalmente, debemos reunir a cualquier otro grupo de personas que conozcamos, tanto sea en el trabajo, escuela o sinagoga, familias extendidas, círculos más amplio de amigos y demás para influir en la mayor cantidad posible de personas de modo tal de que aumenten su compromiso para con los valores y el estilo de vida de la Torá, basados en el amor y el temor de D-os.

Cumplir con este mandamiento en la mayor medida posible producirá la respuesta recíproca de D-os, y nos permitirá cumplirlo de la forma más óptima, en el Templo Sagrado reconstruido, escuchando la Torá leída por el máximo rey judío, el Mesías.[4]

JUEVES

QUINTA LECTURA

Deuteronomio 31:14–19

A continuación, D-os llamó a Moshé a la entrada del Tabernáculo. D-os habló con él desde un pilar de nube que apareció sobre la entrada del Tabernáculo, informando que le iba a dictar un poema que debería enseñar al pueblo judío. El propósito de este poema era inspirar al pueblo a mantenerse fiel a D-os a través de toda adversidad que pudiera llegar a acaecer como resultado de sus faltas.

Interpretar el mal

הֲלֹא עַל כִּי אֵין אֱלֹקַי בְּקִרְבִּי מְצָאוּנִי הָרָעוֹת הָאֵלֶּה (דברים לא:יז)

[Dijo D-os a Moshé que los judíos dirán durante sus malos momentos:] "¿No es porque nuestro D-os no está más entre nosotros que nos han caído estos males?".

Somos naturalmente propensos a pasar por alto nuestras propias faltas o, si las reconocemos, a justificarlas. Este versículo nos enseña que para mostrarnos nuestras propias faltas, D-os nos las muestra en otras personas. "Porque mi D-os no está conmigo," es decir, "porque no soy suficientemente maduro como para ser sensible a mis propias faltas," "este mal me ha caído," es decir, "me he visto forzado a ver mi propio mal reflejado en el prójimo."

Por lo tanto, en vez de enfocarnos en las faltas de otros, deberíamos intentar enfocarnos en sus virtudes y excusar sus defectos. No solo deberíamos centrar nuestros pensamientos en las virtudes de los demás; también deberíamos alabarlos por sus virtudes, y hablar bien de ellos con terceros. De esta forma, fomentamos el amor y el respeto mutuos.

Así como se nos alienta a inspirar a aquellos que están a nuestro alrededor a amar a D-os, también se nos alienta a inspirarlos a amar a todo judío, porque amar a nuestro prójimo judío nos lleva a amar a D-os.[5]

---

5. *Séfer HaSijot 5705*, pág. 92.

SEXTA LECTURA
Deuteronomio 31:20–24

A continuación, D-os se dirige a Iehoshúa desde la nube ubicada a la entrada del Tabernáculo para asignarle la misión de guiar al pueblo judío hacia la Tierra de Israel.

El propósito del esfuerzo

חֲזַק וֶאֱמָץ כִּי אַתָּה תָּבִיא אֶת בְּנֵי יִשְׂרָאֵל אֶל הָאָרֶץ
אֲשֶׁר נִשְׁבַּעְתִּי לָהֶם וְגוֹ' (דברים לא:כג)

**[Dijo D-os a Iehoshúa:] "¡Sé fuerte y valiente! Porque tú
llevarás al pueblo judío a la tierra que juré [darles] a ellos".**

Se nos ha enseñado que si Moshé hubiera entrado a la Tierra de Israel junto al pueblo judío, la conquista se habría logrado casi sin esfuerzo alguno. La intensidad de la santidad de Moshé habría neutralizado toda oposición a la misma. Lo mismo habría ocurrido con nuestra "conquista" de la materialidad del mundo: la entrada de Moshé a la Tierra de Israel habría eximido de esfuerzo nuestra tarea de elevar y depurar el mundo.

Esta es, en el fondo, la razón por la que D-os no permitió que Moshé entrara en la Tierra Prometida. D-os nos quiere colmar de infinita bondad. Sin embargo, si hiciera esto de forma irrestricta, sin requerir que nos "ganemos" su bondad, nos sentiríamos avergonzados, y su deseo de bondad para nosotros resultaría contraproducente. Es por ello que hizo que el otorgamiento de Su infinita bondad dependa de nuestros esfuerzos. Cuando activamos nuestro potencial oculto para superar los obstáculos que se interponen a nuestra misión divina de perfeccionar el mundo, nos ganamos la infinita bondad de D-os.[6]

SÉPTIMA LECTURA

Deuteronomio 31:25–30

A continuación, Moshé ordena a los levitas colocar el Rollo de la Torá (que luego él escribiría) en el Arca del Pacto, junto a las Tablas del Pacto que recibiera en el monte Sinaí.

Unirnos con la Torá

לָקֹחַ אֵת סֵפֶר הַתּוֹרָה הַזֶּה וְשַׂמְתֶּם אֹתוֹ מִצַּד וְגוֹ׳ (דברים לא:כו)

[Dijo Moshé a los levitas:] *"Tomad este rollo de la Torá y colocadlo al lado [de las Tablas del Testimonio.]".*

Así, el Arca en el Tabernáculo contenía tanto la Torá grabada en piedra como la escrita en pergamino. La diferencia entre las letras grabadas y las escritas es que las primeras son parte integral de la piedra, mientras que las letras escritas no forman parte del pergamino sino que se agregan a él. Las letras grabadas expresan nuestra conexión intrínseca con la Torá, mientras que las escritas aluden a cómo preservamos nuestra conexión con la Torá aun en el transcurso de nuestra vida cotidiana, cuando nos vemos separados de la misma.

La presencia dentro del Arca tanto de la Torá grabada como de la Torá escrita indica que primero debemos vivir la experiencia de nuestra conexión intrínseca con la Torá y luego trasladar esa experiencia a nuestra vida cotidiana.[7]

---

7. *Likutei Sijot*, vol. 2, págs. 407–408.

Haazinu

El Poema Testimonial

Deuteronomio 32:1–52

LA DÉCIMA SECCIÓN DEL DEUTERONOMIO SE COMPONE CASI EN su totalidad del Poema Testimonial que D-os enseñara a Moshé y ordenara transmitir al pueblo judío. En él, D-os pide al pueblo que escuche (*haazinu,* en hebreo) Sus palabras mientras repasa su historia, y les informa acerca de las consecuencias de su conducta futura, ya sea positiva o bien negativa.

PRIMERA LECTURA

Deuteronomio 32:1–6

D-os convocó al cielo y a la tierra a ser testigos del mensaje que daría al pueblo judío.

El cielo en la tierra

הַאֲזִינוּ הַשָּׁמַיִם . . . וְתִשְׁמַע הָאָרֶץ וגו' (דברים לב:א)

[D-os dijo:] "Escuchad, cielos . . . que oiga la tierra".

D-os se dirigió tanto al cielo como a la tierra para enseñarnos que estamos llamados a armonizar a ambos. La Torá se origina en el cielo y consiste de la visión de D-os para la perfección del mundo. Cada vez que difundimos el conocimiento de la Torá a nosotros y a los demás estamos trayendo el cielo a la tierra. Al cambiar nuestra vida y la de los demás según las enseñanzas de la Torá, estamos llevando al cielo la vida en la tierra. Cuando convertimos nuestra vida en un "cielo en la tierra" – reconciliando la división entre ambos – cielo y tierra atestiguan que hemos cumplido con nuestra misión en la vida.[1]

---

1. *Likutei Sijot*, vol. 9, págs. 213–214.

SEGUNDA LECTURA

Deuteronomio 32:7–12

D-os pidió a Moshé alentar al pueblo judío a recordar su historia, esto es, a rememorar que D-os los había elegido como Su pueblo, les había entregado la Torá y los había guiado a través del desierto en el camino que va de Egipto hacia la Tierra de Israel.

Mantener el foco

יְסֹבְבֶנְהוּ וְגוֹ' (דברים לב:י)

[Dijo Moshé:] "[D-os] hizo que [el pueblo judío] rodee a Él [al ordenarle acampar alrededor del Tabernáculo]".

A medida que vamos estudiando la Torá día a día, vamos construyendo un "Tabernáculo", es decir, una morada para D-os en nuestra vida personal. Con la orden dada al pueblo judío de acampar alrededor del Tabernáculo, D-os nos enseña que debemos centrar nuestra vida alrededor de ese santuario interior. El punto más íntimo del Tabernáculo era el Arca, que albergaba las Tablas del Pacto, es decir, la Torá. Cuando la Torá es el eje alrededor del cual gira nuestra vida, logra afectarla de manera positiva en cada una de sus facetas, como debe ser. Además, una vez que la Torá logra iluminar nuestra vida e influir en ella, esta misma influencia se puede expandir más aún, iluminando y depurando a la humanidad y al mundo en su totalidad.[2]

TERCERA LECTURA

Deuteronomio 32:13–18

A continuación, D-os pidió a Moshé informar al pueblo judío que D-os les proveería de riquezas materiales en la Tierra de Israel. Pero D-os también advirtió que si se dejaban subyugar por estas, pronto se rebelarían contra Él.

El desafío de la riqueza

וַיִּשְׁמַן יְשֻׁרוּן וַיִּבְעָט וגו' (דברים לב:טו)

[Dijo Moshé:] "El [otrora] pueblo recto engordó y se rebeló".

Nada tiene de malo la riqueza en sí en la medida en que tomemos las precauciones necesarias para asegurarnos mantener la perspectiva apropiada. Debemos responder al desafío de la riqueza esforzándonos aún más por depurar nuestra naturaleza animal/humana, y cuidar de no dejarnos tentar en exceso por las gratificaciones mundanas, tanto sean materiales como culturales. Con esta actitud podremos luego dedicarnos a depurar también el mundo y hacer que la luz de la Torá brille hacia afuera[3], porque habremos de emplear la bendición de la riqueza para el propósito previsto: apoyar y promover el estudio de la Torá y la diseminación del judaísmo.[4]

Si encontramos a alguien que "se ha vuelto gordo y se rebeló", no debemos perder las esperanzas, dado que aún el judío menos desinteresado sigue siendo un judío en el fondo de su corazón, y la luz de la verdad logra atravesar las más sólidas de las barreras.[5]

---

3. *Séfer HaMaamarim* 5700, pág. 158.
4. *Séfer HaSijot* 5702, pág. 149.
5. *Séfer HaSijot* 5701, pág. 83.

CUARTA LECTURA

Deuteronomio 32:19–28

D-os pidió a Moshé informar al pueblo judío que Él habría de castigarlos por sus pecados, pero que nunca los abandonaría.

Hijos de D-os

בָּנִים לֹא אֵמֻן בָּם (דברים לב:כ)

[Dijo Moshé que D-os diría:] "Sois hijos
que [actuáis] sin educación".

Al referirse a nosotros como Sus "hijos", D-os nos está haciendo saber que nunca cortará Su relación con nosotros, y que nosotros nunca podremos cortar nuestra relación con Él, así como los padres jamás pueden desconectarse de sus hijos, y los hijos nunca pueden desconectarse de sus padres. La relación entre padres y hijos es tan esencial y tan intensa que por más seriamente que se ponga a prueba, al final de cuentas siempre prevalecerá por sobre todo comportamiento que parezca amenazarla.

Por lo tanto, no tiene sentido alguno intentar esconderse o huir de esa relación, como tampoco pensar que alguna vez pueda dejar de existir. El amor de D-os por nosotros es infinitamente más fuerte que cualquier cosa que hagamos por debilitarlo.[6]

---

6. *Séfer Hamaamarim* 5715, págs. 319–320.

QUINTA LECTURA

Deuteronomio 32:29–39

D-os pidió a Moshé decir al pueblo judío que, tras recibir un castigo correctivo por sus faltas a la lealtad en el pacto con Él, Él habría de confortarlos, y castigaría a quienes los hubieran perseguido.

Curar el mundo

מָחַצְתִּי וַאֲנִי אֶרְפָּא וגו' (דברים לב:לט)

[Dijo D-os:] "Yo golpeo y Yo curo".

La palabra hebrea para "golpear" (*majatzti*) tiene relación con con la palabra para "barrera" o "partición" (*mejitzá*). La enfermedad que sufre el mundo actual obedece a la barrera artificial que se interpone entre lo espiritual y lo material. Las dificultades que experimentamos cuando intentamos sentir espiritualidad en lo que hacemos o intentamos aplicar nuestra inspiración a nuestra vida diaria es la verdadera definición del exilio. En la Era Mesiánica, D-os curará esta división. La barrera divisoria se transformará en una puerta de conexión, y esta permitirá que lo espiritual y lo material vuelvan a unirse. Así es como se eliminará el mal en el futuro: la revelación de D-os será tan clara y evidente que el mal, la negación de D-os, simplemente dejará de existir.

La forma de acelerar la llegada de la Era Mesiánica es prestar atención a la depuración de todos los aspectos de nuestra vida cotidiana, incluso los más bajos, e infundirlos de tanta espiritualidad como nos sea posible. Al vivir así vidas "mesiánicas" estaremos haciendo nuestra parte para anular el exilio.[7]

7. *Séfer Hamaamarim 5730*, págs. 211–212.

SEXTA LECTURA

Deuteronomio 32:40–43

D-os pidió a Moshé informar al pueblo judío que finalmente logrará el aprecio de las naciones no judías y su alabanza por haberse mantenido fiel a su pacto con D-os.

Cuando venga el Mesías

הַרְנִינוּ גוֹיִם עַמּוֹ וגו' (דברים לב:מג)

[Moshé se dirigió a los no judíos:] "¡Naciones!
¡Alabad [a D-os] por Su pueblo, [los judíos]!"

Cuando ocurra la Redención Mesiánica, la verdad no se confundirá tan fácilmente con la falsedad. Se volverá claro para todo el mundo porqué D-os eligió a los judíos como Su pueblo. Nuestro rol como sacerdotes y maestros de la humanidad finalmente será reconocido de manera universal, y nuestras contribuciones positivas a la civilización humana serán apreciadas en su totalidad. Las naciones del mundo harán todo lo que puedan para ayudar a los judíos en su misión divina de llevar al mundo a su máximo potencial.

Educar al mundo a apreciar no solo a D-os sino al pueblo de D-os es, por lo tanto, parte integral de la preparación del mundo para la Redención y su aceleración.[8]

---

8. *Hitvaaduiot 5748*, vol. 1, pág. 41.

SÉPTIMA LECTURA

Deuteronomio 32:44-52

Una vez que hubo terminado de comunicar al pueblo judío el Poema Testimonial, Moshé alentó a prestar atención a todas sus lecciones, como también a la Torá en general.

La guía de D-os para la vida

כִּי לֹא דָבָר רֵק הוּא מִכֶּם כִּי הוּא חַיֵּיכֶם וְגוֹ' (דברים לב:מז)

[Dijo Moshé al pueblo judío:] "Porque [la Torá] no es una ocupación vana para vosotros; es su vida misma".

La Torá contiene todas las instrucciones y lecciones que necesita el individuo para vivir la vida de acuerdo con las expectativas de D-os. Esto es así porque la Torá es el "plano" que empleó D-os cuando creó el mundo. Si por alguna razón no estamos seguros de qué requiere la Torá de nosotros en una situación específica, se nos ordena consultar a estudiosos calificados que hayan aprendido de sus maestros cómo aplicar correctamente la sabiduría de la Torá a nuestras vidas.

De esta manera, el significado literal del versículo es "Porque esta no es una cosa vacía para ti", lo cual para los sabios del Talmud significa lo siguiente: "Si te encuentras con una situación en la vida que parece vacía, es decir, que carece de la dirección de la Torá, es debido a ti, a tu propia incapacidad de aplicar la sabiduría de la Torá a la vida." En casos así, la Torá nos conduce a buscar en nuestros maestros y mentores la guía acerca de cómo aplicarla.[9]

VeZot HaBerajá

La bendición final

Deuteronomio 33:1–34:12

LA ONCEAVA Y ÚLTIMA SECCIÓN DEL LIBRO DEUTERONOMIO concluye con el tercer y último discurso de despedida de Moshé al pueblo judío. El discurso comienza con las bendiciones (*VeZot HaBerajá*) que pronunciara para cada una de las doce tribus y finaliza con su muerte.

PRIMERA LECTURA

Deuteronomio 33:1–7

Moshé comienza su bendición alabando al pueblo judío por haber aceptado la Torá de manera incondicional. Compara la aceptación de la Torá por parte de los judíos con el rechazo de las otras naciones a adoptarla, ya que D-os se las había ofrecido antes de dársela a los judíos.

La redención noájida

וַיֹּאמַר ה' מִסִּינַי בָּא וְזָרַח מִשֵּׂעִיר לָמוֹ הוֹפִיעַ מֵהַר פָּארָן וְגוֹ' (דברים לג:ב)

[Moshé] dijo: "D-os vino del Sinaí [para dar la Torá a los judíos], brilló para ellos desde [el monte] Seir [luego de ofrecer la Torá a los edomitas]; apareció [a los judíos] desde el monte Parán [donde ofreció la Torá a los ismaelitas]".

Los edomitas y los ismaelitas representan a todas las naciones no judías pasadas y presentes. Al ofrecer la Torá a las naciones no judías, D-os las hizo receptivas a cumplir posteriormente con la obligación de observar las leyes "noájidas". Estas leyes consisten en siete categorías de mandamientos que deben ser observados por todos los no judíos. Para aceptar apropiadamente este código legal, los no judíos deben reconocer que D-os lo entregó a la humanidad conjuntamente con la Torá que Él entregara en el monte Sinaí.

Además, en el futuro Mesiánico, las naciones no judías serán más desarrolladas y habrán dejado de oponerse al estilo de vida y la visión de mundo de la Torá. Al acercarse a las naciones del mundo para ofrecerles la oportunidad de aceptar toda la Torá, D-os implantó dentro de ellas la receptividad respecto de la obligación que tienen de aceptar la autoridad de la Torá, comprometiéndolas a observar las leyes noájidas. Este movimiento también prepara la futura aceptación por parte de las naciones de la visión de mundo de la Torá, transformándolas así en participantes activos de la Redención final.[1]

---

1. *Hitvaaduiot 5742*, vol. 1, págs. 223–224; *Hitvaaduiot 5748*, vol. 1, pág. 92.

Deuteronomio 33:8–12

A continuación, Moshé bendice por separado a cada tribu, enfatizando la contribución única de cada una a la misión colectiva del pueblo judío. Bendice a la tribu de Leví para que sea merecedora del papel de sus miembros como sacerdotes y levitas oficiantes en el Templo Sagrado, y de su tarea de enseñar Torá al resto del pueblo judío. Bendice a la tribu de Biniamín ubicando el Templo Sagrado en su territorio, Jerusalem, en forma eterna.

Perpetuidad judía

יוֹרוּ מִשְׁפָּטֶיךָ לְיַעֲקֹב ... לְבִנְיָמִן אָמַר ...

חֹפֵף עָלָיו כָּל הַיּוֹם וְגוֹ' (דברים לג:ח-יב)

[*Moshé bendijo a la tribu de Leví:*] *"Ellos enseñarán las ordenanzas* [*de D-os*] *a Iaacov* [*al pueblo judío*] ... [*Bendijo a la tribu de Biniamín,*] *"*[*La presencia de D-os*] *está encima de él todo el 'día'* [*es decir, por siempre*]*".*

La bendición de Moshé a la tribu de Leví tiene la intención de inspirarnos a todos nosotros a dedicarnos a la sagrada tarea de promover la educación judía y asegurar así que a todo judío se le brinde el más amplio y profundo conocimiento posible de la Torá de D-os.

Al pronunciar la bendición a la tribu de Biniamín después de la correspondiente a la tribu de Leví, Moshé nos enseña que nuestra dedicación a la educación judía debe ser perpetua y continua, y que la educación judía que promovemos debe obrar de modo que asegure la perpetua dedicación del pueblo judío a la Torá de D-os y Sus mandamientos.[2]

2. *Hitvaaduiot 5746*, vol. 1, págs. 188–189.

TERCERA LECTURA

Deuteronomio 33:13–17

Moshé bendice a la tribu de Iosef con fertilidad y abundancia para sus territorios.

La Torá es dulce

וּלְיוֹסֵף אָמַר מְבֹרֶכֶת ה' אַרְצוֹ מִמֶּגֶד שָׁמַיִם ... וּמִמֶּגֶד תְּבוּאֹת שָׁמֶשׁ

וּמִמֶּגֶד גֶּרֶשׁ יְרָחִים ... וּמִמֶּגֶד גִּבְעוֹת עוֹלָם וּמִמֶּגֶד אֶרֶץ וְגוֹ' (דברים לג:יג-יז)

[Moshé] dijo de [la tribu de] Iosef: "Que su tierra sea bendecida por D-os con las delicias del cielo ... con las delicias producidas por el sol, con las delicias maduradas por la luna ... con las delicias perennes de los valles, con las delicias de la tierra".

Moshé bendice a la tribu de Iosef no solo con la satisfacción de sus necesidades materiales sino también con "delicias", implicando así que disfrutarán de abundancia material. La palabra "delicias" aparece mencionada en estos versículos en cinco ocasiones, número que se corresponde con los Cinco Libros de Moshé. La Torá es nuestro alimento espiritual, la nutrición de nuestras almas; la bendición de Moshé a la tribu de Iosef implica que el estudio de la Torá no solamente alimentará el alma sino que también la llenará de delicias y placeres.

Esto nos enseña que en los momentos designados al estudio de la Torá, debemos olvidar todas nuestras preocupaciones cotidianas para poder sumergirnos totalmente en ella, disfrutando así al máximo de nuestro estudio. Con esto también estamos evocando las bendiciones de D-os relativas a la abundancia material.[3]

CUARTA LECTURA

Deuteronomio 33:18–21

El territorio de la tribu de Gad protegía la frontera de la Tierra de Israel. Por ello, Moshé bendijo a esta tribu con valentía militar.

Luchar contra la duda y la intimidación

וּלְגָד אָמַר . . . כְּלָבִיא שָׁכֵן וְטָרַף זְרוֹעַ אַף קָדְקֹד (דברים לג:כ)

[Moshé] dijo de la tribu de Gad: "Que more como un león temible, y arranque el brazo y la cabeza [de su presa en un golpe]".

Nuestra conquista física de las siete naciones que ocupaban la Tierra de Israel alude a nuestra conquista espiritual de las siete emociones del alma humana/animal. Los dos obstáculos mayores para esta conquista son la "cabeza" y el "brazo".

La "cabeza" es el bloqueo mental que resulta de calcular las probabilidades de lograr el éxito en el marco de la cultura materialista dominante. En soledad, y enfrentado a los grandes recursos que domina la sociedad materialista, el judío tiene la tentación de rendirse sin siquiera comenzar la lucha. El "brazo" representa los recursos físicos que se encuentran a nuestra disposición. Hemos trabajado duro para ganarnos esos recursos, y por ello somos reticentes a gastarlos en búsquedas espirituales cuyos beneficios materiales no son para nada evidentes.

Debemos negar la validez de ambas actitudes a un mismo tiempo, "de un golpe".[4]

4. *Hitvaaduiot 5744*, vol. 4, págs. 2321–2322; *Hitvaaduiot 5749*, vol. 1, págs. 128–129.

QUINTA LECTURA

Deuteronomio 33:22–26

Moshé bendijo a la tribu de Asher con tal abundancia de olivares que parecerían estar siempre remojando sus pies en aceite de oliva. Ellos compartirían esta abundancia de aceite con sus hermanos judíos.

La virtud de la sencillez

וּלְאָשֵׁר אָמַר ... יְהִי רְצוּי אֶחָיו וְטֹבֵל בַּשֶּׁמֶן רַגְלוֹ (דברים לג:כד)

[Moshé] dijo de [la tribu de] Asher: "Gratificará a sus hermanos, porque sumergirá sus pies en aceite [de oliva]".

El pie, la parte más baja del cuerpo, representa el aspecto más sencillo de nuestra relación con D-os: la entrega a Su voluntad. En cuanto al aceite, el combustible para la luz, este representa la percepción intuitiva (en hebreo, *jojmá*), la facultad más sublime del intelecto. Así, sumergir los pies en aceite representa nuestro reconocimiento de la virtud de la pura sencillez por sobre el intelecto.

El hecho de que la tribu de Asher "gratificará a sus hermanos" proveyéndoles aceite de oliva indica que su actitud hacia nuestra relación con D-os tuvo influencia sobre las demás tribus. El profundo sentimiento de abnegación que la tribu de Asher inspira en nuestro interior nos permite superar los desafíos más difíciles para nuestra fe.[5]

---

5. *Likutei Sijot*, vol. 1, págs. 102, 107–109.

SEXTA LECTURA

Deuteronomio 33:27–29

Tras bendecir a las tribus una a una, Moshé bendijo al pueblo judío en forma colectiva, y contrastó su papel en el mundo con el de las demás naciones.

Una luz para las naciones

וַיִּשְׁכֹּן יִשְׂרָאֵל בֶּטַח בָּדָד . . . וִיכַחֲשׁוּ אֹיְבֶיךָ לָךְ
וְאַתָּה עַל בָּמוֹתֵימוֹ תִדְרֹךְ (דברים לג:כח-כט)

*[Moshé dijo del pueblo judío:] "Israel morará seguro
y solitario ... Tus enemigos te mentirán [pretendiendo
ser tus amigos], pero tú pisarás sus altares".*

Aquí Moshé se refirió proféticamente a una nación no judía que fingiría ser aliada del pueblo judío tras presenciar la milagrosa caída de Jericó.

Estos versículos encierran las actitudes que como judíos debemos cultivar en nuestra relación con el resto de la humanidad. Primero, debemos percatarnos de que tenemos un propósito único en este mundo, que nos aparta de los demás. Somos intrínsecamente judíos por obra de la misión que D-os nos ha encargado, no por nada de lo que los demás hagan o digan de nosotros.

Imbuidos de esta plena seguridad en nosotros mismos, podemos luego proceder a ayudar al resto de la humanidad a desarrollar su potencial. En forma firme y respetuosa a la vez, debemos ayudarlos a eliminar toda negatividad o antagonismo residual hacia la divinidad. A continuación podremos mostrarles cómo unirse a nosotros para llevar el mundo a su realización máxima: su transformación en la verdadera morada de D-os.[6]

SÉPTIMA LECTURA

Deuteronomio 34:1–12

Al cabo de terminar Moshé su discurso de despedida, D-os le ordenó ascender al monte Nebó. Allí D-os le mostró proféticamente el futuro del pueblo judío. La Torá concluye con la muerte de Moshé, y seguidamente nos informa que no habrá de surgir profeta alguno que iguale su nivel de profecía.

Destellos de Moshé

וַיַּרְאֵהוּ ה' אֶת כָּל הָאָרֶץ וגו' (דברים לד:א)

D-os mostró [a Moshé] todo [lo que
sucedería a] la Tierra [de Israel].

La visión del futuro del pueblo judío que brindó D-os a Moshé, que incluía la visión de la Redención Mesiánica final, es una conclusión apropiada para la Torá. La Torá fue dada a la humanidad para permitirnos hacer de este mundo una morada para D-os. Este objetivo se logrará definitiva y exclusivamente con la llegada de la Redención final.

Sabemos que una chispa del alma de Moshé se encuentra presente en los líderes de cada generación, como también en cada uno de nosotros como individuos. Las bendiciones de Moshé – que nos proveen de los medios, las fuerzas y la visión para cumplir nuestra misión divina y nuestro destino de llevar al mundo a su total completud – se ven canalizadas a través de los líderes espirituales de nuestra generación y, luego, a través de nosotros mismos cuando recurrimos a la Torá como nuestra guía en cuanto a cómo vivir la vida al máximo, conectarnos con D-os y transformar nuestra vida y nuestro mundo en la verdadera morada de D-os.[7]

7. *Hitvaaduiot 5724*, vol. 1, págs. 31–33; *Hitvaaduiot 5745*, vol. 1, pág. 89; *Hitvaaduiot 5750*, vol. 1, pág. 117.

Apéndice: El calendario judío

mes	orden natural	orden en la Torá	equivalente gregoriano
Tishrei	1	7	setiembre–octubre
Marjeshván	2	8	octubre–noviembre
Kislev	3	9	noviembre–diciembre
Tevet	4	10	diciembre–enero
Shevat	5	11	enero–febrero
Adar	6	12	febrero–marzo
Nisán	7	1	marzo–abril
Iyar	8	2	abril–mayo
Siván	9	3	mayo–junio
Tamuz	10	4	junio–julio
Menajem Av	11	5	julio–agosto
Elul	12	6	agosto–setiembre

Bibliografía

ADEMÁS DE LAS EDICIONES CLÁSICAS DE LA BIBLIA, EL TALMUD, el Midrash y la Kábala, aparecen citadas a pie de página las siguientes obras jasídicas, ordenadas aquí por autor según su fecha de nacimiento:

Obras del Rebe, Rabí Menajem Mendel Schneerson (1902–1994)
   Likutei Sijot (39 volúmenes)
   Hitvaaduiot (*Torat Menajem*, citada por año; 94 volúmenes)
   Igrot Kódesh (30 volúmenes)
   Reshimot
   Sijot Kódesh (citado por año; 49 volúmenes)
   Sefer HaMaamarim Melukat (6 volúmenes)
   Sefer HaMaamarim (citado por año; 40 volúmenes)
   Sefer HaSijot (citado por año; 12 volúmenes)

Otras fuentes jasídicas:

Rabí Israel Baal Shem Tov (1698–1760)
   Keter Shem Tov
   Tzavaat HaRibash

Rabí Shneur Zalman de Liadí (1745–1812)
   Tania (*Likutei Amarim*)
   Torá Or
   Likutei Torá
   Iguéret HaKódesh
   Iguéret HaTeshuvá
   Maamarei Admur HaZaken (citado por año; 32 volúmenes)

Rabí Dovber Shneuri (1773–1827)
   Maamarei Admur HaEmtzaí (19 volúmenes)
   Sidur im Daj

Rabí Menajem Mendel Schneerson de Lubavitch (1789–1866)
>   *Dérej Mitzvoteja*
>   *Or HaTorá* (38 volúmenes)

Rabí Shmuel de Lubavitch (1834–1882)
>   *Torat Shmuel* (citado por año; 30 volúmenes)

Rabí Shalom Dovber Shneerson de Lubavitch (1860–1920)
>   *BeShaa sheHikdimu* 5672
>   *Kuntres Umaaián*
>   *Séfer HaMaamarim* (citado por año; 35 volúmenes)
>   *Iom Tov shel Rosh HaShaná* 5666

Rabí Iosef Itzjak Schneerson de Lubavitch (1880–1950)
>   *HaIom Iom*
>   *Igrot Kódesh Mehorayatz* (15 volúmenes)
>   *Likutei Diburim* (4 volúmenes)
>   *Sefer HaMaamarim* (citado por año; 29 volúmenes)

Índice temático

EL RABINO MENACHEM MENDEL SCHNEERSON, QUE SU MÉRITO nos proteja, (1902–1994), único entre los destacados líderes judíos del siglo XX, ha transformado el mapa del judaísmo mundial e influido profundamente tanto en judíos como no judíos de todas partes del mundo. Sus escritos abarcan más de 200 volúmenes, gran parte de los cuales recién se están publicando. Sus discípulos siguen diseminando sus enseñanzas de muchas y variadas maneras, mientras su red global de emisarios difunde su mensaje, el imperativo de incrementar permanentemente los actos de bondad y generosidad, mensaje que sella cada página de *Sabiduría diaria*.